En elogio de *Daisy: MAÑANA, MEDIODÍA Y NOCHE*

"Daisy Martínez hará feliz a mucha gente, pero particularmente a mi esposa Gloria, con estos platos latinos".

—Chef Jacques Pépin

"Pasión, tradición, sabor y, lo más importante, amor —son los ingredientes principales de Daisy, ¡ y los encontrarás en cada plato!"

—Ted Allen, presentador de "Chopped" de Food Network

"Daisy fue una excelente estudiante, pero en este libro ella demuestra también ser una excelente maestra. Estas recetas son cálidas, inteligentes y apetitosas".

—Dorothy Cann Hamilton, Fundadora y Ejecutiva Principal de The French Culinary Institute

"Daisy ha capturado el verdadero espíritu de la cocina latinoamericana inyectándola con un toque intenso".

—Ivy Stark, Chef Ejecutivo, restaurante Dos Caminos Park Avenue

"Aunque no tengas una abuelita, Daisy Martínez te enseñará a cocinar como una verdadera boricua".

—Jason Perlow, OffTheBroiler.com

"No importa el tipo de cocina, la comida es comida y la familia es universal. ¡Hay muy pocos libros de comida casera que digan hogar! Daisy Martínez ha creado las mejores recetas para preparar en casa, todas creadas y probadas por su amorosa familia".

—Chef Art Smith, persona humanitaria y autor *bestseller*

DAISY: MAÑANA, MEDIODÍA Y NOCHE

La familia que come unida permanece unida

DAISY MARTÍNEZ

CON LA COLABORACIÓN DE CHRIS STYLER

Fotografías de Joseph De Leo

ATRIA ESPAÑOL

NUEVA YORK   LONDRES   TORONTO   SÍDNEY

ATRIA ESPAÑOL

Una división de Simon & Schuster, Inc.
1230 Avenida de las Américas
Nueva York, NY 10020

Primera edición en rústica de Atria Español, mayo 2010

ATRIA ESPAÑOL y su colofón son sellos editoriales de Simon & Schuster, Inc.

Para obtener información respecto a descuentos especiales en ventas al por
mayor, diríjase a Simon & Schuster Special Sales al 1-866-506-1949 o a la
siguiente dirección electrónica: business@simonandschuster.com.

La Oficina de Oradores (Speakers Bureau) de Simon & Schuster puede
llevar autores a su programa en vivo. Para más información o para hacer la
reservación de un evento, llame al Speakers Bureau de Simon & Schuster,
1-866-248-3049 o visite nuestra página web en www.simonspeakers.com.

Diseñado por Dana Sloan

Impreso en los Estados Unidos de América

10   9   8   7   6   5   4   3   2   1

ISBN 978-1-4391-6030-5
ISBN 978-1-4391-6973-5 (ebook)

Frontispicio: Tacos de camarones con salsa de tomates y aguacate (página 145),
          Ensalada de mango y frijoles negros (página 160)

Dedico este libro a la memoria de mis abuelas,

Valentina Martínez Pérez
y
Clotilde Rodríguez González

"¡Abuelita, tus refranes me hacen reír!"

—WILLIE COLÓN

CONTENIDO

INTRODUCCIÓN

Decir que estoy un poco obsesionada con la comida latina sería quedarme corta. He perseguido gente en las calles en busca del tamal perfecto, y me he enfrascado en una conversación sobre unos frijoles refritos más saludables con la cajera del supermercado de la esquina (discúlpeme si estaba haciendo fila detrás de mí). Pero aunque no he desperdiciado ninguna oportunidad para preguntar, probar, investigar y comer en la increíble diversidad de restaurantes latinos que hay en Nueva York, descubrí que, con el paso del tiempo, estaba comenzando a agotar mis recursos. Espero al menos que ese haya sido el caso y no que las personas salieron corriendo cuando me vieron dirigirme a ellas. Una nueva fuente de inspiración y una forma de estimular mi curiosidad se presentó cuando Ángela, mi hija menor, cumplió ocho años, y casualmente, Santa Claus dejó de ir a mi casa. Me senté con mis cuatro hijos y les dije que mi esposo Jerry y yo habíamos gastado una pequeña fortuna en regalos de Navidad, los cuales eran olvidados dos semanas después, y que desde ese momento en adelante, mamá y papá les regalarían recuerdos inolvidables. Se hizo un silencio absoluto, y antes de que se recuperaran del impacto y comenzaran a protestar, les expliqué que a partir del año siguiente, todos los años viajaríamos a un país diferente durante la semana de Navidad y Año Nuevo para experimentar la comida, los sitios históricos y la cultura de ese país. Sus exclamaciones y gritos fueron exactamente la respuesta que yo había esperado.

Desde esa conversación, he podido regalarle a mi familia viajes a Barcelona y Madrid, Cuzco y Lima, Oaxaca y Yucatán, Puerto Rico y, reciente-mente, a la hermosa ciudad de Buenos Aires. Estoy segura de que mis hijos no recuerdan qué les dimos de regalo en la Navidad de 2003, pero puedo asegurarles que podrán decir exactamente cuál fue la cena de Navidad que tuvimos en la encantadora ciudad de Cuzco en 2005. Claro que a medida que pasa el tiempo y los hijos crecen, se van a estudiar a la universidad y a vivir solos, cada vez es más difícil hacer que todos estemos juntos para compartir comidas y recuerdos. Pero que nunca se diga que no estoy a la altura de la ocasión, y que no enfrento el desafío con todas mis fuerzas.

Durante todos esos viajes maravillosos, tomé notas cuidadosas sobre las comidas que disfrutamos, incluyendo cuáles eran los platos favoritos de cada uno. Recurro a la estrategia de preparar Tierrita dulce, (página 236), el postre preferido de Erik, para hacer que venga desde Filadelfia, donde vive actualmente. Si David y Marc están ocupados con el estudio, el trabajo y sus compromisos sociales, les comento que voy a preparar un Ají de gallina, (página 273, el plato favorito de David), para que podamos recordar cuando subimos al Templo del Brujo en Chichén Itzá, o un plato de arroz con pollo (página 270; ¡Atención, Markie!), para que los chicos puedan reírse de la cascada tan fría que había en El Yunque. Ángela y Jerry son los miembros de mi familia con los que puedo compartir la cena casi todas las noches, así que están sujetos a un flujo constante de experimentos y pruebas de recetas, obteniendo por lo tanto una gran cantidad de beneficios. Les toca una tarea difícil, pero ellos se preparan y se sacrifican por el bien de los demás.

El deseo de recrear los sabores y platos que compartimos mientras viajamos juntos —al igual que mantener esos recuerdos vivos— fue mi inspiración para escribir este libro. Veo que siempre que recreo platos de los viajes que hemos hecho, mi familia no sólo disfruta de los frutos de mi labor, sino que también compartimos los recuerdos, historias y risas de esos viajes. Se me ocurrió que debido a la vida tan frenética que llevábamos todos, los viajes eran realmente la única oportunidad que teníamos de estar juntos desde que amanecía hasta que anochecía. A lo largo de este libro comparto los recuerdos de nuestros viajes, las personas que conocimos y la comida que probamos en las Notas de viaje. ¿Qué mejor manera de organizar el libro que en torno a las comidas que disfrutamos durante esas vacaciones memorables?

Ustedes verán que la mayoría de estas recetas son simples, nutritivas y económicas, lo cual es un alivio en estos momentos difíciles. Todavía tengo la misión de enseñarle al mundo a preparar la olla perfecta de arroz, y aunque creo haber hecho algún progreso en ese sentido, también sé que me falta mucho por recorrer.

Cuando me embarqué en esta excursión por la comida latina, me emocioné muchísimo al descubrir todas las semejanzas que hay entre las diferentes comunidades. Pero cuando me detuve a pensar que Latinoamérica estaba conformada por treinta y ocho países, comprendí que también debía prepararme para una buena dosis de diversidad. Actualmente sé que mientras muchos norteamericanos todavía piensan que la "comida latina" se limita exclusivamente a la Tex-Mex, muchas personas han aprendido mucho en cuanto a la diversidad propia de la comida latina. Me gustaría creer que he contribuido quizá con un granito de arena en ese sentido. Podría incluso comparar esto con el fenómeno de la comida italiana, donde la idea que tenía la gente pasó de "salsa roja y queso" a entender la complejidad de la gastronomía italiana y las particularidades de todas sus cocinas regionales. ¡Y eso que estamos hablando de un solo país! No es más que multiplicar eso por treinta y ocho, y verá que se traduce en un hermoso mosaico de colores, sabores y aromas.

Descubrí algo inesperado mientras viajaba con mi familia. Me sorprendió que la gastronomía latinoamericana contemporánea refleja la evolución que ha tenido la comida aquí en los Estados Unidos. En todos los países descubrí que muchos platos son parte integral de la identidad gastronómica, pero que realmente fueron adaptados de poblaciones inmigrantes que hicieron de ese país el suyo. Así, ustedes encontrarán el kippe en la República Dominicana (que proviene del kibbeh, un plato de origen árabe), y el arroz chaufa, la versión peruana del arroz frito, un regalo que le hizo la población china a ese país. Y así, indefinidamente. Ahora, si yo tuviera el tiempo para dedicarme a estudiar a la población de puertorriqueños que vive en Hawai, daría un ojo de la cara por saber la forma en que preparan las recetas que llevan cerdo. Debe ser algo delicioso y muy interesante, para no mencionar que también sería divertido.

He tenido el placer de disfrutar también de viajes muy diferentes, de conocer a muchas personas y de escuchar sus historias y recuerdos, y las experiencias que han tenido como latinos, o simplemente como personas interesadas en la cocina latina. Estoy eternamente agradecida de que me hayan invitado a compartir sus experiencias conmigo, y los invito con el mayor de los placeres y calidez a que tomen una silla, se acerquen a mi mesa y disfruten de la experiencia de Daisy en la mañana, al mediodía y en la noche.

CÓMO UTILIZAR ESTE LIBRO

Lea las recetas de este libro como quiera. Si la comida latina o la cocina en general es nueva para usted, comience con un plato de acompañamiento sencillo perteneciente a la sección de Cenas de semana, o comience el día con una receta simple de la sección Desayunos para todos los días.

Algunos menús y cronogramas de preparación están incluidos en el libro. Así que si piensa organizar una fiesta para 16 personas, vea los menús y las preparaciones que se encuentran en la página 302. Por supuesto que me gustaría que incorporaran estas recetas a su vida diaria y las mezclaran y combinaran como ustedes quieran (¡y como nunca se me habría ocurrido a mí!).

Sólo porque la Polenta de quinua está incluida en la sección de Platos de acompañamiento de la sección de Bufetes, no necesariamente significa que no pueda ser un plato de acompañamiento para una cena de semana, ya que es bastante rápido y fácil de preparar. Y mientras que el Strudel de banana y dulce de leche (página 242) supone un final elegante para una cena excepcional, sería igualmente apropiado para un asado de fin de semana. Encontrarán una lista de sugerencias similares al final de muchas secciones de este libro.

Casi todos los ingredientes de estas recetas se encuentran en cualquier tienda de víveres bien surtida. He incluido las páginas de Internet para aquellos ingredientes que son más difíciles de conseguir. Los ingredientes menos conocidos están resaltados en verde, indicando que su descripción puede encontrarse en la sección Ingredientes (comenzando en la página 310).

Churros (página 22) y Chocolate caliente con chiles (página 12)

"El desayuno es la comida más importante del día". Todos hemos escuchado esto mil veces o más. ¿Cómo es que nadie añade, "y la más fácil de saltarse"? La vida moderna no ofrece muchas oportunidades de ver a una madre vestida con un delantal de vuelos preparando una ronda tras otra de *waffles* caseros en horas de la mañana. Aparte de tener a mano frutas, cereales saludables y panes de granos enteros para calentar, también cuento con estas recetas confiables para el desayuno.

Algunas de ellas se preparan en pocos minutos, como la Polenta (página 8) —vestigios de mi niñez, que también hicieron parte de la infancia de mis hijos, hasta la actualidad. (Erik, mi hijo mayor, tiene veintiséis años y aún me pide un plato de "maíz cremoso" de vez en cuando). La Omelette maya (página 2), otra maravilla preparada en pocos minutos que descubrí en uno de mis viajes, se adapta bien a mis rutinas matinales. No sólo es deliciosa, sino que también es un aporte al consumo recomendado de cinco a siete porciones de frutas y verduras diarias. Si no puede convencer a sus hijos (o a usted misma) para que se sienten frente a un clásico desayuno latino caribeño con huevos fritos, chorizo y plátanos dulces salteados (página 5), al menos puede prepararles un Sándwich caliente y crujiente para el desayuno (página 9) antes de salir de casa. A propósito, y al igual que la Tostada franco española que aparece en la página 6, usted puede preparar el sándwich la noche anterior y calentarlo a la mañana siguiente en pocos segundos. Así que no hay excusas: ¡Desayune!.

MAÑANA

DESAYUNOS PARA TODOS LOS DÍAS

Omelette maya

La chaya, una planta de sabor semejante a la espinaca con un toque fuerte, formaba parte de la antigua dieta maya. La chaya aún no se consigue en los Estados Unidos, por lo que se me ocurrió la idea de utilizar una mezcla de espinacas y rúcula. El sabor intenso que sueltan los hongos y las hojas con sólo unos minutos de cocción es realmente notable. El truco está en utilizar fuego alto.

RINDE 4 PORCIONES • TIEMPO DE PREPARACIÓN: 5 MINUTOS • TIEMPO DE COCCIÓN: 5 MINUTOS POR CADA OMELETTE (20 MINUTOS EN TOTAL, O 10 MINUTOS CON 2 SARTENES; VER CONSEJO)

1 taza de hojas de espinaca tipo baby de paquete

1 taza de hojas de rúcula tipo baby de paquete

4 cucharadas de mantequilla sin sal

Un paquete de hongos cremini, de 10 onzas, limpios y cortados en rodajas de ½ pulgada

8 huevos extra grandes

Sal marina o kosher, y pimienta fresca molida

1. Mezcle la espinaca y la rúcula en un tazón. Caliente 3 cucharadas de mantequilla en una sartén antiadherente grande (de 10 pulgadas aproximadamente) a fuego medio alto hasta que haga espuma. Agregue los hongos y cocine, revolviendo unos 4 minutos, hasta que empiecen a dorarse. Retire tres cuartas partes de los hongos y reserve para las otras omelettes.

2. Bata 2 huevos en un tazón. Vierta el resto de los champiñones en la sartén a fuego medio alto y cocine hasta que hiervan. Añada una cuarta parte de las hojas y una pizca de la mantequilla restante. Cocine hasta que las hojas estén blandas. Vierta los huevos batidos, inclinando la sartén para que los huevos cubran el fondo. Levante el borde de la omelette con una cuchara de madera o espátula refractaria para que el huevo sin cocinar se deslice debajo de la omelette. Cocine aproximadamente 1 minuto, hasta que el huevo esté cocido. Sazone con sal y pimienta al gusto. Sirva en un plato inclinando la sartén y vertiendo la parte de la tortilla más cercana a usted; enrolle y sirva en el plato. Repita con el resto de los hongos, las hojas y los huevos, añadiendo un poco de mantequilla. Caliente los hongos hasta que se doren. Repita el procedimiento.

CONSEJO: Una vez que haya aprendido a hacer omelettes, tal vez quiera trabajar con dos sartenes a la vez para así reducir el tiempo de cocinar a 10 minutos para 4 omelettes.

Huevos con chorizo y plátanos maduros

Esta es una versión latina del clásico desayuno americano: dos huevos acompañados de papas fritas y tocino. Aquí, el chorizo reemplaza al tocino y los plátanos maduros y dulces hacen lo mismo con las papas. Es un desayuno muy sencillo, y también muy satisfactorio.

RINDE 2 PORCIONES • TIEMPO DE PREPARACIÓN: 5 MINUTOS • TIEMPO DE COCCIÓN: 10 MINUTOS

1 plátano maduro (la cáscara debe estar casi negra, con unos pocos puntos amarillos; ver foto, página 315)

2 ristras de chorizo español
Aceite de oliva
4 huevos extra grandes

1. Pele el plátano y corte en rebanadas diagonales de ½ pulgada. Corte el chorizo de la misma forma.

2. Cubra el fondo de una sartén grande con aceite de oliva (mejor si es antiadherente), y caliente a fuego medio. Agregue las tajadas de plátano y el chorizo. Voltéelas una vez, hasta que estén bien doradas por ambos lados, 5 minutos aprox. Revise las tajadas de plátano con frecuencia: pueden dorarse y/o pegarse con rapidez dependiendo de la cantidad de dulce que tenga el plátano. Escurra el plátano y el chorizo con toalla de papel.

3. Para preparar los huevos: caliente de nuevo la sartén a fuego medio bajo y añada más aceite si es necesario para cubrir el fondo. Rompa los huevos, viértalos en la sartén y cocine hasta que las claras estén firmes, 4 minutos aprox. Las yemas deben tener una consistencia líquida.

4. Para servir, coloque 3 ó 4 rodajas de plátano en los bordes de cada plato. Sirva una rebanada de chorizo encima. Si le sobran rebanadas de chorizo, colóquelas entre las de plátano. Coma algunas mientras prepara los huevos, o reserve para usar en otra ocasión. Sirva los huevos al otro lado del plato. Para disfrutar, asegúrese de comer en bocados que contengan chorizo, plátano y huevo (¡especialmente el líquido de la yema!).

Tostada franco española ⁓ TORRIJAS

Aunque suena como un desayuno con doble ciudadanía, lo que conocemos comúnmente como tostadas francesas realmente son españolas. Por supuesto que todos los países donde se come pan tienen alguna versión de ellas. Las "torrijas" no son un plato delicado, y deben hacerse con tajadas gruesas de pan campesino compacto y endurecido. Probablemente se sorprenderán ante la gran cantidad de mezcla de huevo y leche que absorbe cada tajada. Eso, además de una cocción lenta y uniforme, es lo que le da a las torrijas una textura semejante a la del pan. También hay que destacar que realmente no es un plato dulce, aunque es buena idea agregarle un poco de azúcar antes de servirlo.

RINDE 4 PORCIONES • TIEMPO DE PREPARACIÓN: 10 MINUTOS (MÁS 30 MINUTOS O DESDE LA NOCHE ANTERIOR DE REMOJO) • TIEMPO DE COCCIÓN: 10 MINUTOS

1 taza de leche

4 tiras de cáscara de naranja de 1 pulgada de grosor, retirada con un pelador de vegetales

8 huevos extra grandes

1 cucharadita de azúcar

½ cucharadita de extracto de almendras

Una pizca de sal

4 tajadas de pan campesino duro de ½ pulgada de grosor

Mantequilla o aceite de cocina en aerosol

Azúcar glas, para servir

1. Caliente la leche en una olla pequeña a fuego bajo hasta que despida vapor. Agregue la cáscara de naranja, retire del fuego y deje reposar un mínimo de 15 minutos y un máximo de 2 horas a temperatura ambiente (puede refrigerar la leche con la cáscara hasta un día).

2. Cuele la leche y descarte la cáscara. Bata la leche, los huevos, el azúcar, el extracto de almendras y la sal en un plato grande donde quepan las tajadas de pan en una sola capa. Coloque el pan en el plato y deje reposar hasta que haya absorbido casi toda la mezcla de huevo. Esto tardará 30 minutos aprox. (Puede remojar el pan desde la noche anterior en el refrigerador; manipule con cuidado en la mañana). Dele varias vueltas al pan para cubrirlo de manera uniforme.

3. Caliente una parrilla grande a fuego bajo. Si agrega unas pocas gotas de agua, deben moverse de 2 a 3 segundos antes de evaporarse. Si se evaporan antes, apague el fuego y espere unos minutos. La parrilla no puede estar demasiado caliente, pues el pan se quemará antes de que la mezcla de huevo que hay en el centro de las tajadas pueda cocinarse. Engrase la parrilla con un poco de mantequilla o aceite en aerosol.

4. Coloque sobre la parrilla las tajadas de pan remojado de manera que quepan cómodamente. Cocine hasta que la parte inferior esté bien dorada, de 4 a 5 minutos. Si el pan se dora antes, retire la parrilla, reduzca el fuego y espere unos minutos antes de seguir cocinando. Dele vuelta al pan hasta que el otro lado esté bien dorado y el centro de las tajadas se sientan firmes al contacto con un tenedor, por 4 minutos aprox. Sirva caliente y espolvoree un poco de azúcar glas sobre cada tajada.

CONSEJO: Si el pan está fresco, corte en tajadas desde la noche anterior para que se seque un poco.

Polenta al desayuno ✆ CREMA DE MAÍZ

Esta es la idea que tengo de la comida reconfortante: perfecta para una mañana gris de invierno (o cualquier mañana en que se sienta un poco triste). Mami nos preparaba esto durante nuestra infancia; servía un poco de leche en los bordes del plato y le agregábamos un poco a la polenta caliente con la cuchara para enfriarla antes de comerla.

RINDE 2 PORCIONES • TIEMPO DE COCCIÓN: 10 MINUTOS

2 tazas de leche, más un poco para rociar si desea

1 huevo extra grande

1½ cucharadas de azúcar

½ cucharada de extracto de vainilla

⅛ de cucharadita de nuez moscada molida, preferiblemente fresca

½ taza de harina de maíz amarilla gruesa (vea la Nota)

1. Bata la leche, el huevo, el azúcar, la vainilla y la nuez moscada en una cacerola pequeña. Caliente a fuego medio bajo y agregue la harina de maíz. Cocine revolviendo con frecuencia hasta que la leche comience a hacer burbujas y la mezcla esté espesa, 10 minutos aprox.

2. Sirva el cereal en el centro de un plato plano y deje que se esparza lentamente hacia los bordes. Si desea, agregue un poco de leche en los bordes del plato.

NOTA: También puede preparar esta receta con harina de maíz fina en polvo. Con ésta la "crema de maíz" sale muy cremosa y suave, mientras que con la harina de maíz gruesa tiene un poco más de textura. Ensaye ambas y vea cuál prefiere.

Sándwich de pavo, jamón y queso, con pasta de pimientos asados

Este sándwich, que en Argentina se llama "medialuna rellena", parece más un almuerzo que un desayuno. Lo probé por primera vez como parte de un desayuno memorable en un café de ese país. Esta receta lleva mucha pasta de pimientos rojos, y no por casualidad: Su sabor dulce y penetrante la hace perfecta para servir como dip en fuentes de vegetales, complementar una omelette o utilizar como salsa para un pescado a la plancha.

RINDE 4 PORCIONES • TIEMPO DE PREPARACIÓN: 10 MINUTOS • TIEMPO DE COCCIÓN: 5 A 10 MINUTOS

PARA LA PASTA (RINDE 2 TAZAS)

1 taza de queso ricota de leche entera

½ taza de mayonesa

1 pimiento rojo asado, sin semillas y pelado (ver página 274), o un pimiento rojo asado y envasado, bien escurrido

PARA LOS SÁNDWICHES

4 croissants partidos

4 rodajas delgadas de jamón tipo deli

4 rodajas delgadas de pavo

4 rodajas delgadas de queso cheddar

1. Para preparar la pasta: Triture el queso ricota, la mayonesa y el pimiento en un procesador hasta que la mezcla esté suave. Vierta el contenido en un tazón o recipiente para almacenar. (La pasta puede refrigerarse hasta una semana).

2. Esparza pasta abundante en cada lado del croissant. Coloque una rodaja de jamón, pavo y queso encima, y doble para formar una capa uniforme de cada ingrediente. Coloque encima las otras mitades del croissant. (Puede armar los sándwiches desde la noche anterior). Envuelva y refrigere.

3. Cocine los sándwiches en una sanduchera tipo Panini hasta que el centro esté bien caliente y el pan esté marcado con líneas oscuras, 5 minutos aprox. (Ver Consejo en la página 78 para preparar sándwiches a la parrilla sin sanduchera). Sirva ligeramente caliente.

VARIACIONES: Para un sándwich más saludable, reemplace los croissants por panes de costra firme (los panes portugueses son una buena opción). Duplique la cantidad de jamón, pavo y queso, y repita el procedimiento descrito anteriormente.

La medialuna

La mañana de Navidad de 2007 nos agarró muertos de hambre después de una noche de fiesta con nuestros amigos, la familia Strada. Ya eran casi las 11:30 de la mañana cuando despertamos y salimos de nuestro apartamento en Buenos Aires, con la esperanza de encontrar un desayuno. No tuvimos que ir lejos: En una esquina cercana estaba el concurrido Café Santa Fe. Encontramos una mesa y nos sentamos, dispuestos a comer todo lo que había en el menú. Yo bebí una taza de café y los chicos disfrutaron de un "submarino", leche hervida con una pequeña barra de chocolate, que hacía las veces de submarino… ¡Se hunde el submarino, se revuelve y tienes un chocolate caliente!

Sentarse en una mesa que da a la acera es lo que se le viene inmediatamente a la mente de un neoyorquino al pensar en un "desayuno de Navidad". Pero ver a la gente en los locales saludándose con besos y abrazos y diciendo "¡Feliz Navidad!" nos llenó de espíritu navideño. Las familias nos sonreían mientras iban a las iglesias con sus mejores ropas.

Terminamos ordenando prácticamente todo lo que había en el menú: empanadas crocantes y rellenas con maíz cremoso y picadillo de carne, y también milanesas doradas y tan delgadas como una hoja de papel, servidas con cascos de limón; omelettes esponjosas con abundante prosciutto y queso mozzarella, y lo que resultó ser lo mejor de todo, unas medialunas rellenas. Cuando pedimos nuestras medialunas rellenas, nos preguntaron si las queríamos "crudas" o "cocidas" ("crudo" es con el jamón curado y sin cocinar, como el prosciutto o serrano, mientras que el "cocido" se parece más al jamón tipo deli), y si las queríamos "a la plancha" o no, (es decir, "asado"). Si pides una "medialuna rellena a la plancha", la preparan en una sanduchera con plancha como un sándwich cubano. Pedimos un "crudo a la plancha", y nos trajeron un pequeño pedazo del cielo en un croissant (y de ahí el apelativo de "medialuna"). El sabor salado del jamón estaba balanceado por la dulzura del croissant y el sabor fuerte del queso sardo argentino, derretido y con una consistencia pegajosa y deliciosa en el croissant crujiente y mantequilloso. Nos gustó tanto que pedimos otro, que compartimos y disfrutamos mientras veíamos pasar el tráfico en aquella mañana templada y agradable de Navidad.

Puedo recrear en casa esas pequeñas y deliciosas medialunas que compartimos esa mañana mientras desayunábamos al aire libre en Buenos Aires, porque este sándwich rápido y delicioso se acomoda muy bien a los horarios frenéticos que llevamos aquí. Yo los hacía en una sartén, pero desde que mi amiga Lony me regaló una lujosa sanduchera Breville press, puedo preparar tres o cuatro en un abrir y cerrar de ojos.

Y si los cierro, casi que puedo escuchar una tenue melodía de tango en la distancia.

Ángela, Marc, David y Santa disfrutan de un submarino en el Café Santa Fe.

Café con sabor a canela ✍ CAFÉ DE OLLA

Una destilería puede parecer un lugar extraño para una comida memorable, pero el restaurante Rancho Zapata, en la destilería Mezcal Benevá en Oaxaca, fue el lugar donde disfrutamos una de las mejores comidas en México. El recorrido incluía una visita a los cultivos de agave y a la cava de la destilería, donde los corazones (o "piñas") de la planta de agave son triturados con dos piedras o en un molino utilizando mulas, antes de ser fermentados y destilados en el mezcal. El almuerzo en Rancho Zapata incluyó "caldo de gato", que afortunadamente no tenía nada de gato, sino que realmente era espinazo de buey (semejante al rabo del buey), asado y preparado en un caldo rico y delicioso, rematado con fideos y un toque de limón verde. También venía con tamales, así como con "cochinita pibil", el clásico cerdo asado al carbón, que es para Yucatán lo que la arrachera a la barbacoa es para Texas. Lo único que pudimos comer después del almuerzo fue un postre liviano de frutas y un fragante y delicioso café que pedimos en todos los lugares a los que fuimos en México. La canela le da un toque encantador, y el chocolate le agrega riqueza y sabor.

RINDE 8 PORCIONES • TIEMPO DE PREPARACIÓN: 5 MINUTOS • TIEMPO DE COCCIÓN: 10 MINUTOS

½ taza de azúcar morena empacada

3 barras de canela

4 clavos enteros

1 cucharada de melaza

5 cucharadas abundantes de granos
    molidos de café espresso o latino
    como Bustelo o El Pico

2 tazas de leche

¼ de taza de chocolate sin azúcar,
    finamente triturado (1½ onzas aprox.)

Azúcar morena y/o granulada para
    servir

1. Vierta 6 tazas de agua, el azúcar morena, las barras de canela y los clavos en una olla grande y caliente a fuego medio alto hasta que el azúcar se disuelva. Agregue la melaza y regrese al fuego. Retire la espuma de la superficie.

2. Retire la olla del fuego, vierta el café y deje de 6 a 7 minutos en infusión. Cuele y reserve.

3. Caliente la leche en una olla pequeña hasta que se formen burbujas en los bordes. Retire la nata de la superficie y bata el chocolate hasta que se diluya.

4. Divida la leche en 8 tazas de café. Llene las tazas con el café caliente. Lleve el azúcar morena y/o granulada a la mesa para que las personas lo agreguen a su gusto.

Chocolate caliente con chiles

Ustedes podrían pensar que me gustan tanto los chiles que se lo agrego incluso al chocolate caliente, pero esto es sólo parcialmente cierto. La combinación de chocolate con chiles se remonta a la antigua cultura maya, así que yo sólo soy la última en una larga lista de amantes del chile y el chocolate. No diría que esta bebida espesa con sabor a canela es picante; simplemente es un poco más fuerte gracias al pequeño trozo de chile, suficiente para calentar las mañanas más heladas.

RINDE 2 PORCIONES • TIEMPO DE PREPARACIÓN: 10 MINUTOS • TIEMPO DE COCCIÓN: 10 MINUTOS

1 chile de árbol seco y más bien pequeño (ver Nota), o una pizca de pimienta de cayena

1½ tazas de leche

2 barras de canela

3 onzas de chocolate (Nestlé Abuelita, Ibarra y Cortés son buenas marcas), rallado con la parte más gruesa del rallador

2 cucharadas de azúcar morena

1. Caliente una olla pequeña (la que va a utilizar para preparar el chocolate a fuego medio bajo. Tueste el chile, dándole la vuelta una vez, hasta que comience a cambiar de color y a oler delicioso (menos de un minuto). Retire el chile y deje enfriar. Luego triture con un molino de especias.

2. Caliente la leche y la canela en la olla a fuego bajo hasta que aparezcan burbujas por los bordes. Deje hervir a fuego bajo por un mínimo de 5 minutos, o 10 minutos si desea un sabor más fuerte a canela.

3. Retire las barras de canela y reserve a un lado. Agregue el chocolate, el azúcar y una pizca grande de chile molido a la leche. Deje que el chocolate se derrita y la leche esté espumosa. Sirva en tazas caliente con una barra de canela en cada una.

NOTA: Los chiles de árbol son chiles secos, largos y muy deshidratados, de color rojo ladrillo y poco picantes. Generalmente las semillas de los chiles secos se retiran antes de tostarlo, pero esto no es necesario con los chiles de árbol. Tueste y muela todo el chile, con las semillas. Encontrará chiles de árbol en todos los mercados latinos y en algunos supermercados bien surtidos. Suelen encontrarse en la sección de especias, con la etiqueta de "chiles secos".

Huevos a la "Tal vez esto la deje callada"

∾ HUEVOS A LA PALOMA

Mi hijo David tiene un sentido del humor particular, y éste nunca se hizo más evidente que aquella mañana en la que había acabado de disfrutar este delicioso plato. Estábamos de viaje en México, hospedados en un hotel. Ese día, el programa era hacer un tour por las famosas ruinas cercanas de Monte Albán, en Oaxaca. Pero justo después del desayuno, me enteré de que el conserje había extraviado nuestras reservaciones. El conserje y yo tuvimos una "larga conversación" y podría decirse que aclaramos el malentendido. Cuando regresé a mi habitación (contigua a la de los chicos), el hotel me había enviado una canasta con frutas y una nota. Me sentí mucho mejor hasta que leí la tarjeta que decía, "Tal vez esto la deje callada". Me alteré, para decir lo menos. Le dije a Jerry que fuera a quejarse a la recepción de aquel gesto tan rudo; él vio una cáscara de banana en el cesto de la basura y dijo, "¡Guau, se comieron una banana de la canasta!" Estuve a un paso de desmayarme de la indignación.

Mientras le gritaba a Jerry que bajara a la recepción, Ángela fue a la habitación de los chicos para decirles que Jerry iba a quejarse ante el administrador, y que yo estaba a punto de estallar. Al escuchar esto, David saltó de la cama, corrió a nuestra habitación y dijo, "¡Fui yo, fui yo! ¡Sólo fue una broma!". Tardé un minuto en entender, pero finalmente lo logré. Lo habría tomado de las orejas, pero me reí con mucha fuerza. Y ahora, cada vez que preparo estos huevos, todos nos reímos al recordar la broma que me hizo David. Haciendo a un lado mi rabieta y las cáscaras de banana, sería poco decir que me moría de ganas por preparar Huevos a la paloma en casa. Y desde el primer momento en que probé estos huevos, han sido un alimento básico en mi mesa. En realidad, son demasiado buenos para servir simplemente al desayuno: Son una magnífica cena liviana si se acompañan con una deliciosa ensalada verde.

**RINDE 6 PORCIONES • TIEMPO DE PREPARACIÓN: 35 MINUTOS (INCLUIDA LA SALSA DE TOMATES) •
TIEMPO DE COCCIÓN: 15 MINUTOS (INCLUYENDO LA FREÍDA DE LOS HUEVOS)**

PARA LA SALSA DE TOMATES

1 cucharada de aceite de oliva

2 cucharadas de cebolla en trozos
  grandes

1 diente de ajo

1¼ cucharaditas de chile en polvo

½ cucharadita de comino molido

½ cucharadita de orégano seco

1 lata de salsa de tomates estilo español
  de 8 onzas

Sal marina o kosher y pimienta fresca
  molida

¼ de taza de caldo de vegetales o agua

1½ tazas de chorizo mexicano (sin la
  envoltura y en trocitos)

2 aguacates Hass maduros

Jugo de 1 limón verde

Aceite vegetal en aerosol

12 huevos extra grandes

1 taza de queso Oaxaca o mozzarella
  desmenuzado

½ taza de crema mexicana o agria

Cilantro fresco finamente picado para
  adornar

1. Para preparar la salsa de tomates: Caliente el aceite de oliva en una sartén pequeña a fuego medio. Agregue la cebolla y el ajo y cocine revolviendo hasta que la cebolla esté transparente, 5 minutos aprox. Añada el chile en polvo, el comino, el orégano y cocine revolviendo hasta que sienta el aroma, de 1 a 2 minutos. Agregue la salsa de tomates y el caldo, revuelva y hierva a fuego lento. Cocine revolviendo ocasionalmente hasta que la salsa esté ligeramente espesa, sazone con sal y pimienta y retire del fuego.

2. Mientras tanto, cocine el chorizo en una sartén mediana a fuego medio, revolviendo para diluir los grumos, hasta que esté bien cocinado y despida mucho olor, de 3 a 4 minutos. Seque con toallas de papel.

3. Corte los aguacates por la mitad, retire las semillas y la piel. Corte cada mitad a lo largo en 6 rodajas delgadas. Vierta en un recipiente mediano con el jugo de limón.

4. Coloque la rejilla a unas 4 pulgadas de la parrilla y precaliente. Coloque el chorizo en 6 cacerolas refractarias de 5½ pulgadas. Coloque 4 rodajas de aguacate sobre el chorizo en cada cacerola.

5. Para cocinar los huevos: Rocíe una sartén o plancha grande con aceite en aerosol y caliente a fuego medio. Agregue sólo los huevos que quepan sin tocarse y cocine hasta que la parte inferior esté firme, 1 minuto aprox. Sazone con un poco de sal y pimienta, reduzca a fuego lento y cocine hasta que las claras estén completamente firmes, 3 minutos aprox. Sirva 2 huevos sobre el aguacate en cada cacerola. Repita con los huevos restantes.

6. Vierta la salsa de tomates sobre los huevos, formando una capa delgada y uniforme. Rocíe el queso sobre la salsa, esparciendo de manera uniforme. Coloque tantas cacerolas en la fuente para hornear como quepan cómodamente y caliente hasta que el queso se derrita, de 2 a 3 minutos. Repita con las cacerolas restantes si es necesario. Espolvoree una cucharadita de crema en cada cacerola, y el cilantro picado sobre la crema. Sirva la crema restante en otro plato.

Cacerola con huevos, frijoles refritos y hongos *⁓* HUEVOS BALAM

Me encanta cuando hay magia en la cocina, como sucede con esta cacerola. La salsa es muy sencilla y de mucho sabor, gracias a los dos tipos de hongos que contiene el caldo (página 304). La magia sucede cuando la salsa se mezcla con los frijoles y los huevos, en una combinación inusual pero deliciosa. La salsa de hongos también quedaría igualmente bien con una falda a la brasa o con costillitas (ver página 88), o incluso con arroz blanco o pasta. Sabe delicioso cuando los frijoles están recién preparados y aún calientes. Si usted ya ha preparado el caldo de hongos, puede preparar el resto de la cacerola mientras se cocinan los frijoles. Sin embargo, si quiere ahorrar más tiempo, prepare los frijoles uno o dos días antes y recaliente lentamente, humedeciendo con un poco de caldo de hongos o agua.

RINDE 4 PORCIONES • TIEMPO DE PREPARACIÓN: 1 HORA (INCLUIDA LA PREPARACIÓN DE LOS FRIJOLES REFRITOS Y LA SALSA DE HONGOS) • TIEMPO DE COCCIÓN: 15 MINUTOS

PARA LA SALSA DE HONGOS

2 tazas de caldo de hongos (página 304)

Un paquete de hongos cremini de 10 onzas, en rodajas delgadas

1 hoja de laurel

Sal marina o kosher y pimienta fresca molida

3 cucharadas de maicena

Frijoles "refritos" nuevo estilo (página 162)

Mantequilla o aceite vegetal en aerosol

8 huevos extra grandes

2 tazas de queso mozzarella rallado (7 a 8 onzas)

1. Para preparar la salsa de hongos: Vierta el caldo, los hongos cremini en rodajas y la hoja de laurel en una olla pequeña y hierva. Cubra y cocine a fuego lento por 20 minutos. Retire la hoja de laurel. Sazone el caldo con sal y pimienta al gusto. (Puede preparar la salsa hasta este punto, hasta con dos días de anterioridad. Refrigere directamente en la olla y caliente a fuego lento antes de continuar).

2. Vierta la maicena y ¼ de taza de agua en un recipiente pequeño. Incorpore la mezcla al caldo de hongos y cocine a fuego lento hasta que la salsa esté ligeramente espesa, por un minuto o dos. Reserve a un lado.

3. Coloque la rejilla a unas 8 pulgadas de la parrilla y precaliente el asador. Recaliente los frijoles a fuego muy bajo si están fríos. Esparza la cuarta parte de los frijoles en el fondo de cada una de las cacerolas refractarias de 5½ pulgadas.

4. Para preparar los huevos: Engrase una sartén o plancha con mantequilla o aceite en aerosol a fuego medio. Añada sólo los huevos que quepan sin tocarse y cocine hasta que la parte

(continúa)

inferior esté firme, 1 minuto aprox. Reduzca a fuego bajo y cocine hasta que las claras estén completamente firmes, 3 minutos aprox. Sirva 2 huevos sobre los frijoles en cada cacerola. Repita el procedimiento con los huevos restantes.

5. Sirva la cuarta parte de la salsa de hongos (½ taza aprox.) sobre los huevos en cada cacerola. Rocíe el queso sobre la salsa y divida de manera uniforme. Caliente las cacerolas hasta que el queso haga burbujas y éste ligeramente dorado, 3 minutos aprox. Sirva.

Huevos revueltos con camarones

Un caldero doble (así sea improvisado) es el requisito indispensable para esta receta que tomé prestada del Café La Biela en Buenos Aires. El fuego delicado hace que los camarones queden tiernos y sin el menor rastro de textura cauchosa, y les da a los huevos una textura exquisitamente suave que sería imposible de reproducir en una sartén, incluso a fuego muy bajo. El bono adicional es el sabor dulce y sutil de los camarones, que permea los huevos.

Puede ser un desayuno de semana, aunque parece muy especial. Es muy rápido de preparar, y ¿a quién no le gusta una ocasión un poco "especial" en una mañana de semana? Sin embargo, está incluido en la sección de fin de semana porque sabe mejor si se come una sola porción. Tal vez su casa permanezca en calma durante la semana, ¡pero la mía no! Obviamente, esta receta también funciona para el almuerzo o la cena, con una ensalada.

RINDE UNA PORCIÓN (REPITA SI ES NECESARIO) • TIEMPO DE PREPARACIÓN: 5 MINUTOS • TIEMPO DE COCCIÓN: 5 MINUTOS

1 cucharada de mantequilla

¼ de libra de camarones medianos (40 por libra aprox.), pelados y desvenados

3 huevos extra grandes, bien batidos

2 cucharadas de doble crema

1 cucharadita de cebollino picado

Sal marina o kosher y pimienta fresca molida

1. Derrita la mantequilla en un caldero doble con agua hirviendo (o en un recipiente refractario sobre una olla con agua hirviendo). Seque los camarones con toallas de papel, agregue la mantequilla y deles vuelta con una espátula de caucho hasta que estén rosados, por 1 minuto aprox.

2. Agregue los huevos y continúe revolviendo hasta que comiencen a estar firmes, por 1 minuto aprox. Añada la doble crema, el cebollino y continúe revolviendo hasta que los huevos estén casi listos y muy cremosos, por 3 minutos aprox. Es normal que los camarones suelten un poco de líquido. Sirva los huevos en un plato caliente, sazone con sal y pimienta y consuma de inmediato.

Frituras de plátano ∽ ARAÑITAS

El sobrenombre de "arañitas" viene de la forma que tienen los plátanos fritos, pues parecen arañas pequeñas con patas largas. (Tal vez sea por eso que a los niños les encantan.) Las arañitas se preparan con una mezcla de plátanos verdes y maduros. Los plátanos verdes le dan el almidón necesario para mantener firme la fritura, y los maduros cortan el almidón y las hace más dulces. Si su casa es como la mía, siempre tendrá plátanos con diferentes grados de madurez; esta es la forma de utilizar los más verdes y los más maduros.

RINDE PARA 16 FRITURAS APROX • TIEMPO DE PREPARACIÓN: 15 MINUTOS • TIEMPO DE COCCIÓN: 15 A 20 MINUTOS

2 plátanos maduros (pero no completamente negros)
2 plátanos verdes
2 dientes de ajo picados
1 cucharadita de comino en polvo

Sal marina o kosher y pimienta fresca molida
Aceite de canola para freír
Vinagre (página 303) o Pesto de cilantro (página 104)

1. Pele los plátanos maduros y los verdes (ver página 315). Ralle con la parte más gruesa de un rallador en un recipiente grande. Agregue el ajo, el comino y sal y pimienta al gusto.
2. Caliente una pulgada aprox. de aceite de canola en una sartén grande y pesada, hasta que la punta del mango de una cuchara de madera sumergida en el aceite produzca un chisporroteo moderado (350°F aprox.) Vierta cuidadosamente la mezcla con una cuchara al aceite, acomodando sólo las frituras que quepan sin amontonarse. Cocine dando vuelta una vez hasta que estén doradas por ambos lados, por 4 minutos aprox. Retire las arañitas del aceite, y reduzca el fuego para que no se quemen los pedazos pequeños que caigan al aceite. Sirva bien caliente y acompañe con el vinagre o pesto de cilantro.

Arepas Tortas de maíz

Las arepas son tortas de maíz sin gluten, muy populares en Colombia, Venezuela y Ecuador. En Venezuela se sirven para acompañar los "huevos pericos" (huevos revueltos con tomate, pimiento y cebolla). Se pueden partir por la mitad, retirarles —o no— el relleno cremoso y reemplazar con queso mozzarella, cualquier tipo de jamón, o con los huevos que acabamos de mencionar, entre otras cosas.

RINDE 20 AREPAS DE 3 PULGADAS APROX. • TIEMPO DE PREPARACIÓN: 30 MINUTOS (CASI SIN PRESTARLES ATENCIÓN) • TIEMPO DE COCCIÓN: 35 MINUTOS

1 taza de harina de maíz blanca precocida (La marca más común es Harina P.A.N.)

1 taza de queso cotija finamente rallado

1 cucharada de cebollino fresco picado

1 cucharadita de sal

1. Vierta la harina de maíz, el queso, el cebollino, la sal y 1¼ tazas de agua caliente en un recipiente grande. Revuelva hasta formar una masa ligeramente pegajosa. Déjela reposar a un lado hasta que la masa esté más suave y no esté pegajosa, por un mínimo de 20 minutos y un máximo de 2 horas.

2. Precaliente el horno a 350°F.

3. Saque 3 cucharadas de la masa y forme una bola, luego aplane hasta formar un disco de 3 pulgadas y de ½ pulgada de grosor aprox. Repita el procedimiento con el resto de la masa.

4. Caliente una sartén de hierro forjado y templado o una sartén pesada y antiadherente a fuego medio. Agregue tantas tortas como quepan sin amontonarse. Deles vuelta una vez hasta que estén doradas por ambos lados, por 8 minutos aprox. Pase a una fuente para hornear y repita con el resto de la masa.

5. Hornee hasta que las tortas estén crujientes y las sienta livianas al agarrarlas, por 25 minutos aprox. Deje reposar unos minutos antes de servir.

VARIACIÓN:

AREPAS RELLENAS CON JAMÓN Y QUESO: Haga arepas de 4 pulgadas utilizando ¼ de taza de la mezcla para cada arepa (esta receta rinde para 12 arepas de 4 pulgadas). Fría en la sartén y hornee como describí anteriormente. Corte el queso fresco de mozzarella en tajadas de ¼ de pulgada de grosor (se necesitan de 8 a 12 onzas) y corte en pedazos del tamaño de las arepas. Deje reposar las arepas durante unos minutos, divida de tal forma que quede una parte superior y una inferior, y retire la mayoría del relleno cremoso, o déjelo si prefiere. (Tenga cuidado, pues la masa del centro estará muy caliente). Coloque una rodaja de queso y otra delgada de jamón tipo deli. Doble si es necesario sobre la parte inferior de cada arepa. Coloque la otra mitad encima y sirva caliente.

Churros

¿Cree que las personas se levantan rápidamente de la cama sólo al oler el café hirviendo o el aroma del tocino? Ya verá lo que sucede cuando fría una cacerola de churros y espolvoree una capa de canela y azúcar sobre ellos. Esta masa es simplemente la clásica *pâte à choux* utilizada para hacer bollos de crema, *éclairs* y los bollos con queso gruyère, conocidos como *gougères*. Si se fríen como en esta receta, la masa crecerá de la misma forma agradable, pero quedará aun más crujiente.

RINDE 12 A 15 CHURROS • TIEMPO DE PREPARACIÓN: 20 MINUTOS • TIEMPO DE COCCIÓN: 30 MINUTOS

4 cucharadas de mantequilla sin sal	4 a 5 huevos extra grandes
2 cucharadas de azúcar morena	Aceite de canola para freír
1 cucharadita de extracto de vainilla	½ taza de azúcar granulada
¼ de cucharadita de sal	½ cucharadita de canela en polvo
1 taza de harina	

1. Mezcle una taza de agua, la mantequilla, el azúcar morena, la vainilla y la sal en una sartén mediana y caliente a fuego medio alto hasta que el líquido comience a hacer burbujas por los bordes. Agregue toda la harina y revuelva vigorosamente con una cuchara de madera hasta mezclar bien, evitando que queden terrones de harina.

2. Retire del fuego. Agregue 4 huevos al mismo tiempo y bata bien con la cuchara de madera después de añadir cada uno. Asegúrese de que cubran uniformemente los bordes y el fondo de la sartén. La masa debe tener un aspecto suave y brillante, y mantener su forma cuando retire la cuchara de la masa. En caso contrario, agregue el otro huevo y mezcle.

3. Vierta la masa en una bolsa de pastelería con una punta en estrella. Vierta suficiente aceite de canola en una sartén pesada y profunda (las de hierro forjado son ideales) a 1 pulgada de altura. Caliente a fuego medio hasta que la punta del mango de la cuchara sumergida en el aceite produzca una corriente continua de pequeñas burbujas (350°F aprox.). Vierta cuidadosamente la masa en el aceite, formando rosquillas de 6 pulgadas de largo. Coloque sólo las que quepan cómodamente en la sartén. Si coloca muchas, las rosquillas quedarán empapadas en aceite. Fríalas, dando vuelta una vez, hasta que estén doradas por ambos lados. Seque con toallas de papel. Repita con el resto de la masa.

4. Vierta el azúcar granulada y la canela en una bolsa de papel, doble la parte superior y sacuda bien para mezclar. Introduzca unas pocas rosquillas en la bolsa y agite bien hasta que estén cubiertas. Saben mejor recién preparadas.

VARIACIÓN:

MASA DE CANELA FRITA: Vierta una barra de canela al agua y caliente a fuego bajo por 10 minutos. Retire la canela y proceda igual que en la página anterior, pero vierta cuidadosamente la masa en el aceite con cucharadas abundantes. Rinde 30 bollos aprox.

Introduzca la masa en la bolsa de pastelería.

Vierta cuidadosamente los churros en el aceite caliente.

Retire los churros del aceite cuando estén listos.

Tamales de fin de semana

¿Tamales para el desayuno? Así es. En México, los tamales con carne de cerdo que describo a continuación pueden ser fácilmente una entrada para el desayuno. En Perú, el tamal con aceitunas y pasas también se sirve en la mañana, a veces con huevos revueltos al lado. La versión de aceitunas y pasas también puede hacerse con caldo de vegetales, para un tamal completamente vegetariano.

Me encantan todas las opciones; espero que las use. El picadillo de cerdo rinde 24 tamales o 10 empanadas aprox. (página 61), o un plato principal para 4 personas, con arroz blanco. Aparte del tiempo necesario para cocinar el cerdo "adicional" (10 minutos), no toma más tiempo preparar una buena cantidad de picadillo de cerdo, ¡así que adelante! Puede guardar el picadillo en el refrigerador hasta 3 días, y emplearlo en una cena entre semana. Si decide hacer empanadas, puede congelarlas antes de hornear, y luego descongelar y hornear según sea necesario. Si está pensando qué hacer con 24 tamales, le tengo la respuesta: Congélelos si no va a servirlos de inmediato y viértalos congelados en agua al vapor para un desayuno, almuerzo o cena rápida. Al igual que el picadillo de cerdo, usted ya está en la cocina, así que unos pocos minutos de más no es mucho para obtener este tipo de recompensas.

RINDE PARA 24 TAMALES, Y EL PICADILLO PARA RELLENAR 10 EMPANADAS, O PARA SERVIR 4 COMO PLATO PRINCIPAL • TIEMPO DE PREPARACIÓN: 5 HORAS (INCLUYENDO LA COCCIÓN DEL RELLENO DE CERDO, BÁSICAMENTE SIN PRESTARLE ATENCIÓN) • TIEMPO DE COCCIÓN: 1 HORA (SIN PRESTARLE ATENCIÓN)

PARA EL CERDO DESMECHADO

1 pierna de cerdo de 4 libras y media con hueso, (deshuesada por el carnicero), reserve el hueso

1 cebolla sin pelar

1 manojo grande de cilantro

2 hojas de laurel

2 cucharadas de sal

1 cucharada de pimienta negra en granos

PARA EL PICADILLO

½ taza de Aceite con achiote (página 306)

1 taza de Sofrito (página 305)

½ cucharadita de comino en polvo

⅛ cucharadita de pimienta de Jamaica en polvo

⅛ cucharadita de clavos en polvo

Sal marina o kosher y pimienta fresca molida

—

1 paquete de hojas de maíz secas de 4 onzas (ver Nota)

PARA LA MASA (RINDE 6 TAZAS)

3 tazas de harina de maíz instantánea, como Maseca

1 cucharada de comino en polvo

1 cucharada de sal marina o kosher

1 cucharada de chile ancho en polvo (o de otro tipo)

4 tazas de caldo de cerdo reservado (donde cocinó el cerdo), tibio

1 taza de aceite vegetal

1. Precaliente el horno a 400°F.

2. Coloque el hueso de cerdo en una pequeña fuente para hornear y hornee hasta que tenga un color caoba, por 1 hora aprox.

3. Mientras tanto, coloque el cerdo asado, la cebolla, el cilantro, las hojas de laurel, la sal y los granos de pimienta en una olla donde quepan con amplitud, y vierta agua suficiente para cubrir por completo el cerdo. Hierva a fuego alto. Reduzca a fuego bajo, retirando la espuma y la grasa de la superficie, hasta que el cerdo esté tierno y se deshaga, por 3 horas aprox. Añada el hueso al retirar del horno (retire la grasa con frecuencia, especialmente al comienzo de la cocción; le sorprenderá la cantidad que sale). Retire el hueso y sumerja el cerdo en el caldo. (Puede preparar el caldo y el cerdo con 2 días de anticipación. Refrigere el cerdo y el caldo en la olla y recaliente si es necesario a fuego lento antes de continuar).

4. Retire el cerdo cuando esté lo suficientemente frío y pueda manipularlo (o recaliente para desmenuzar con mayor facilidad) y reserve el caldo a un lado. Desmenuce en pedazos grandes, retirando casi toda la grasa (pero deje un poco). La grasa le dará una textura tierna y sabor a la carne. Reserve a un lado.

5. Para hacer el picadillo: Caliente el aceite con achiote en una sartén grande y profunda a fuego medio. Agregue el sofrito y cocine revolviendo hasta que el líquido se haya evaporado y el sofrito esté burbujeando. Añada el comino, la pimienta de Jamaica y los clavos y revuelva un minuto o dos. Agregue el cerdo desmenuzado. Sazone ligeramente con sal y pimienta y cocine revolviendo hasta que esté bien caliente y cubierto con los aderezos. Siga cocinando y revolviendo hasta que el cerdo comience a pegarse a la sartén. Vierta ½ taza del caldo de cerdo y revuelva hasta que casi todo el líquido se haya evaporado. Reserve el picadillo a un lado (puede prepararlo con 2 días de anticipación). Caliente bien a fuego lento y agregue un poco de agua si es necesario.

6. Retire las hojas de maíz del paquete y colóquelas en un recipiente grande. Cubra bien con agua tibia. Coloque un plato o recipiente encima para que las hojas de maíz permanezcan sumergidas, y remoje hasta que estén blandas, por 1 hora aprox.

7. Para preparar la masa: Vierta la masa de harina de maíz, el comino, la sal y el chile en polvo en un recipiente grande y mezcle bien. Agregue el caldo y el aceite vegetal, y revuelva hasta formar una pasta suave y húmeda, pero no pegajosa. Reserve a un lado.

8. Para preparar los tamales: Las hojas de maíz vienen en tamaños diferentes; comience con las que tienen al menos 7 pulgadas en el punto más ancho y reserve las más pequeñas. Extienda una hoja en una superficie de trabajo con el extremo más angosto cerca de usted. Vierta ¼ de taza de la masa de maíz en el centro de la hoja. Haga una pequeña hendidura en el centro de la masa, esparciendo hacia afuera pero asegurándose de dejar al menos 1 pulgada libre en los

extremos cortos, y 2 pulgadas a los lados para que pueda doblar fácilmente los tamales. Vierta 2 cucharadas del picadillo en la hendidura. Deje el otro lado abierto. Coloque los tamales hacia abajo en una fuente para hornear. Haga 23 tamales y coloque en la fuente.

9. Congele los tamales que no vaya a consumir. Refrigere o congele el picadillo que sobre (ver página 24). Cocine los tamales al vapor hasta que la masa esté tierna y húmeda: 1 hora debería ser suficiente. Revise el nivel del agua cada 15 minutos y reponga si es necesario.

10. Sirva los tamales calientes en un plato. Deje que las personas desenvuelvan los tamales. Adviértales que tengan cuidado, pues permanecen calientes por un rato.

NOTA: Las hojas de maíz secas se encuentran en tiendas mexicanas y en cualquier supermercado con una buena sección de productos latinos. Como el tamaño de las hojas puede variar en un mismo paquete y son muy económicas, usted puede comprar dos paquetes de una vez para mayor seguridad.

VARIACIONES:

TAMALES DE ACEITUNAS Y PASAS: Vierta ¾ de taza abundante de aceitunas pequeñas y despepitadas (por ejemplo, niçoise) y ½ taza abundante de pasas en un recipiente pequeño y mezcle. Proceda como arriba, utilizando una cucharada rasa de la mezcla de aceitunas y pasas, y vierta en cada tamal. Si se acaba el relleno, simplemente mezcle un poco más de aceitunas y pasas.

Puede reemplazar el cerdo por 4 libras de muslos de pollo; sólo necesitan unos 30 minutos de cocción a fuego lento.

CONSEJOS: Para ser honesta, es difícil lograr que el caldo de cerdo sea el más sabroso de todos, y no tiene por qué serlo. Utilizar el hueso asado le dará un mayor cuerpo y sabor.

Antes de preparar la masa y hacer los tamales, organice una vaporera según la cantidad que vaya a cocinar. Si va a cocinar una cantidad pequeña (6 a 8 tamales aprox.), utilice una rejilla circular para enfriar o una canasta de metal plegable para introducir en una sartén profunda con tapa hermética o en una olla grande. Para preparar una mayor cantidad, sería útil tener una vaporera grande de bambú o una olla grande con una vaporera. Coloque los tamales en hilera en la parte inferior de una vaporera de bambú. No haga más de 3 capas. Si utiliza una vaporera con canasta, coloque los tamales uno junto al otro (naturalmente, con los lados abiertos hacia arriba). También puede dividir los tamales en 2 vaporeras si no caben en una sola. Vierta ½ pulgada de agua en la olla o sartén. Hierva y cocine a fuego lento.

Crepes de espinaca cremosa con salsa de tomates y hongos

Este es otro plato delicioso que disfrutamos en el Café Santa Fe durante la mañana de Navidad en Buenos Aires. La espinaca cremosa tiene un toque de nuez moscada, y su intensidad se equilibra bien con el ácido de la salsa de tomates y la terrosidad de los hongos. Esta es otra de esas recetas que pueden disfrutarse en la mañana, al mediodía y en la noche. Piénselo bien, ¡es puro estilo Daisy las 24 horas del día!

RINDE 6 PORCIONES • TIEMPO DE PREPARACIÓN: 1 HORA (MÁS SI
PREPARA LOS CREPES) • TIEMPO DE COCCIÓN: 10 MINUTOS

Doce crepes básicos de 7 a 8 pulgadas
    (página 28), o comprados
Espinaca cremosa (página 279)

PARA LA SALSA DE TOMATES
1 cucharada de aceite de oliva
2 dientes de ajo finamente picados
1 paquete de hongos cremini de 10 onzas,
    cortados en rodajas de ¼ de pulgada
1 lata de salsa de tomates de 28 onzas

4 hojas grandes de albahaca fresca,
    cortadas en cintas delgadas
¼ de cucharadita de orégano seco
Sal marina o kosher y pimienta fresca
    molida
3 cucharadas de perejil de hoja lisa
    finamente picado

2 tazas de queso mozzarella desmenuzado

1. Prepare los crepes (en caso de utilizar) y la espinaca cremosa. (Puede preparar ambos un día antes y refrigerar; recaliente la espinaca en una olla a fuego lento antes de utilizar).

2. Para preparar la salsa de tomates: Caliente el aceite en una olla mediana a fuego medio. Agregue el ajo y cocine hasta que esté chisporroteando pero no muy dorado. Añada los hongos y revuelva hasta que comiencen a dorarse. Si los hongos sueltan líquido, cocine hasta que se evapore el líquido y luego dórelos. Vierta la salsa de tomates, la albahaca y el orégano, y sazone ligeramente con sal y pimienta. Cocine a fuego lento, revolviendo ocasionalmente hasta que la salsa esté ligeramente espesa, por 20 minutos aprox. Retire del fuego (puede preparar la salsa un día antes y refrigerar; caliente a fuego lento en una olla pequeña antes de utilizar).

3. Precaliente el horno a 400°F.

4. Cubra el fondo de una fuente para hornear de 9 × 11 pulgadas con la salsa de tomates y hongos. Vierta ¼ de taza de la mezcla de espinaca en el centro de un crepe. Enrolle y coloque con la envoltura hacia abajo en la fuente (ver Consejo). Repita el procedimiento con los crepes y la espinaca restante. Cubra bien los crepes con la salsa de tomates y los hongos. Si sobra salsa,

puede recalentar y llevarla a la mesa. Esparza el mozzarella de manera uniforme sobre la salsa. Hornee hasta que el queso se derrita y la salsa haga burbujas, por 15 minutos aprox. Adorne con el perejil picado.

CONSEJO: Es probable que usted quiera doblar las puntas de los crepes, o hacer que sean más gruesos o delgados según el tamaño y la forma de la fuente para hornear. La idea es tener una capa de crepes que quepan cómodamente en el plato para hornear.

VARIACIÓN:

TORTILLAS CON ESPINACA Y CREMA: Una versión muy buena de este plato se logra sustituyendo los crepes con las 12 tortillas de maíz compradas. Es increíble lo diferentes que se "sienten", considerando que la única diferencia es la envoltura. Rocíe aceite vegetal en aerosol en una sartén mediana y caliente a fuego medio. Coloque una tortilla de maíz y cocine dando vuelta una vez, hasta que esté caliente y suave, por 1 minuto aprox. Pase a un plato y repita con las otras tortillas, añadiendo más aceite si es necesario. Proceda igual que arriba, utilizando tortillas en lugar de crepes.

Crepes básicos

Estos crepes funcionan para toda ocasión. Puede agregarles un poco más de azúcar si los va a servir como postre, u omitir si va a preparar un crepe salado, aunque el azúcar le da un agradable aspecto dorado y no los endulza demasiado. Si va a preparar crepes, debe tener en cuenta que probablemente los primeros no quedarán muy bien —y no hay otra forma de hacerlo. (Piense que son sus ofrendas a los dioses de la cocina.) Cuando tenga práctica y utilice la temperatura apropiada, los hará casi con los ojos cerrados.

RINDE 12 CREPES GRANDES APROX. (DE 7 A 8 PULGADAS) O 18 MEDIANOS (6 PULGADAS) • TIEMPO DE PREPARACIÓN: 10 MINUTOS • TIEMPO DE COCCIÓN: 30 A 45 MINUTOS

1¼ tazas de leche

1 taza de harina

3 cucharadas de mantequilla derretida, más otro poco para cocinar los crepes

1 huevo extra grande

1 cucharada de azúcar

¼ cucharadita de sal marina o kosher

1. Vierta todos los ingredientes en una licuadora y licúe a velocidad baja hasta que la mezcla esté suave. Vierta en un recipiente o bolsa y refrigere un mínimo de 1 hora, o hasta 24 horas.

2. Vierta una pequeña cantidad (¼ de taza aprox.) de mantequilla derretida en una sartén para crepes de 6 a 8 pulgadas a fuego medio. También puede dorar la mantequilla en la sartén utilizando una brocha de pastelería. (Una sartén antiadherente o bien temperada es de gran ayuda). La temperatura de la sartén también es importante. La mantequilla debería comenzar a burbujear pocos segundos después. Si la mantequilla burbujea y se oscurece inmediatamente, es porque la sartén está muy caliente. Retire del fuego y deje enfriar un par de minutos. Cubra el fondo de la sartén con mezcla después de inclinarla, agregando aprox. 2 cucharadas generosas para una sartén de 6 pulgadas, o 3 cucharadas para una sartén de 8 pulgadas. Incline la sartén de inmediato para que la mezcla cubra todo el fondo de la sartén de manera tan rápida y uniforme como sea posible. (Intente esto: Incline ligeramente la sartén de derecha a izquierda mientras que al mismo tiempo lleva la sartén hacia usted y la empuja con rapidez. Es un poco como caminar y masticar chicle al mismo tiempo, una vez que logre hacerlo, verá que es muy fácil). La mezcla debería burbujear un poco al tocar la sartén y el lado inferior del crepe debería estar oscuro en unos 2 minutos. En caso contrario, aumente un poco la intensidad del fuego. Cocine hasta que la parte inferior tenga un agradable color marrón dorado. Dele vuelta al crepe y cocine hasta que el otro lado tenga ese color en algunos puntos (el segundo lado nunca quedará tan café como el primero). Puede envolver los crepes preparados en plástico y guardarlos a temperatura ambiente por 3 horas, refrigerarlos por 2 días o congelarlos por 3 meses).

Vierta la mezcla en la sartén.

Incline la sartén para que la mezcla cubra el fondo de manera uniforme.

Asegúrese de que la mezcla cubra toda la superficie de la sartén.

Tomates al horno rellenos con huevo

Esta es mi versión de "huevos flamencos", una cacerola tradicional que lleva huevos, chorizo y salsa de tomates. Aquí, la "cacerola" es un tomate sin la pulpa interior, y el chorizo es reemplazado por jamón curado. Las cervezas y espárragos de la salsa alivianan un poco las cosas y hacen que el plato se vea hermoso.

RINDE 6 PORCIONES • TIEMPO DE PREPARACIÓN: 30 MINUTOS • TIEMPO DE
COCCIÓN: 40 MINUTOS (REVISANDO OCASIONALMENTE)

6 tomates grandes maduros (cada uno de 8 onzas aprox.)

2 cucharadas de aceite de oliva, y un poco más para untar en los tomates

1 diente de ajo finamente picado

1 ramito de tomillo fresco

12 rodajas muy delgadas de jamón serrano o prosciutto

6 huevos extra grandes

Puntas de 1 manojo de espárragos tan delgados como lápices (2 tazas aprox.)

1 taza de arvejas congeladas, a temperatura ambiente

6 rodajas de pan campesino de ½ pulgada, frito en la sartén con aceite de oliva hasta que esté dorado

1. Corte ½ pulgada de la parte superior de los tomates. Saque la pulpa y las semillas del centro con una cuchara, dejando sólo la carne adherida a la piel. Esto es importante, pues mientras más carne les deje, será más probable que los tomates al horno queden hechos papilla. Retire todas las semillas que pueda sin esforzarse mucho; no se preocupe si quedan algunas. Parta la pulpa en pedazos grandes. Corte una rodaja muy delgada en la parte inferior de cada tomate. La idea es que la rodaja sea tan delgada como sea posible, y que haya un pequeño hueco en la parte inferior para que todo el líquido del tomate se escurra durante y después de la horneada. Coloque los tomates en una rejilla sobre una fuente para hornear. Unte ligeramente con aceite de oliva y reserve a un lado.

2. Precaliente el horno a 400°F.

3. Mientras tanto, caliente el aceite de oliva en una sartén pequeña a fuego medio. Agregue la pulpa de tomate picado, el ajo y el tomillo. Hierva y luego cocine la salsa a fuego lento, hasta que la mayoría del líquido de los tomates se haya evaporado, por 15 minutos aprox. Retire del fuego.

4. Coloque dos rodajas de jamón dentro de cada tomate, superponiendo y cortando las rodajas como sea necesario para que cubran por completo el interior de los tomates y los bordes del jamón sobresalgan un poco. (Los bordes se dorarán a medida que los tomates se hornean y tendrán un aspecto agradable). Rompa un huevo sobre cada "canasta" de tomate. Hornee los tomates en la rejilla hasta que estén suaves y los huevos cocinados pero las yemas todavía

(continúa)

estén húmedas, por 20 minutos aprox. Retire los tomates del horno y reserve a un lado mientras termina la salsa.

5. Caliente de nuevo la salsa a fuego lento y agregue los espárragos y las arvejas. Cocine hasta que los espárragos estén crocantes y tiernos, por 3 minutos aprox.

6. Para servir, retire el tomillo y vierta la salsa en el centro de los platos. Utilice una espumadera con huecos para levantar los tomates, dejando las rodajas en la rejilla. Sostenga unos segundos para que los líquidos se escurran y sirva el tomate sobre la salsa en cada plato. Sirva caliente con las tostadas a un lado.

CONSEJOS: Si los tomates no se escurren bien, retendrán mucho líquido que se mezclará con el huevo a medida que usted lo coma (lo cual no parece muy agradable). Para que salga todo el líquido posible:

- Saque tanta pulpa y semillas como sea posible mientras esté horneando los tomates.
- Corte el tomate por la parte inferior sólo para que el líquido salga mientras se hornean. Si corta una rodaja gruesa, el tomate se desbaratará.
- Levante cada tomate con cuidado después de hornear y deje escurrir por completo durante unos segundos antes de servir en el plato.

Brisas del Caribe

Durante un viaje al Caribe, nos sentimos un poco cansados después de la jornada y de cargar nuestro equipaje hasta el hotel. Pero incluso antes de registrarnos, nos sirvieron un cóctel helado de frutas semejante a éste, que cambió nuestro aspecto de manera instantánea. Todas las personas a las que les he preparado este cóctel han tenido la misma reacción: Es una bebida completamente refrescante y vigorizante. Si agrega un poco de licor (ron, por ejemplo) y un chorrito de soda, es una agradable bebida para adultos, apropiada para cualquier brunch, asado o noches de ocio al aire libre.

RINDE 12 TAZAS (12 PORCIONES APROX. PUEDE DIVIDIR FÁCILMENTE A LA MITAD) • TIEMPO DE PREPARACIÓN: 25 MINUTOS (5 MINUTOS SI UTILIZA FRUTA COMPRADA EN CUBOS)

1 piña de 2½ libras

1 sandía pequeña sin semillas (de 8 libras aprox.) cortada en cuatro sin la piel, y la pulpa cortada en cubos de 1 pulgada (16 tazas aprox.)

½ melón (2½ libras aprox.) pelado, sin semillas y cortado en cubos de 1 pulgada (4 tazas aprox.)

2 libras de canastas de fresas, sin el cabito y partidas en cuatro

Jugo de 1 limón verde

1. Corte la parte superior de la piña y descarte. Haga un corte horizontal en la parte inferior de la piña para que ésta se sostenga firmemente en la tabla de cortar. Retire la cáscara con un cuchillo grande, sacando el mínimo de pulpa posible. Corte la piña a lo largo en 4 pedazos, y luego en cubos de 1 pulgada.

2. Trabaje por tandas, y vierta la piña, el melón, la sandía y las fresas en una licuadora con un vaso grande (ver Nota). Pase cada taza de jugo por un colador fino y luego vierta en una jarra. Retire la espuma. Agregue el jugo de limón y enfríe bien antes de servir (puede guardar un día o dos en el refrigerador).

NOTA: También puede preparar el jugo en un procesador de alimentos. Procese las frutas por tandas. Cuele siguiendo el procedimiento anterior. Sin embargo, la cantidad de jugo será menor.

CONSEJO: La mayoría de los supermercados ya venden piña y melón pelados y cortados en cubos.

Causa Limeña

Al combinar dos alimentos fáciles de preparar —puré de papas y ensalada de atún— se obtiene un brunch perfecto, o incluso una entrada para una fiesta con cena. La Causa debe prepararse con anticipación y no a última hora. Es un plato desconocido, y por supuesto, absolutamente delicioso. Consiga una salsa de ají amarillo envasado: no sólo para darle un sabor auténticamente peruano al plato, sino también para darle un vibrante color amarillo a las papas. Si no puede conseguirlo, vea la página 37 para un buen sustituto.

RINDE 12 PORCIONES • TIEMPO DE PREPARACIÓN: 1 HORA • TIEMPO
DE COCCIÓN: 35 MINUTOS (PARA LAS PAPAS)

PARA EL PURÉ DE PAPAS

4 papas grandes Idaho (para asar), cepilladas, (3½ libras aprox.)

6 cucharadas de pasta de ají amarillo o ⅓ de puré improvisado de ají amarillo (página 37)

Sal marina o kosher y pimienta fresca molida

PARA EL RELLENO DE ATÚN

2 latas de 12 onzas de atún blanco o albacora entero, totalmente escurrido

⅔ de taza de mayonesa preparada en casa (página 54) o comprada

1 tallo de apio, cortado en dados de ¼ de pulgada (½ taza aprox.)

2 cucharadas de cilantro fresco picado

½ jalapeño con o sin semillas, finamente picado

Cáscara rallada y jugo de 1 limón verde

Aceite vegetal en aerosol

½ aguacate Hass, pelado y cortado a lo largo en rodajas de ¼ de pulgada

Pimiento asado en julianas, preparado en casa (página 274) embotellado, y/o aceitunas negras para decorar el rollo (opcional)

Salsa cremosa de aguacate (página 37)

1. Coloque las papas en una olla grande donde quepan ampliamente y cubra bien con agua. Agregue sal al gusto. Cocine a fuego lento, hasta que las papas estén tiernas al introducir un cuchillo pequeño, por 35 minutos aprox., y escurra.

2. Mientras tanto, prepare el relleno: Mezcle el atún, la mayonesa, el apio, el cilantro, el jalapeño y el jugo de limón y la cáscara en un recipiente. Desmenuce el atún y revuelva hasta que todos los ingredientes estén distribuidos de manera uniforme y la mezcla tenga una consistencia suave.

3. Pele las papas y triture con un pisapurés o con el disco fino de un molino de cocina cuando la temperatura le permita manipular las papas. (O triture tanto como pueda con un tenedor y luego bata hasta que estén suaves. Un consejo: Los terrones de papa hacen que sea difícil enrollar la Causa). Agregue la pasta de ají amarillo y sazone con sal y pimienta al gusto.

4. Corte un pedazo de papel aluminio resistente de 30 pulgadas de largo por 18 de ancho. Rocíe abundante aceite en aerosol y extienda en la superficie de trabajo con una de las puntas largas hacia usted. Coloque la mezcla de papas en el centro del papel y utilice un rodillo para formar un rectángulo de 18 × 12 pulgadas y de ¼ de grosor aprox., con el extremo largo hacia usted. No se preocupe si el rectángulo no es perfecto. Esparza la ensalada de atún sobre las papas de manera uniforme, dejando un borde de 1 pulgada en las puntas cortas del rectángulo, y otro de 2 pulgadas en las largas. Coloque las rodajas de aguacate encima, en sentido paralelo a los lados largos y espaciando de manera uniforme sobre el atún.

5. Coloque el rodillo en un plato grande y deje a un lado. Tome el borde del papel aluminio más cercano a usted y levante suavemente para comenzar a enrollar las papas y el atún, presionando con suavidad. Seguramente el rollo se agrietará en algunas partes a medida que enrolle. Pero no se preocupe por las "grietas" de adentro, pues no se verán. En cuanto a las grietas exteriores, puede arreglarlas después. Levante el rollo con el papel aluminio, y enrolle por última vez antes de dejarlo en el plato. No se preocupe si los bordes están desiguales, simplemente córtelos o deje así. Para rellenar las grietas, simplemente pase el puré de papas con una espátula previamente sumergida en agua tibia. Cubra con papel plástico y enfríe en el plato por un mínimo de 2 horas o hasta 1 día.

6. Antes de servir, decore la parte superior con pimiento rojo en julianas y/o aceitunas negras si prefiere. Sirva fría con la salsa de aguacate, y corte en rodajas de 1 pulgada en diagonal.

VARIACIÓN:

CAUSAS INDIVIDUALES: Excelente como plato de entrada para una cena de mesa o como plato principal para el brunch, almuerzo o cena. Prepare el relleno de atún igual que arriba, pero parta el aguacate en dados y agregue al relleno del atún. Prepare la mezcla de papas igual que arriba. Engrase ligeramente ocho recipientes para flan de 6 onzas o potes individuales (si va a preparar como plato principal). Esparza la mezcla de papas en el fondo y por los lados de los recipientes hasta formar una capa uniforme de ⅓ de pulgada de grosor aprox. Vierta el relleno de atún en los recipientes, repartiendo de manera uniforme. Cubra el relleno con la mezcla de papa restante. Enfríe hasta que esté firme, y luego vierta los timbales en los platos para servir. Sirva un poco de salsa de aguacate alrededor de cada timbal y decore los platos con una ensalada verde ligeramente aderezada.

Puré improvisado de ají amarillo

El ají amarillo es ampliamente utilizado en la cocina peruana. Es dulce y ácido y un poco picante. Son prácticamente imposibles de conseguir frescos en los Estados Unidos, pero he descubierto una versión muy cercana experimentando en la cocina. Es un acompañamiento magnífico para el pollo o pescado a la parrilla (marine el pescado o pollo en el puré antes de cocinar si prefiere, unte más mientras está asando, y sirva el resto en un plato) y una salsa deliciosa para cualquier plato, desde un arroz blanco a unas costillas de cerdo fritas en la sartén.

RINDE 1½ TAZAS APROX. • TIEMPO DE PREPARACIÓN: 30 A 40 MINUTOS

4 pimientos amarillos asados, sin semillas y pelados (ver página 274)

1 jalapeño sin el tallo, pero con las semillas intactas

Jugo de 1 limón verde

½ a 1 cucharadita de cúrcuma

Triture los pimientos, el jalapeño y el jugo de limón en un procesador de alimentos hasta que la mezcla esté suave. Agregue ½ cucharadita de cúrcuma y procese hasta licuar, apagando una o dos veces para incorporar la mezcla hasta que se adhiera a las paredes. Si el puré no tiene un color amarillo vibrante, agregue otra ½ cucharadita de cúrcuma y procese de nuevo. El puré se puede refrigerar hasta 4 días.

Salsa cremosa de aguacate

En sólo 5 minutos puede preparar esta salsa refrescante y ácida que sirve para acompañar cualquier pollo o pescado a la plancha, o incluso un plato con nachos. Pruébela con las Arepitas de almejas (página 195) o con los Camarones sin pinchos (página 95).

RINDE 2 TAZAS • TIEMPO DE PREPARACIÓN: 5 MINUTOS

2 aguacates Hass maduros, partidos a la mitad, sin piel ni semilla, y cortados en pedazos grandes

2 cucharadas de jugo fresco de limón verde

2 cucharaditas de salsa de chile rojo picante, o 2 cucharadas de Vinagre (página 308)

½ taza de crema agria

Sal marina o kosher

Licúe el aguacate, el jugo de limón y la salsa de chile rojo en un procesador de alimentos hasta que esté suave. Sirva en un plato y agregue la crema agria y sal al gusto. Sirva a temperatura ambiente. La salsa se puede preparar hasta un día antes. Refrigere cubriendo bien con papel plástico y lleve a temperatura ambiente antes de servir.

Conserva dulce de tomate con queso salado

Puede parecer un poco inapropiado servir tomates a manera de postre, pero a fin de cuentas, el tomate es una fruta. Y nunca verán esta fruta del mismo modo después de probar este postre. Remoje el tomate pelado en mitades en un sirope de canela y pimienta de Jamaica, que les da una gran dulzura y no encubre el sabor "tomatoso" del ingrediente principal. El verdadero acierto es la combinación de tomates dulces y un queso salado y desmenuzado, en una amistosa rivalidad que resalta lo mejor de los dos.

RINDE 6 PORCIONES • TIEMPO DE PREPARACIÓN: 20 MINUTOS • TIEMPO DE COCCIÓN: 40 MINUTOS (BÁSICAMENTE SIN PRESTARLE ATENCIÓN)

2 tazas de azúcar

2 barras de canela

6 granos enteros de pimienta de Jamaica

2 libras de tomates de pera maduros, pelados, partidos a la mitad y sin semillas (ver abajo)

8 a 12 onzas de queso salado firme, como queso fresco, feta o ricota salata, cortados en rodajas de ¼ de pulgada

1. Caliente 3 tazas de agua, el azúcar, la canela y la pimienta en una sartén mediana a fuego alto hasta que hierva. Deje cocinar por 20 minutos al fuego más bajo posible.
2. Agregue los tomates y cocine a fuego lento, hasta que el sirope esté espeso, por otros 20 minutos aprox. Deje enfriar y refrigere.
3. Sirva los tomates en un plato para compota o recipiente pequeño con un chorrito de sirope, acompañados con un plato de queso en rodajas.

Cómo pelar los tomates y quitarles las semillas

Caliente una olla grande con agua hasta hervir. Tenga listo un recipiente con agua helada y una espumadera de alambre (ver foto, página 154) o convencional. Retire los tallos de los tomates con un cuchillo pequeño, y haga un corte en forma de X en el lado opuesto. Vierta los tomates en el agua hirviendo hasta que la piel alrededor de la X comience a desprenderse, de 30 segundos a 1 minuto. Saque los tomates con la espumadera y coloque en el agua helada. Retire la piel cuando la temperatura le permita manipularlos. Para quitarles las semillas, corte los tomates a lo largo por la mitad, en sentido horizontal. Retire las semillas y descarte.

Mantecadas

Le agradezco esta versión de una receta típica de Puerto Rico a mi prima Janeth. Son mantecosas, se desmenuzan fácilmente, no son demasiado dulces y saben delicioso. La jalea de guayaba le va bien (es el acompañamiento tradicional), pero puede preparar con jalea de otro sabor.

RINDE 30 GALLETAS APROX. • TIEMPO DE PREPARACIÓN: 20 MINUTOS • TIEMPO DE COCCIÓN: 25 MINUTOS

2 tazas de harina

1 taza de harina de almendras

1/3 de taza de azúcar

Una pizca de sal

2 barras de mantequilla (de 8 onzas) fría y
    sin sal, cortada en 16 pedazos

2 huevos extra grandes, bien batidos

2/3 de taza de jalea de guayaba
    (o de otro sabor)

1. Precaliente el horno a 350°F. Cubra 2 fuentes para hornear con papel pergamino (o utilice fuentes antiadherentes).

2. Vierta la harina y la harina de almendras, el azúcar y la sal en un recipiente mediano. Agregue la mantequilla y mezcle con los ingredientes secos utilizando las yemas de sus dedos hasta que la mantequilla se diluya por completo. La masa debe quedar suelta y terrosa. Añada los huevos y revuelva hasta que la masa esté suave y haya perdido su textura terrosa.

3. Utilizando 1 cucharada rasa para cada mantecada, enrolle la masa en bolitas y coloque dejando un espacio de 1½ pulgadas en la fuente para hornear. Presione firmemente el centro de cada bola con el dedo gordo hasta aplanar y hacer un hueco profundo. Vierta ½ cucharadita de jalea en cada hueco.

4. Hornee hasta que las galletas tengan un color muy dorado y pálido en los bordes, por 25 minutos aprox. Deje enfriar por completo antes de servir. (Puede guardar las galletas en un recipiente hermético hasta 3 días a temperatura ambiente. Manipule con cuidado, pues se deshacen fácilmente).

Abajo a la izquierda: Mantecadas, Cafecito (página 42) y Besos de coco (página 169)

Cafecito (ver foto, página 40)

Los cafecitos son una forma dulce de terminar una comida, y se ven bien en cualquier mesa. Servir el azúcar y el café juntos es un acto de amor, y las pequeñas tazas de café fuerte, dulce y espumoso bien valen la pena.

RINDE 6 PORCIONES PARA TAZAS PEQUEÑAS • TIEMPO DE PREPARACIÓN: 5 MINUTOS

3 cucharadas abundantes de café latino,
   como Bustelo o El Pico
6 cucharadas de azúcar, o más si prefiere

1. Vierta el café en el colador de una cafetera tipo moka, y llene la base con agua. Prepare el café según las instrucciones del manual y lleve el café a la mesa.

2. Sirva 1 cucharada de azúcar en cada taza. Añada unas pocas gotas de café caliente y mezcle vigorosamente con una cuchara tipo espresso hasta que el azúcar absorba el café y tenga un color uniforme. Repita ocasionalmente, añadiendo sólo unas pocas gotas de café y mezclando bien cada vez, hasta que la mezcla esté suave y cremosa. Vierta el espresso caliente en la taza y deje que la espumita suba hasta el borde.

VARIACIÓN:

CAFÉ CON LECHE CUBANO: Mientras el café está hirviendo, caliente un poco de leche en una olla pequeña a fuego lento, hasta que aparezcan burbujas en los bordes. Vierta la leche en una jarra pequeña y lleve a la mesa. Deje que los invitados la agreguen al gusto a sus cafecitos.

Ensalada de vegetales asados (página 114)

Tal vez yo sea muy afortunada porque cuando mis hijos estaban creciendo —incluso cuando esquiaban y estaban en clases de teatro, a pesar de los horarios de Jerry y del ritmo tan frenético que a veces tiene la vida— tuvimos el privilegio de cenar casi siempre juntos (el verdadero lujo fue almorzar en familia cuando mis hijos crecieron). Casi no almorzábamos en familia entre semana, salvo esos pocos días durante las vacaciones escolares o algún martes pasado por nieve, cuando todos estábamos en casa. Pero durante los fines de semana y vacaciones de verano, estábamos más juntos a la hora del almuerzo que a la cena. A ellos les encantaba, porque tenían la oportunidad de estar con nosotros (¡ya les dije que era afortunada!), antes de que cada uno pasara el resto del día y la noche a su manera.

El almuerzo es sumamente importante en Latinoamérica. Todas las actividades se detienen y luego viene la hora de la siesta. Creo que los almuerzos en familia son un placer ocasional, una forma de detenerse a oler las rosas, y en mi casa, a oler los deliciosos aromas de una sopa.

MEDIODÍA

ALMUERZOS

SOPAS

Sopa de cebolla y tomates asados

La próxima vez que encienda el asador y tenga a mano unos magníficos tomates, pruebe esta receta. Y si está en pleno invierno y suspira por un sabor fresco de verano, compre algunos tomates de pera maduros en el supermercado, y cocínelos con la cebolla debajo del asador (ver la Variación, página 46). Cocinar o pasar por la parrilla intensifica el sabor de los vegetales, y comenzar la sopa con una mezcla de harina y grasa, (mantequilla en este caso), le da a la sopa una textura elegante a la vez que mantiene su sabor rústico.

RINDE 6 TAZAS (6 PORCIONES PARA ALMUERZO) • TIEMPO DE
PREPARACIÓN: 20 MINUTOS • TIEMPO DE COCCIÓN: 1 HORA

12 tomates de pera maduros (3 libras aprox., o la misma cantidad de cualquier tipo de tomates maduros y jugosos), sin el corazón ni semillas, y partidos a la mitad

1 cebolla española, pelada pero con la raíz intacta y partida en cuatro por la raíz

1½ cucharadas de aceite de oliva

2 pimientos rojos grandes (una libra aprox.), asados, pelados y sin semillas (ver página 274)

3 tazas de caldo de vegetales

2 cucharadas de mantequilla sin sal

2 cucharadas de harina

3 dientes de ajo picados

1 cucharadita de orégano seco

½ cucharadita de comino en polvo

Sal marina o kosher y pimienta fresca molida

2 cucharadas de cilantro fresco picado

1. Precaliente una parrilla de gas o encienda un fuego al carbón, y extienda los tomates en una capa uniforme cuando los carbones estén completamente rojos.

2. Vierta los tomates en mitades y la cebolla en pedazos, y mezcle con el aceite en un recipiente grande. Coloque los tomates con la piel hacia abajo y los cuartos de cebolla en la parrilla, y

Sopa de cebolla y tomates asados con Humitas (página 65)

reduzca el calor a fuego medio (si tiene una parrilla de mano con bisagras, estos tomates son una buena razón para utilizarla). Si utiliza una parrilla al carbón, coloque las cebollas en los bordes, donde el calor es menos intenso. Ase los tomates hasta que la piel se inflame y se reviente, de 2 a 3 minutos. Deles vuelta y ase hasta que estén suaves, otros 2 minutos aprox. Retire los tomates y ase la cebolla dando vuelta ocasionalmente, hasta que esté suave y ligeramente carbonizada, 8 minutos aprox.

3. Retire y descarte la piel de los tomates y parta la pulpa en pedazos grandes. Corte los extremos de la raíz de la cebolla. Coloque las cebollas, los tomates y los pimientos asados en una licuadora o procesador y haga un puré suave. Con el motor encendido, agregue la mitad del caldo de vegetales y pulse hasta que el puré esté bien suave.

4. Caliente la mantequilla en una olla mediana y pesada a fuego medio, hasta que haga burbujas. Añada la harina y el ajo y cocine revolviendo hasta que esté suave y con burbujas, por 3 minutos aprox. Agregue la mezcla de tomate, el caldo restante, y revuelva bien hasta hervir. Cocine a fuego lento, añada el orégano y el comino, y sazone con un poco de sal y pimienta. Cocine revolviendo ocasionalmente hasta que esté ligeramente espesa, por 20 minutos aprox. La sopa se puede preparar hasta este punto con 3 días de anticipación y refrigerar cuando se haya enfriado; también puede congelarla por un máximo de 2 meses.

5. Vierta el cilantro picado a la sopa, pruebe y sazone con sal y pimienta si es necesario. Sirva caliente o enfríe a temperatura ambiente y refrigere antes de servir.

VARIACIÓN:

SOPA DE TOMATES Y CEBOLLAS ASADAS: Coloque una rejilla a unas 6 pulgadas del asador y precaliéntelo. Unte los tomates con aceite y colóquelos con la piel hacia arriba. Deje las cebollas en la parrilla del asador. Hornee hasta que la piel del tomate esté negra, por 4 minutos aprox. Deles vuelta y hornee hasta que estén suaves, por 3 minutos aprox. Retire los tomates y hornee las cebollas hasta que estén suaves y negras en algunas partes. Retire la piel de los tomates y el extremo de la raíz de las cebollas, y repita el procedimiento que aparece arriba, agregando los jugos de la parrilla a la licuadora.

UNA PUNTADA EN EL TIEMPO: Puede duplicar fácilmente la cantidad de la receta y congelar la mitad de la sopa.

Crema de zucchini con carne de cangrejo

Durante nuestro viaje a Perú, disfruté un plato llamado "zapallitos rellenos", que básicamente era una taza de zucchini con mariscos en una salsa cremosa de tomate. Decidí jugar con los ingredientes de ese plato e inventé esta deliciosa sopa que es un almuerzo rápido o un plato de entrada elegante.

RINDE 6 TAZAS APROX. (6 PORCIONES PARA EL ALMUERZO) • TIEMPO DE PREPARACIÓN: 20 MINUTOS
(TIEMPO ADICIONAL PARA PREPARAR EL CALDO DE POLLO) • TIEMPO DE COCCIÓN: 35 MINUTOS

¼ taza de aceite de oliva

1 cebolla amarilla pequeña, finamente picada (1¼ tazas aprox.)

1 puerro, (sólo la parte blanca), bien lavado y partido en rodajas delgadas (1 taza)

4 dientes de ajo picado

4 zucchinis pequeños (1 libra aprox.), rallado (4 tazas aprox.)

2 cucharaditas de tomillo fresco picado

¼ taza de harina

3 tazas de Caldo de pollo casero (página 303) o rápido (página 305)

1 hoja de laurel

½ taza de crema doble

Sal marina o kosher y pimienta fresca molida, preferiblemente blanca

½ libra de carne de cangrejo jumbo en trozos, sin caparazón ni cartílagos

½ taza de pimiento amarillo finamente picado, o de tomate finamente picado y sin semillas (ver página 38) para decorar

1. Caliente el aceite de oliva en una olla grande a fuego medio bajo. Agregue la cebolla, el puerro y el ajo. Cocine revolviendo hasta que esté fragante y suave, pero sin color, por 4 minutos aprox. Añada el zucchini y el tomillo y revuelva hasta que el zucchini esté suave, de 2 a 3 minutos.

2. Espolvoree la harina sobre los vegetales y revuelva para incorporarla. Cocine por pocos minutos para que la harina pierda su sabor crudo. Agregue el caldo de pollo y hierva, revolviendo para evitar que se formen grumos. Reduzca a fuego lento, añada la hoja de laurel y cocine por 15 minutos para que los sabores se mezclen.

3. Retire la hoja de laurel y licúe la sopa por tandas. No vierta mucha sopa a la licuadora para evitar que la tapa se salga y la sopa caliente se riegue. Si puede, deje enfriar la sopa y licúela cuando esté tibia. Puede preparar la sopa hasta este punto hasta con 3 días de anterioridad y refrigerarla.

4. Vierta de nuevo la sopa a la olla, agregue la crema y sazone con sal y pimienta al gusto. Caliente a fuego bajo, agregue la carne de cangrejo con cuidado para que no se deshaga, y cocine hasta que esté bien caliente. Ajuste la sazón, añadiendo sal y pimienta si es necesario, y sirva en platos calientes. Agregue el pimiento amarillo en cubos en cada plato.

Sopa del Marqués

Probé esta sopa por primera vez en un viaje a México, en rumbo con mi familia a Chichén Itzá. Paramos a almorzar en una pequeña ciudad colonial llamada Valladolid. El restaurante quedaba en un hotel que anteriormente había sido la casa señorial de un marqués, y estaba suntuosamente decorada con antigüedades fabulosas y retratos ornamentados. Como siempre me han encantado las sopas, pedí esta como plato de entrada, y me sorprendió la complejidad de sabores en una sopa aparentemente simple. La magia de la sopa está en su caldo, razón por la cual no se debe preparar con "caldo enlatado".

RINDE 12 TAZAS (SIN LOS FIDEOS; 6 PORCIONES PARA ALMUERZO, Y 8 A 10 PORCIONES PARA PLATO DE ENTRADA) • TIEMPO DE PREPARACIÓN: 20 MINUTOS (MÁS TIEMPO ADICIONAL PARA PREPARAR EL CALDO) • TIEMPO DE COCCIÓN: 20 MINUTOS

Caldo de pollo casero (página 303)

8 tallos de apio (mezclando los exteriores, que son más grandes, con los interiores, que son más pálidos), cortados en rodajas diagonales de ½ pulgada (3 tazas aprox.)

4 zanahorias peladas y cortadas en rodajas diagonales de ½ pulgada (2 tazas aprox.)

Sal marina o kosher y pimienta fresca molida

1 libra de fideos o cabello de ángel

1 cucharada de aceite de oliva

2 aguacates Hass, partidos por la mitad, sin semilla, pelados y cortados en cubos de ½ pulgada

½ taza de cilantro fresco picado

Jugo de 1 limón verde

1 limón verde cortado en cascos

1. Prepare el caldo y cuele. Saque las presas de pollo y deje enfriar. Retire la piel y descarte. Desmenuce la carne en tiras gruesas y elimine la grasa, los cartílagos, etc. Deje el pollo a un lado (puede preparar el caldo y desmenuzar el pollo 2 días antes; refrigere por separado).

2. Caliente una olla grande con agua salada hasta hervir.

3. Mientras tanto, vierta el caldo colado, el apio y las zanahorias en otra olla y hierva. Agregue el pollo. Cocine a fuego lento hasta que los vegetales estén tiernos pero no muy blandos, por 10 minutos aprox. Pruebe el caldo y, si es necesario, agregue sal y pimienta. Mientras los vegetales se cocinan, vierta los fideos al agua hirviendo y cocine hasta que estén tiernos pero con un poco de textura, por 4 minutos aprox. Escurra los fideos y sirva en un recipiente; añada el aceite de oliva y mezcle bien.

4. Cuando los vegetales estén tiernos, agregue el aguacate, el cilantro y el jugo de limón a la sopa. Lleve la sopa a la mesa, al igual que los fideos y un plato con los limones. Sirva fideos en cada plato y luego la sopa sobre ellos. (Revuelva la sopa con la cuchara mientras llena cada plato para que cada uno tenga una mezcla variada de ingredientes). Agregue zumo de los cascos de limón al gusto.

Chupe de camarones

Los "chupes" son el equivalente peruano (más o menos) a lo que conocemos como sopa de mariscos. Son suaves, ricos y elegantes. Esta es la base para todos los chupes, aunque sea de camarones, como en esta receta, habas frescas, tiernas y de un verde brillante (¡un favorito peruano!), o incluso de papas.

RINDE 8 TAZAS (6 PORCIONES PARA EL ALMUERZO) • TIEMPO DE
PREPARACIÓN: 30 MINUTOS • TIEMPO DE COCCIÓN: 30 MINUTOS

¼ taza de aceite de oliva

1 cebolla amarilla grande, cortada en dados de ¼ de pulgada (1¾ tazas aprox.)

3 dientes de ajo picado

¼ taza de harina

2 tomates de pera grandes maduros (de 12 onzas aprox.), pelados y sin semillas (ver página 38), y cortados en dados de ¼ de pulgada

1 lata de jugo de almejas de 48 onzas (o seis botellas de 8 onzas)

1 lata de leche evaporada de 12 onzas

Sal marina o kosher y pimienta fresca molida

3 zanahorias peladas y cortadas en rodajas de ¼ de pulgada (2 tazas aprox.)

2 mazorcas de maíz peladas y cortadas en rodajas de 1 pulgada

¼ taza de arroz blanco de grano largo

2 libras de camarones grandes (menos de 15 por libra), pelados y desvenados

1 taza de arvejas frescas o congeladas

1. Caliente el aceite de oliva en una olla sólida de un galón a fuego medio. Agregue la cebolla y el ajo y cocine revolviendo hasta que la cebolla esté suave pero no dorada, por 4 minutos aprox. Añada la harina, reduzca a fuego bajo y cocine revolviendo hasta que esté suave y con burbujas. Agregue el tomate y revuelva un minuto. Vierta el jugo de las almejas y la leche evaporada y hierva, revolviendo con frecuencia y prestando mucha atención a los bordes de la olla, para que la sopa no se pegue ni se queme. Sazone ligeramente con sal y pimienta.

2. Reduzca a fuego lento y añada las zanahorias, el maíz y el arroz. Cocine hasta que el arroz esté muy tierno, por 20 minutos aprox. Puede preparar la sopa hasta este punto y mantenerla una hora a temperatura ambiente; regrese al fuego antes de continuar.

3. Agregue los camarones y las arvejas a la sopa y cocine a fuego lento hasta que los camarones estén cocinados, por 4 minutos aprox. Sazone con sal y pimienta al gusto y sirva en platos grandes y calientes.

Chupe de camarones y Ensalada favorita de Daisy (página 56)

Cuzco, Perú

Conocer lugares es una buena forma de estimular el apetito (¡como si yo necesitara una excusa!). En un viaje a Perú, fuimos a Saqsaywamán en una mañana particularmente agitada para tener una vista panorámica de la ciudad de Cuzco y visitar el Cristo Blanco que mira con benevolencia hacia abajo, a lo que los incas llamaron el "Ombligo del Mundo". El santuario de Tambomachay, donde tenían lugar las purificaciones rituales, y Qenqo, el imponente fuerte de piedra caliza. No es necesario decir que teníamos un gran apetito cuando llegó la hora del almuerzo.

Una de las cosas divertidas de viajar en familia, aparte de las obvias, es que cuando comemos en un restaurante, tenemos la ventaja de probar una gran cantidad de platos. Esto nos ocurrió de forma completamente azarosa cuando tuvimos un almuerzo fabuloso en La Casa del Inka, un hermoso restaurante en una colina con vista a Cuzco. Estaba adornado con canastas y platos que exhibían los tesoros gastronómicos del Perú, incluyendo su extraordinaria selección de papas, ajíes (chiles) y legumbres.

Entre los aperitivos y las entradas, mi familia y yo tuvimos la oportunidad de probar la Causa limeña (página 35), un delicioso "puré de papas sazonadas con ají amarillo, relleno con ensalada de atún y servido frío. Jerry pidió costillitas a la plancha, y David el ají de gallina (¡que pidió en todos los restaurantes a los que fuimos!). Mi versión, que preparé para mantener contento a David hasta su próximo viaje a Perú, aparece en la página 273. Ángela disfrutó los chicharrones de pescado: bocados fritos y crujientes de pescado servidos con papas fritas. El rocoto relleno, un pimiento picante relleno con picadillo y

con queso derretido por encima era exactamente lo que yo quería, y mitigó el vacío que estaba sintiendo en el estómago. Después de este banquete peruano, salimos al patio para disfrutar de una brisa deliciosa, así como para planear nuestra tarde.

Ángela, David, Marc, yo e "Indiana Erik" descansando.

Concluimos nuestro recorrido ese día visitando el Templo del Sol en la Plaza de Armas, que actualmente es el Monasterio Santo Domingo, y luego la catedral de Cuzco, donde la Casa de la Inquisición tiene un escudo con una calavera y unas tibias. Horas más tarde, mientras conversábamos y recordábamos el día, decidimos que a pesar de haber visitado todos los fantásticos lugares de interés, nunca olvidaríamos nuestro almuerzo en La Casa del Inka.

Ensalada rusa (ver foto, página 110)

La ensalada rusa es ampliamente popular en toda Latinoamérica y España: Yo la he comido en México, Buenos Aires y Barcelona, y siempre la he considerado un plato muy latino, así que me pareció muy divertido cuando la vi en el currículum, mientras estudiaba en el French Culinary Institute (Instituto Culinario Francés), donde se le llamaba *salade russe*. Como es un plato popular en el mundo latino, aunque reservado para ocasiones especiales como cumpleaños, Navidad, entre otras, existen tantas versiones de la ensalada rusa como cocineros que la preparan. Algunas llevan pollo desmechado y otras atún enlatado o frijoles rojos. A esta receta se le agregan remolachas rojas que le dan una dulzura encantadora. Lo maravilloso de esta receta es que puede prepararse y cocinar los vegetales el día anterior, y luego ensamblar la ensalada justo antes de servirla, o de que lleguen sus invitados.

RINDE 8 PORCIONES • TIEMPO DE PREPARACIÓN: 30 MINUTOS (INCLUIDA LA
PREPARACIÓN DE LA MAYONESA) • TIEMPO DE COCCIÓN: 35 MINUTOS

1 taza de papas rojas peladas y en dados de ½ pulgada (1 papa de 6 onzas aprox.)

1 taza de nabos blancos pelados y en dados de ½ pulgada (1 nabo de 6 onzas aprox.)

1 taza de zanahorias peladas y en dados de ½ pulgada (2 medianas aprox.)

1 taza de ejotes cortados en pedazos de ½ pulgada (4 onzas aprox.)

1 taza de arvejas frescas o congeladas

1 taza de remolachas peladas y en dados de ½ pulgada (1 remolacha de 8 onzas aprox.)

Varias hojas bonitas de lechuga romana

Sal marina o kosher

1 taza de mayonesa preparada en casa (ver receta a continuación)

1. Cocine al vapor los vegetales por separado hasta que estén suaves; 7 minutos aprox. para las papas, 5 a 6 minutos para los nabos, 5 para las zanahorias, 4 para los ejotes y las arvejas frescas (necesitan 1 minuto aprox. si están congeladas), y unos 8 minutos para la remolacha. Saque todos los vegetales (a excepción de las remolachas) y vierta en un recipiente grande. Vierta más agua en la vaporera si es necesario; coloque las remolachas en otro recipiente y reserve.

2. Cubra un plato con las hojas de lechuga romana. Mezcle las papas, los nabos, las zanahorias, los ejotes y las arvejas en un plato y sazone con sal. Agregue la mayonesa y sirva al plato. Incorpore las remolachas a la ensalada antes de servir.

(continúa)

Mayonesa casera

Nunca me han acusado de ser caprichosa cuando se trata de cocinar en casa, pero de tanto en tanto, es bueno preparar mayonesa para esparcir en los sándwiches o sazonar una ensalada de atún realmente fantástica. Y es absolutamente obligatorio para la ensalada rusa, el clásico almuerzo de fin de semana.

RINDE UNA TAZA APROX • TIEMPO DE PREPARACIÓN: 10 MINUTOS

1 yema grande de huevo

1 cucharadita de mostaza Dijon

Una pizca de sal fina o kosher

$^2/_3$ taza de aceite de semillas de uva

1 cucharada de jugo de limón fresco

Pimienta fresca molida

Bata la yema, la mostaza y la sal en un recipiente pequeño hasta mezclar bien. Siga batiendo y agregue el aceite gota a gota hasta que haya vertido la mitad. La mezcla deberá tener un aspecto completamente homogéneo y cremoso desde el principio; de lo contrario, prepare de nuevo. Agregue el aceite restante poco a poco. Añada el jugo de limón y sazone con sal y pimienta al gusto.

CONSEJO: Para mantener el recipiente firme mientras bate y tener sus dos manos libres, humedezca un toallas de papel y coloque en forma de anillo en la superficie de trabajo. Coloque el recipiente sobre el papel; debe mantenerse en su lugar mientras usted bate continuamente. Si el recipiente se sigue moviendo, acomode el papel de nuevo y/o humedezca un poco más.

Ensalada de corazones de palmito Buenos Aires

Nunca olvidaré la comida que disfruté con mi familia y mis amigos en el restaurante La Cabrera Norte de Buenos Aires. ¡Todo un festín de carnes! Escasamente nos escuchábamos hablar debido a toda la algarabía, pues el restaurante estaba prácticamente abarrotado. Afortunadamente éramos un grupo grande y pudimos pedir prácticamente todo lo que había en el menú. Además de la carne, nuestro camarero nos trajo bandejas con moldes individuales que contenían una gran variedad de deliciosos acompañamientos, entre ellos esta sabrosa ensalada de corazones de palmito, tomate y aguacate. En los Estados Unidos es muy difícil conseguir palmitos frescos, pero se pueden encontrar enlatados de buena calidad, o mejor aún, en envases con tapa hermética. La frescura de esta ensalada y sus lindos colores hacen que vaya muy bien con cualquier carne asada o a la plancha.

RINDE 4 PORCIONES • TIEMPO PREPARACIÓN: 20 MINUTOS

1 frasco o lata de corazones de palmito de 14 onzas, escurrida

1 tomate grande, maduro y jugoso

1 aguacate Hass

½ taza de aceite de oliva

2 cucharadas de jugo de naranja

Jugo de 1 limón verde

Sal fina o kosher y pimienta fresca molida

1. Antes de servir, corte los corazones de palmito y los tomates en rodajas de ¼ de pulgada. Corte el aguacate por la mitad, retire la semilla y la piel. Corte en rodajas de ¼ de pulgada.

2. Distribuya los corazones de palmito, el tomate y el aguacate en un plato de forma atractiva. Mezcle el aceite de oliva, el jugo de naranja, el jugo de limón y la sal y pimienta al gusto en un recipiente pequeño. Vierta en la ensalada.

Ensalada favorita de Daisy (ver foto, página 50)

Este plato contiene una amplia variedad de vegetales y un aderezo que ofrece un buen balance entre lo ácido y lo dulce, lo amargo y lo pungente. Aunque es un buen plato de entrada o de acompañamiento, también puede funcionar como un almuerzo liviano. Me encanta el hinojo en todas sus formas, pero mi favorita es comerlo crudo y en ensaladas. Las manzanas Granny Smith verdes son hermosas y deliciosas, pero una naranja ombligona (ver página 182) es otra excelente opción. El jugo de limón y el aceite del aderezo le dan un agradable aspecto a los espárragos y a las judías verdes, al mismo tiempo que absorben el picante de la rúcula. Sin duda alguna, esta es una ensalada que la gente siempre me pide... y ahora todos pueden pedírsela a usted.

RINDE 8 PORCIONES • TIEMPO DE PREPARACIÓN: 30 MINUTOS

PARA LA ENSALADA

1 "corazón" de lechuga romana, cortado en diagonal en franjas de 1 pulgada de ancho a partir de 1 pulgada del centro

2 cabezas de endivias belgas, cortadas en diagonal en franjas de ½ pulgada de ancho (retire las partes del centro; 2 tazas aprox.)

2 tazas de rúcula baby ligeramente compactas

2 tazas de judías verdes (4 onzas aprox.),

2 tazas de espárragos muy delgados cortados en pedazos de 2 pulgadas de largo

½ pepino hothouse, cortado a lo largo por la mitad, y luego en rodajas diagonales de ¼ de pulgada (1½ tazas aprox.)

1 hinojo, cortado en franjas de ¼ de pulgada de ancho

2 manzanas Granny Smith partidas en cuatro, sin el corazón y cortadas en cascos de ¼ de pulgada (2½ tazas aprox.)

PARA EL ADEREZO

¼ taza de aceite de oliva

2 cucharadas de aceite de oliva de limón y jengibre preparado en casa (página 155) o comprado

Jugo de 1 limón

Un chorrito de vinagre de vino de arroz

Sal marina o kosher y pimienta fresca molida

1. Lave la lechuga, las endivias y la rúcula y coloque en una ensaladera giratoria. (Puede prepararlas un día antes. Refrigere, envolviendo suavemente con toallas de papel y guarde en una bolsa plástica.)

2. Caliente una olla mediana con agua salada hasta hervir. Coloque un recipiente con agua helada a un lado. Vierta las judías verdes en la olla y cocine hasta que tengan un verde brillante

y estén suaves pero firmes, 3 minutos aprox. Retire con una espumadera de alambre (ver foto, página 154) o convencional, e introduzca al agua helada. Repita el procedimiento con los espárragos. Escurra bien los vegetales y séquelos por completo. Los vegetales se pueden preparar un día antes y refrigerar.

3. Para el aderezo: Coloque el aceite de oliva, el aceite aromatizado, el jugo de limón, el vinagre, la sal y la pimienta al gusto en un envase pequeño con tapa hermética y agite vigorosamente. Puede preparar el aderezo un día antes y refrigerar.

4. Si es necesario, saque los vegetales, las hojas verdes y el aderezo del refrigerador 30 minutos antes de servir. Mezcle suavemente las hojas verdes, los vegetales, el pepino, el hinojo y las manzanas en un recipiente grande. Revuelva bien la vinagreta, vierta en la ensalada y mezcle una vez más.

Ensalada de raíz de apio, jícama y pera roja

Realmente me encanta esta ensalada porque los sabores de la raíz de apio y de la jícama armonizan de una forma maravillosa. Después de descubrir la jícama en la ensalada durante nuestro viaje a México enloquecí a la camarera preguntándole por otras formas de prepararla, y nunca me canso de ella. Se mantiene bien en el refrigerador después de aderezar (hasta 2 días, lo cual fue una sorpresa muy agradable), así que es ideal para preparar con anticipación. Como no contiene mayonesa, es fabulosa para asados o picnics.

RINDE 6 PORCIONES • TIEMPO DE PREPARACIÓN: 30 MINUTOS

¼ taza de aceite de oliva

Jugo de 1 a 2 limones

1 cucharada de perejil liso picado

Sal marina o kosher y pimienta fresca molida

1 jícama pequeña (14 onzas aprox.; ver Nota)

1 raíz de apio pequeña (12 onzas aprox.)

2 peras rojas Bartlett

1. Mezcle el aceite de oliva, el jugo de 1 limón, el perejil, la sal y la pimienta al gusto en un recipiente grande. Reserve a un lado.

2. Pele la jícama y la raíz de apio. Córtelas —al igual que la pera— hasta el corazón, en julianas largas y delgadas (de ⅛ de pulgada de ancho aprox.; ver Consejo), y vaya agregando al aderezo. Cuando todo esté cortado, revuelva y añada la pera con el aderezo hasta cubrir. Rectifique la sazón y agregue sal, pimienta y/o jugo de limón si cree que es necesario. Enfríe en el refrigerador por un mínimo de 1 hora y un máximo de 2 días.

NOTA: La jícama es un tubérculo grande y redondo con una piel delgada y oscura que se retira antes de consumir. Casi siempre se sirve cruda, su carne es blanca y firme, tiene una textura crujiente, y un sabor dulce y ligeramente almidonado. Se encuentra en supermercados que tengan un amplio surtido de vegetales. La jícama no debe tener magulladuras y su piel debe ser uniforme.

CONSEJO: Hay varias formas de cortar los vegetales y las peras en tiras delgadas que le dan ese toque tan especial a esta ensalada. Indudablemente, es más fácil con un pequeño utensilio que conseguí en algún lugar: Parece un pelador de vegetales en forma de Y, pero en vez de tener la cuchilla normal para pelar, tiene otra que corta los vegetales y las frutas en hebras, simplemente pasándola por la superficie. También puede utilizar una mandolina o algún utensilio japonés para cortar, o la cuchilla más delgada del procesador de alimentos para hacer julianas.

Empanadas de papa

Es probable que las papas no sea lo primero que se nos pase por la mente cuando pensamos en empanadas, pero tal vez deberíamos hacerlo. En un viaje a República Dominicana, me deleité con las "catabias", que tienen un relleno similar a estas empanadas, sólo que la masa se prepara con yuca cruda molida, huevos y harina. Son completamente deliciosas y me pregunté: "¿Por qué no rellenar las empanadas con esto?".

Debería aclarar que no estaba comiendo cualquier tipo de catabias, sino las que prepara Doña Leonora, y que son justamente famosas en toda la isla. Doña Leonora suele preparar 600 catabias, y si se le acaban hay que esperar hasta el día siguiente. Cuando llegamos donde Doña Leonora a finales de la mañana, acababa de vender su última catabia. Creo que se apiadó al ver nuestra expresión y nos preparó una pequeña tanda de inmediato. Esta es mi versión de su relleno de papa. Doña Leonora prepara el suyo con Sofrito (ver página 305), pero el mío es un sofrito "deconstruido": dejo los vegetales en pedazos más grandes para agregarle un poco de textura al relleno.

Este humilde relleno puede ser un plato de acompañamiento al lado de un pollo asado, un pescado a la plancha u otra entrada simple. Sin la adición final de salsa de tomates, también es una cobertura agradable para las Cocas (página 202).

RINDE 10 EMPANADAS APROX. (4 TAZAS DE RELLENO) • TIEMPO DE PREPARACIÓN:
30 MINUTOS • TIEMPO DE COCCIÓN: 1½ HORAS (PARA PREPARAR EL RELLENO,
ENFRIARLO Y PARA FREÍR LAS EMPANADAS; MÁS TIEMPO SI VA A HORNEARLAS)

1 papa grande Idaho para asar (1¼ libras aprox.) pelada y cortada por la mitad en sentido diagonal

2 cucharadas de aceite de oliva extra virgen

1 cebolla amarilla mediana (6 onzas aprox.), cortada en dados de ½ pulgada (1¼ tazas aprox.)

½ pimiento rojo grande, sin corazón ni semillas, cortado en tiras de ½ pulgada de ancho (1 taza aprox.)

2 dientes grandes de ajo picados

¼ cucharadita de comino en polvo

¼ cucharadita de orégano seco

1 tomate de pera sin corazón y en dados (½ taza aprox.)

¼ taza de cilantro picado (comprimido)

Sal marina o kosher y pimienta fresca molida

Una lata de salsa de tomates estilo español de 8 onzas

Un paquete de 10 onzas de masa para empanadas grandes (6 pulgadas aprox.; ver página 61), descongelado

(continúa en la página 61)

1. Cubra las mitades de papas con agua salada en una olla mediana y deje hervir. Cocine a fuego lento hasta que las papas estén tiernas, por 25 minutos aprox.

2. Escurra las papas y vierta de nuevo en la olla. Corte las mitades a lo largo en rodajas de ½ pulgada cuando estén frías y pueda manipularlas. Reserve a un lado.

3. Caliente el aceite de oliva en una sartén grande a fuego medio alto. Agregue la cebolla, el pimiento rojo y el ajo, y cocine revolviendo ocasionalmente hasta que el ajo comience a oler y los pimientos estén blandos, por 4 minutos aprox. Añada el comino y el orégano y cocine un minuto o dos. Agregue el tomate en dados y el cilantro y sazone ligeramente con sal y pimienta. Cocine hasta que el líquido de los tomates se haya evaporado casi por completo, de 3 a 4 minutos. Incorpore las papas y revuelva suavemente hasta cubrir con los vegetales. No importa si las papas se parten un poco, pero procure que no se hagan puré. Añada la salsa de tomates y 3 cucharadas de agua, revuelva lentamente y hierva. Pruebe y sazone con sal y pimienta si es necesario. Retire del fuego y deje enfriar por completo. Puede refrigerar el relleno hasta 2 días.

4. Utilice ⅓ de taza para cada empanada. Prepare y cocine cada una según las instrucciones de la caja.

Cómo ensamblar y hacer empanadas

Las envolturas de empanada, bien sean simples o sazonadas y/o con color, se consiguen congeladas (y a veces refrigeradas) en muchos supermercados y en casi todas las tiendas latinas. La marca más popular es Goya. Un paquete de 10 onzas de envolturas para empanadas de 6 pulgadas generalmente contiene 10. Para mejores resultados, descongele las envolturas desde la noche anterior, colocándolas en el refrigerador.

PARA FORMAR LAS EMPANADAS: Humedezca los bordes de cada envoltura de empanada con la yema de un dedo humedecida con agua tibia, y coloque ⅓ de taza de relleno en el centro de la envoltura (o la cantidad que aparece en la receta). Lleve los bordes de la envoltura hacia arriba y cierre sobre el relleno en forma de media luna, apretando los bordes para sellar bien.

PARA RIZAR LOS BORDES: Coloque la empanada sobre la superficie de trabajo. Haga pliegues de ½ pulgada doblando los bordes de la envoltura. Presione mientras sella los pliegues. Si no quiere hacerlo con la mano, selle los bordes con un tenedor.

PARA FREÍR LAS EMPANADAS: Vierta ¾ de pulgada de aceite vegetal o de canola en una sartén grande. Caliente a fuego medio, hasta que la punta del mango de una cuchara de madera sumergido en el aceite produzca un chisporroteo considerable (360°F aprox.). Vierta con cuidado las empanadas que quepan sin apretujarse en el aceite. Cocine hasta que la masa esté ligeramente dorada, por 3 minutos aprox. Deles vuelta con cuidado y repita el procedimiento. Seque con toallas de papel antes de servir.

PARA HORNEAR LAS EMPANADAS: Precaliente el horno a 375°F. Cubra una fuente para hornear con papel pergamino (o utilice una fuente antiadherente). Unte ligeramente las empanadas con el huevo batido y hornee hasta que estén ligeramente doradas, por 25 minutos aprox. Deje enfriar unos pocos minutos antes de servir.

Vierta el relleno (en este caso, Relleno cremoso de maíz) en el centro de la envoltura de una empanada.

Humedezca los bordes de la envoltura con las yemas de los dedos humedecidas con agua tibia.

Doble la envoltura cubriendo el relleno, y luego presione firmemente los bordes para sellar.

Haga los pliegues a mano o con un tenedor.

Empanadas con queso azul y relleno de cebollas acarameladas

En Argentina, donde probé este relleno por primera vez, el queso azul suele ser Roquefort. A mí también me gusta, pero también las disfruto con queso Cabrales, Valdeón (ver página 244), y con el queso azul en trozos que se consigue en los supermercados.

RINDE PARA 8 EMPANADAS APROX. (2 TAZAS DE RELLENO) • TIEMPO DE PREPARACIÓN: 10 MINUTOS • TIEMPO DE COCCIÓN: 1 HORA (PARA PREPARAR EL RELLENO, ENFRIARLO, Y PARA FREÍR LAS EMPANADAS; UN POCO MÁS SI SON HORNEADAS)

3 cebollas amarillas grandes (3 libras aprox.), cortadas por la mitad y a lo largo, luego en rodajas diagonales de ¼ de pulgada de ancho

2 cucharadas de aceite de oliva

1 cucharadita de vinagre de jerez o de sidra

Sal marina o kosher y pimienta fresca molida

2 onzas de queso Valdeón (ver página 244), o Cabrales, o el queso azul de su elección, desmenuzado (⅔ de taza aprox.)

2 cucharadas de perejil liso picado

1 paquete de 10 onzas de envolturas grandes para empanada (de 6 pulgadas aprox.; ver página 61), descongelado si es necesario

1. Coloque las cebollas, el aceite de oliva y ¾ de taza de agua en una sartén grande y profunda y hierva a fuego alto. Tape la sartén y cocine revolviendo ocasionalmente hasta que las cebollas estén translúcidas y suaves y el líquido se haya evaporado casi por completo, por 10 minutos aprox. Retire la tapa y cocine hasta que todo el líquido se haya evaporado y las cebollas comiencen a ponerse oscuras, por 5 minutos aprox. Reduzca a fuego lento y cocine revolviendo ocasionalmente hasta que las cebollas estén tiernas y bien doradas, por 20 minutos aprox.

2. Retire las cebollas del fuego, agregue el vinagre y sazone con muy poca sal (el queso azul contiene una buena cantidad de sal) y pimienta al gusto. Enfríe a temperatura ambiente.

3. Incorpore el queso azul y el perejil a las cebollas. Forme la masa y cocine las empanadas, dividiendo el relleno de manera uniforme en las envolturas, según las instrucciones del paquete.

CONSEJO: El agua que acompaña a las cebollas y al aceite al comienzo de la preparación cumple dos propósitos: le quita una gran cantidad de azúcar a la cebolla (lo que le da un lindo color caramelo al final de la cocción), al mismo tiempo que hace que las cebollas queden blandas.

Empanadas con relleno de tocino y camarones

Aquí estoy, preparando una vez más mis clásicos latinos. Las empanadas pueden rellenarse prácticamente con todo, siempre y cuando el relleno no sea demasiado húmedo. Decidí mezclar dos de mis ingredientes favoritos: El tocino y los camarones, y convertirlos en un relleno para empanada.

RINDE 10 EMPANADAS APROX • TIEMPO DE PREPARACIÓN: 20 MINUTOS • TIEMPO DE COCCIÓN: UNA HORA (PARA HACER EL RELLENO Y ENFRIARLO, Y PARA FREÍR LAS EMPANADAS; MÁS TIEMPO PARA HORNEARLAS)

1 trozo de tocino de 12 onzas, sin la piel, y cortado en cubos de ½ pulgada

1 cucharada de aceite de oliva

2 dientes de ajo finamente picados

1 libra de camarones muy pequeños (100 por libra aprox.), pelados y desvenados

1 tomate de pera pelado y sin semillas (ver página 38), cortado en dados de ½ pulgada

Sal marina o kosher y pimienta fresca molida

2 cebollines, sin las puntas y en rodajas delgadas (¼ de taza aprox.)

Una pizca grande de pimienta roja en hojuelas

1 paquete de 10 onzas de envolturas para empanadas grandes (de 6 pulgadas aprox.; ver página 61), descongelado si es necesario

1. Cubra el fondo de una sartén grande con un poco de agua. Agregue el tocino, y cocine a fuego medio alto hasta que el agua se haya evaporado y el tocino comience a chisporrotear. Reduzca a fuego medio y cocine revolviendo con frecuencia hasta que el tocino esté ligeramente dorado, por 5 minutos aprox. Seque con toallas de papel.

2. Descarte la grasa del tocino y limpie la sartén. Agregue el aceite de oliva y el ajo, caliente la sartén a fuego medio y cocine hasta que el ajo esté fragante, un minuto o dos. Añada el camarón y revuelva hasta que se pongan rosados, incorpore el tomate y cocine hasta que los camarones estén en su punto, por 2 minutos aprox. Sazone con sal y pimienta al gusto. Retire del fuego y vierta los cebollines, la pimienta roja en hojuelas y el tocino. Deje enfriar por completo.

3. Vierta ⅓ de taza de relleno en cada envoltura, forme y cocine las empanadas según las instrucciones que aparecen en las páginas 61 y 62.

Empanadas con relleno de maíz
cremoso ∽ HUMITAS

Latinoamérica puede ser una región muy confusa cuando se trata del nombre de algunos platos. Si usted pide "humitas" en un restaurante de Ecuador, seguramente le traerán algo semejante a unos tamales. Sin embargo, si pide "humitas" en Argentina, le darán —felizmente, quiero añadir— un plato de empanadas rellenas con un delicioso maíz cremoso. Si tiene un par de ramitas de tomillo en su casa, agregue a la salsa bechamel y retírelas antes de agregar al maíz.

RINDE 10 EMPANADAS APROX. (3 TAZAS DE RELLENO APROX.) • TIEMPO DE PREPARACIÓN: 20 MINUTOS • TIEMPO DE COCCIÓN: 15 MINUTOS

4 cucharadas de mantequilla

¼ taza de harina

1 taza de leche

¼ cucharadita de páprika ahumada

Sal marina o kosher y pimienta fresca molida (preferiblemente blanca)

2 tazas de granos de maíz frescos o congelados (a temperatura ambiente)

1 cucharada abundante de perejil liso picado

1 paquete de 10 onzas de envoltura para empanadas grandes (de 6 pulgadas aprox.; ver página 61), descongelado si es necesario

1. Derrita la mantequilla en una sartén pequeña a fuego medio. Agregue la harina y cocine revolviendo hasta que esté suave y con burbujas, por 3 minutos aprox. Bata continuamente y agregue lentamente la leche. Hierva a fuego lento y cocine revolviendo. Preste atención especial a los bordes de la sartén.

2. Agregue la páprika ahumada y la sal y pimienta al gusto, añada el maíz y el perejil y hierva a fuego lento. Sirva en un plato y deje enfriar por completo.

3. Vierta ⅓ de taza de relleno en cada envoltura, forme y cocine las empanadas según las instrucciones que aparecen en las páginas 61 y 62.

CONSEJO: La páprika ahumada realza la dulzura del maíz, un pequeño secreto que también funciona bien con la salsa de tomates frescos, con sopas o con cualquier plato que contenga camarones.

Penne a la Sirop

Esta receta está inspirada en Sirop, un fabuloso restaurante italiano que visitamos en Buenos Aires. No creo que este plato sea tradicional de Italia (ni argentino), pero sí creo que es absolutamente delicioso.

RINDE 6 PORCIONES • TIEMPO DE PREPARACIÓN: 20 MINUTOS • TIEMPO DE COCCIÓN: 15 MINUTOS

1 taza de hongos porcini secos o de otro tipo

2 cucharadas de aceite de oliva extra virgen

3 dientes de ajo en rodajas delgadas

4 filetes de anchoas

2 cucharadas de harina

½ taza de crema doble

¼ taza de leche

1 libra de penne

1 queso brie de 7 onzas, sin la corteza, cortado en cubos de ½ pulgada

1 bolsa de rúcula baby de 5 onzas (o 6 tazas), lavada y secada en una ensaladera giratoria

Sal marina o kosher y pimienta fresca molida

1 taza de cerezas secas

Queso parmesano fresco y rallado (opcional)

1. Vierta los hongos en una refractaria pequeña y cubra con agua (1½ tazas). Remoje hasta que estén suaves, de 20 a 30 minutos.

2. Mientras tanto, caliente una olla grande con agua salada y hierva.

3. Retire los hongos y descarte los desperdicios. Pase el líquido de la cocción por un colador de quesos o por un filtro de café y vierta en una taza con medidas. Vierta ¼ del líquido colado en una taza con medidas y reserve a un lado para esta receta. Repita el procedimiento con el líquido restante para utilizarlo posteriormente. Corte los hongos en rodajas delgadas y reserve a un lado.

4. Mientras tanto, caliente el aceite de oliva en una sartén grande y profunda a fuego bajo. Agregue el ajo y las anchoas, y cocine revolviendo ocasionalmente hasta que las anchoas se deshagan y el ajo esté bien dorado, por 4 minutos aprox. Incorpore la harina y cocine batiendo hasta que la mezcla esté suave y con burbujas, por 2 minutos aprox. Añada la crema y la leche al vaso para medir, siga batiendo y vierta a la mezcla. Bata hasta que la salsa esté suave y espesa, por 3 minutos aprox. Añada el brie en 3 tandas, batiendo cada vez hasta que la salsa esté completamente suave. Apague el fuego.

5. Mientras que lo demás se está cocinando, vierta la pasta al agua hirviente y cocine revolviendo ocasionalmente hasta que esté tierna pero con un poco de textura, por 8 minutos aprox.

6. Cuando le falte un minuto de cocción a la pasta, añada la rúcula a la olla. Cuando la pasta se haya cocinado, reserve 1 taza del agua y escurra la pasta y la rúcula. Sirva la pasta y la rúcula en un recipiente grande.

7. Añada los hongos en rodajas a la salsa brie y sazone con sal y pimienta al gusto. Sirva la salsa sobre la pasta y mezcle bien. Agregue las cerezas secas. Sirva caliente o tibio, con el queso parmesano si desea.

Chow fan estilo peruano ∽ CHAUFA (ver foto página 70)

Durante una visita a un encantador restaurante en el cañón de Machu Picchu, no supimos qué contestar cuando la camarera nos preguntó si queríamos probar la "chaufa", que ese día estaba especialmente buena. Como no teníamos idea de lo que habíamos pedido, quedé un poco desconcertada cuando nos trajeron un plato que sabía y se parecía bastante al arroz frito chino. Cuando le pregunté a la camarera por el plato, ella me explicó que realmente era un plato peruano muy tradicional, introducido hace varias generaciones por los inmigrantes chinos (aaahhh, recordé finalmente —"chaufa", como *chaufan,* el plato dominicano, es el nombre local para *chow fan,* el arroz frito chino). De todos modos, la "chaufa" es una forma excelente de aprovechar los restos de lo que tenemos en el refrigerador, también es económico, y lo más importante, sabe ¡delicioso!

**RINDE 6 A 8 PORCIONES • TIEMPO DE PREPARACIÓN:
15 MINUTOS • TIEMPO DE COCCIÓN: 20 MINUTOS**

Aceite vegetal en aerosol
2 huevos grandes batidos
3 cucharadas de aceite de ajonjolí tostado
1 costilla de cerdo ahumada sin el hueso
  y cortada en dados de ½ pulgada,
  o 1½ tazas de jamón ahumado
  (en trozos de ½ pulgada)
1 cebolla mediana, cortada en dados de
  ½ pulgada (1¼ tazas aprox.)

1 libra de camarones medianos (30 a 40
  aprox.), pelados y desvenados
4 tazas de arroz blanco preparado
  (si no está preparado, haga el arroz
  con suficiente tiempo de antelación
  para que se enfríe por completo)
½ taza de salsa de soya oscura
2 cucharadas de jerez para cocinar
Cilantro fresco picado para adornar

1. Caliente una pequeña sartén antiadherente a fuego alto y rocíe con aceite en aerosol. Vierta los huevos batidos hasta cubrir el fondo, y revuelva para que se cocinen uniformemente. Retire la sartén del fuego y dele vuelta a la tortilla. Cocine hasta que esté lista, por un minuto aprox. Retire la tortilla y repita hasta cocinar toda la mezcla de huevos. Enrolle cada tortilla en un cilindro y corte en rodajas de ¼ de pulgada de grosor. Reserve a un lado.

2. Caliente el aceite de ajonjolí en una sartén grande a fuego alto. Agregue el cerdo, la cebolla, los camarones y cocine revolviendo hasta que los camarones estén opacos, de 1a 2 minutos. Agregue el arroz y revuelva hasta que el cerdo y los camarones estén completamente mezclados. Vierta la salsa de soya y el jerez y mezcle bien para cubrir el arroz de manera uniforme. Rectifique la sazón, pase el arroz a una fuente para servir y rocíe con cilantro picado encima.

Ceviche de camarones "Xni Pec"

Esta versión picante de ceviche que probé en un viaje a México, recibe su nombre "xni pec" ("shni pec"), del término maya que significa "nariz de perro". Por extraño que pueda sonar, comienza a tener sentido cuando uno lo prueba, pues el picante de los chiles hace que la nariz quede un poco húmeda. Si prepara el ceviche y la salsa por separado y los mezcla justo antes de servir, hace que el sabor de los vegetales y los mariscos sea vivo y fresco.

RINDE 8 PORCIONES • TIEMPO DE PREPARACIÓN: 1 HORA (MENOS SI COMPRA CAMARONES PELADOS Y DESVENADOS) • TIEMPO DE COCCIÓN: 3 HORAS (PARA QUE LOS CAMARONES SE "COCINEN" EN EL JUGO DE LIMÓN)

PARA EL CEVICHE

2 libras de camarones pequeños (41 a 50 por libra), pelados y desvenados
Jugo de 3 limones amarillos
Jugo de 3 limones verdes
Jugo de 2 naranjas

PARA EL "XNI PEC"

1 tomate grande sin corazón y sin semillas, cortado en dados medianos (1¼ tazas)

⅓ taza de cilantro fresco picado
⅓ taza de aceite de oliva
¼ taza de cebolla española finamente picada
1 cucharadita de chile finamente picado (¡cuanto más caliente mejor!)
Jugo de 1 limón
Sal marina o kosher y pimienta fresca molida

2 cucharadas de aceite de oliva
Chips de maíz de buena calidad

1. Para preparar el ceviche: Mezcle los camarones con el jugo de los limones y la naranja en un recipiente grande. Refrigere 3 horas, revolviendo ocasionalmente para que los camarones se cocinen de manera uniforme, o hasta que estén opacos. Pueden marinarse desde la noche anterior.

2. Mientras tanto, prepare el "xni pec": Vierta el tomate, el cilantro, el aceite de oliva, la cebolla, el chile y el jugo de limón en un recipiente y mezcle. Sazone con sal y pimienta al gusto. (Puede preparar el "xni pec" con 2 horas de anticipación y dejar a temperatura ambiente).

3. Cuando los camarones estén listos, escurra y reserve la marinada (ver Nota). Incorpore al "xni pec" y al aceite de oliva. Sirva en copas de martini o en platos y decore cada uno con un chip de tortilla de maíz. Sirva otro plato con los chips.

NOTA: El líquido escurrido del ceviche se conoce como "leche de tigre", y generalmente se sirve helado en pequeños vasos para acompañar el ceviche. También es delicioso en el Ceviche Bloody Mary (ver página 181), o para realzar un jugo de tomate.

Pollo "a la brasa" peruano

Sé que me van a criticar por lo que voy a decir, pero realmente creo que un pollo peruano perfectamente asado y rostizado (a la brasa) es nada menos que una experiencia profundamente religiosa. No es de extrañar entonces que los propietarios de los restaurantes peruanos consideren sus recetas de pollo a la brasa como un asunto de seguridad nacional. Aunque he comido mucho pollo a la brasa peruano en Perú y en muchos de mis restaurantes favoritos aquí en Nueva York (¡no hay 2 iguales!), descubrí que mi intento de recrear esta receta siempre se quedaba corto en lograr el sabor que yo buscaba. Un pollo asado tras otro salía de mi horno o asador, hasta que uno de mis hijos me dijo: "Por favor, mamá… ¿podrías cambiar un poco la receta?". Así, los pollos continuaron saliendo del horno hacia las casas de mis vecinos (quienes a menudo fungieron como conejillos de Indias en experimentos como éste), hasta que finalmente logré una combinación que me dejó satisfecha.

¿Cuál es mi dictamen final? Mientras que la mayoría de nosotros no podemos darnos el lujo de tener un asador de llama abierta, podemos preparar una aproximación del pollo a la brasa en un horno convencional. Sin embargo, hay un procedimiento que no se puede negociar: Marinar, marinar, ¡marinar!. Esto garantizará un pollo húmedo, jugoso y lleno de sabor, por lo que vale la pena prestarle un poco más de atención. La cantidad de ajo es suficiente para hacer que el pollo sea interesante sin que invada demasiado, y la pequeña cantidad de jengibre fresco rallado contrasta maravillosamente con el sabor salado y ácido de la malta, la salsa de soya y del jugo de limón. Ensaye esta receta la próxima vez que prepare pollo asado; es una versión diferente de un antiguo favorito, y es mucho más barata que un boleto aéreo al Perú.

RINDE 4 PORCIONES • TIEMPO DE PREPARACIÓN: 20 MINUTOS
(MÁS 1 DÍA PARA MARINAR) • TIEMPO DE COCCIÓN: 1½ HORAS

2 cucharadas de adobo seco casero (página 307) o comprado
1 cucharadita de pimienta fresca molida
1 cucharadita de orégano seco
Jugo de 3 limones verdes
2 pollos de 3 libras lavados y secos
½ taza de salsa de soya

½ taza de malta (ver Nota)
4 dientes de ajo grande partidos
1 pedazo de jengibre fresco de 1 pulgada, pelado y machacado
Ají verde (la receta se describe a continuación)

1. Mezcle el adobo, la pimienta, el orégano y el jugo de limón en un recipiente pequeño. Separe ligeramente la piel de las pechugas y piernas del pollo, deslizando sus dedos con suavidad entre la piel y la carne. Dele vuelta al pollo y repita el procedimiento. Introduzca tres cuartas

Pollo asado peruano y Chaufa (página 68)

partes del adobo debajo de la piel con una cucharita en todo el pollo y luego dentro de la cavidad interior. Amarre las patas del pollo con un cordel de cocina y frote el adobo restante sobre la piel del pollo.

2. Mezcle la salsa de soya y la malta en un recipiente pequeño y divida en 2 bolsas de plástico resellables con capacidad para 2 galones. Agregue 2 dientes de ajo y la mitad del jengibre en cada bolsa. Coloque un pollo en cada una, selle y saque el exceso de aire. Haga circular el líquido para cubrir el pollo de manera uniforme. Refrigere al menos 4 horas o preferiblemente durante la noche. Agite y dele vuelta al pollo ocasionalmente.

3. Precaliente el horno a 400°F.

4. Escurra bien los pollos y coloque en la rejilla de una fuente para asar. Acomode las alas debajo del pollo y sujete firmemente a la carne del ave.

5. Hornee hasta que los jugos sean transparentes (y no rosados) cuando pinche la carne entre el muslo y la pierna, por 1 hora aprox.

6. Deje reposar los pollos durante 10 minutos. Corte cada uno en 4 u 8 piezas antes de servir con el ají verde.

NOTA: La malta es una bebida a base de cereal que lleva el mismo nombre, popular en toda Latinoamérica y el Caribe de habla hispana. Se dice que aumenta los niveles de hierro en la sangre (especialmente si se mezcla con huevos crudos, tal como lo he visto a menudo). La malta puede conseguirse en todas las bodegas de la ciudad de Nueva York (literalmente) y en cualquier mercado orientado a la población latina. Si no la puede encontrar, mezcle 2 cucharadas de melaza con 3 ó 4 de agua.

La forma tradicional de cocinar el pollo peruano es "a la brasa", en una barra giratoria que está sobre una llama, alimentada con carbón o madera. Aunque la mayoría de nosotros no podemos darnos el lujo de tener un asador doméstico, descubrí que si preparaba esta receta en mi horno de gas y añadía un par de carbones, la receta alcanzaba otro nivel. Esta versión de mi receta, aunque no es estrictamente "a la brasa", es tan sabrosa, jugosa y fácil, que seguramente se convertirá en un clásico de su repertorio.

Ají verde

El ají verde es el equivalente peruano de la salsa de tomatillo mexicana (ver página 103). Se encuentra *en todas partes,* prácticamente en todas las mesas de todos los restaurantes. ¡Y con razón! Además del pollo a la brasa peruano, es maravilloso para acompañar un ceviche, las Papas fritas con comino (página 153), las Costillitas (página 88), el Pollo asado express de Daisy (página 92), como un dip para chips, ¡y para muchas cosas más!

1 taza de cilantro fresco picado en trozos grandes

¼ taza de cebollines en rodajas

3 jalapeños partidos en pedazos grandes

2 cucharadas de queso cotija desmenuzado

2 dientes de ajo picado

½ taza de aceite de oliva extra virgen

Jugo de 1 limón verde

Sal marina o kosher y pimienta fresca molida

Coloque el cilantro, los cebollines, los jalapeños, el queso y el ajo en un procesador de alimentos y triture bien. Con el motor funcionando, vierta lentamente al aceite de oliva. Hará lo mismo con el jugo de limón y agregue agua hasta que la salsa tenga la consistencia de una leche malteada espesa. Sazone con sal y pimienta al gusto. La salsa se puede refrigerar durante unos días, pero lleve a temperatura ambiente antes de servir.

Pastel de cangrejo con salsa de maracuyá

Al igual que el Aguacate relleno con ensalada de cangrejo y mango de la página 129, inventé esta receta para mi madre Conchita, la Reina del Cangrejo. Es agradable y liviana, puede prepararse con anticipación y hornearse en el último minuto. ¿Qué más se puede pedir? Las migas de pan tostado le agregan un toque crocante adicional a la crujiente pasta de filo.

RINDE 2 PASTELES (12 PORCIONES EN TOTAL; VER UNA PUNTADA EN EL TIEMPO) • TIEMPO DE PREPARACIÓN: 30 MINUTOS • TIEMPO DE COCCIÓN: 25 MINUTOS

PARA LAS MIGAS DE PAN TOSTADO

2 cucharadas de aceite de oliva

1 taza de migas de pan simples o sazonadas

Sal marina o kosher y pimienta fresca molida

2 cucharadas de cilantro fresco picado

Cáscara de un limón verde finamente rallado

Jugo de ½ limón verde

Sal marina o kosher y pimienta fresca molida

PARA EL RELLENO DE CANGREJO

3 cucharadas de mantequilla clarificada (ver página 75)

1 chalote picado (1½ cucharadas aprox.)

1 libra de carne de cangrejo en trozos, sin la concha ni el cartílago

30 hojas de pasta filo (12 × 8 pulgadas.)

½ taza de mantequilla clarificada (ver página 75), y más para engrasar los pasteles

Salsa holandesa de maracuyá (ver receta a continuación)

1. Precaliente el horno a 375°F.

2. Para hacer las migas de pan: Caliente el aceite en una sartén grande a fuego medio. Agregue las migas, sazone ligeramente con sal y pimienta. Cocine, dando vuelta constantemente hasta que estén crujientes y bien doradas, por 5 minutos aprox. Retire de la sartén y deje enfriar.

3. Para preparar la carne de cangrejo: Caliente la mantequilla clarificada en una sartén grande a fuego medio bajo. Agregue los chalotes y cocine revolviendo hasta que estén blandos. Incorpore la carne de cangrejo y revuelva con mucha suavidad para que la carne no se deshaga, hasta que esté caliente. Añada el cilantro, la cáscara y el jugo de limón, sal y pimienta al gusto y mezcle. Retire del fuego.

4. Para ensamblar los pasteles: Saque 3 hojas y coloque en la superficie de trabajo con uno de los lados largos hacia usted. (Ver página 313 para sugerencias sobre la pasta filo). Aplique abundante mantequilla clarificada sobre la hoja de filo. Agregue 2 cucharaditas aprox. de migas a la mantequilla. Repita el procedimiento 4 veces (utilizando 15 hojas de filo), sin agregarle migas a la hoja de arriba. Añada la mitad del relleno a lo largo, en la parte central del filo, y en una franja de 8 a 3 pulgadas. Doble las puntas cortas de la masa sobre el relleno, y luego las puntas largas. Invierta el pastel para que la envoltura quede hacia abajo y pase con cuidado a una fuente para hornear ligeramente engrasada. Asegúrese de que las puntas del pastel estén bien metidas por debajo. Repita el procedimiento con las hojas de filo restantes, la mantequilla clarificada y las migas.

5. Aplique mantequilla clarificada en la parte superior de los pasteles y hornee hasta que estén bien dorados y crujientes, por 25 minutos aprox. Deje reposar 10 minutos antes de servir.

6. Corte cada pastel en 6 pedazos iguales (o en 8, si tiene más invitados). Rocíe un poco de salsa holandesa sobre cada uno y sirva la salsa restante en otro plato.

UNA PUNTADA EN EL TIEMPO: Tendrá más migas de las que necesita para los pasteles. Tenga a mano para acompañar con sopas como la de cebolla y tomates asados (página 45) o sobre cualquier plato de pasta.

Haga dos pasteles aunque tenga menos de 6 comensales. El pastel se congela perfectamente, y algún día, cuando no tenga nada para una cena durante la semana o para un almuerzo durante el fin de semana, se alegrará de tenerlo preparado. Deje reposar el pastel congelado a temperatura ambiente por 30 minutos antes de hornear.

Salsa holandesa de maracuyá

El pequeño toque de maracuyá de ésta clásica salsa holandesa, le agrega un misterioso sabor ácido. Su deliciosa consistencia de mantequilla es el complemento perfecto con cualquier pescado a la plancha o le da sabor a una versión tropical de huevos benedictinos.

RINDE 1½ TAZAS APROX. • TIEMPO DE PREPARACIÓN: 5 MINUTOS • TIEMPO DE COCCIÓN: 10 MINUTOS

2 yemas de huevos extra grandes
Una pizca de pimienta de cayena
1 taza de mantequilla clarificada (ver abajo), derretida y tibia

2 cucharadas de puré de maracuyá (ver Nota, página 121)
Sal marina o kosher

1. Vierta 2 pulgadas de agua en el fondo de un caldero doble y hierva. Si no tiene uno, vierta 2 pulgadas de agua en una olla ancha y hierva, colocando un recipiente refractario sobre la olla, sin tocar el agua.

2. Vierta las yemas de huevo, la pimienta y 1 cucharada de agua en el caldero doble o en el recipiente y revuelva sobre el agua hasta que las yemas tengan un color amarillo pálido y estén tan espesas que usted pueda ver el fondo del caldero (o recipiente) mientras bate. Si deja de batir, los huevos no absorberán la mantequilla y la salsa quedará muy espesa. Bata continuamente, vierta la mantequilla literalmente gota a gota hasta agregar casi la mitad. Repita el procedimiento con la mantequilla restante (la salsa se desintegrará si lo hace rápidamente o deja de batir). Agregue el puré de maracuyá y sazone con sal al gusto. Sirva de inmediato o cubra la salsa con una toalla de cocina limpia y mantenga tibia hasta 3 horas. Utilice un rincón de la estufa para mantener la salsa tibia o un termo o jarra para café.

Mantequilla clarificada

Clarificar la mantequilla es un procedimiento simple: Coloque la mantequilla que necesite en un recipiente amplio para microondas. Cocine a temperatura media hasta que la mantequilla se derrita por completo. Deje reposar hasta que los sedimentos blancos se asienten en el fondo, y retire la espuma de la superficie. Vierta el líquido amarillo y limpio a un recipiente y descarte los sólidos blancos. Utilice mantequilla clarificada siempre que quiera obtener el sabor de la mantequilla, pero necesite someterla a un fuego más intenso. Aplicar por ejemplo mantequilla clarificada a los alimentos antes de hornearlos les da un sabor complejo y mantequilloso, y una capa crujiente dorada; también sirve para engrasar una plancha de panqueques o tostadas a la francesa; o para freír alimentos pequeños a fuego alto.

Tortillas rellenas con chiles poblanos

Me encantó este plato simple pero delicioso de tacos en un restaurante de Oaxaca. Los chiles poblanos estaban deliciosamente asados y servidos con cebollas ligeramente acarameladas y un poco de queso fresco. El mero recuerdo de esa delicia me hace derramar lágrimas de alegría. Estos chiles cortados en tiras son conocidos como "rajas". Pero cada quien puede hacer volar su imaginación y agregarles huevos revueltos, aguacate, salsa de tomatillos o cualquier otro ingrediente a las "rajas".

RINDE 6 PORCIONES • TIEMPO DE PREPARACIÓN: 45 MINUTOS

10 chiles poblanos (1³/₄ aprox.), asados, pelados y sin semillas (ver página 274), cortados en tiras de ¹/₂ pulgada de ancho

1 cucharada de aceite de oliva

Un paquete de tortillas de maíz de 6 pulgadas (16 aprox.)

CUALQUIERA DE ESTOS INGREDIENTES (O TODOS)

Queso Oaxaca en trozos grandes

Requesón o queso ricota (ver Nota)

Cebollas acarameladas (página 63)

Tomate en dados

Crema agria

Salsa de semana (página 147), o salsa casera o comprada, de su elección

Aguacate en rodajas

1. Precaliente el horno a 350°F.
2. Revuelva las tiras de poblano con el aceite de oliva y reserve a un lado. Envuelva las tortillas en papel aluminio y caliente en el horno por 15 minutos aprox.
3. Mientras tanto, sirva los ingredientes de su elección en recipientes y ponga una cuchara en cada uno. Saque las tortillas, sirva una cantidad generosa de chiles poblanos en cada una, y acompañe con los ingredientes preferidos. Enrolle las tortillas y disfrute.

NOTA: El requesón es un queso mexicano ligeramente salado, con una textura a medio camino entre el ricota y el ricota salata; es húmedo y perfecto para desmenuzar. Es un poco difícil de encontrar en mercados que no sean latinos, pero vale la pena adquirirlo si lo ve.

VARIACIÓN: Bata 3 huevos extra grandes con 2 cucharadas de tomate en dados pequeños y una cucharada de leche. Revuelva los huevos en una sartén hasta que tengan una textura muy suave. Sírvalos en 6 tortillas calientes y acompañe con cualquiera de los ingredientes que aparecen arriba.

Sándwiches de salami y queso estilo dominicano

En Santo Domingo, la capital de la República Dominicana, existe una institución conocida como Barra Payán, que abre las 24 horas del día. Después de una ópera, una película o un paseo nocturno por la ciudad, verán desde el chico que reparte los periódicos hasta el alcalde disfrutando del ambiente y de la comida. Fue allí donde probamos estos sándwiches por primera vez (obviamente, no fue la última).

RINDE 6 SÁNDWICHES • TIEMPO DE PREPARACIÓN: 10 MINUTOS • TIEMPO DE COCCIÓN: 5 MINUTOS

6 rollos de pan portugués, káiser o ciabatta
Mostaza tipo deli
Mayonesa
18 rodajas gruesas de salami cocido de res
(1¼ libras aprox.)
6 rodajas gruesas de queso cheddar
(6 a 8 onzas)

12 rodajas de pepinillos en vinagre al
eneldo (para sándwiches)
6 rodajas gruesas de tomate
Sal marina o kosher y pimienta fresca
molida
6 hojas de lechuga iceberg

1. Precaliente una sanduchera convencional o panini (ver Consejo).

2. Para armar los sándwiches: Corte cada rollo en 2 mitades en sentido horizontal. Unte mostaza en una mitad y mayonesa en la otra. Doble las rodajas de salami por la mitad y coloque 3 sobre el pan inferior. Coloque una rodaja de queso encima, 2 rodajas de pepinillos y una de tomate. Sazone el tomate con sal y pimienta al gusto y agregue una hoja de lechuga. Cierre los sándwiches (puede prepararlos con varias horas de anticipación). Colóquelos en una bandeja, cubra con papel plástico y refrigere antes de cocinar.

3. Cocine los sándwiches en una sanduchera según las instrucciones del manual hasta que el centro esté caliente y el pan esté crujiente. Corte por la mitad y sirva en seguida.

CONSEJO: Si no tiene una sanduchera con plancha, intente esta sencilla improvisación: Caliente una sartén grande y sólida o una plancha (ideal si es de hierro forjado) a fuego medio bajo. Coloque los sándwiches que quepan cómodamente. Ponga otra sartén —si los prepara en una sartén— o una fuente para hornear con 2 latas de tamaño mediano encima si utiliza una plancha. En ambos casos, deles vuelta cuando el lado inferior esté tostado. Cocine hasta que el centro esté caliente y el pan crujiente en ambos lados.

Jibaritos

"Jibarito" es un término cariñoso en Puerto Rico, y se aplica a las personas que son el alma y el corazón de este país. Hay una canción de Rafael Hernández, "Lamento borinqueño", en donde un pobre campesino va al mercado de la ciudad con los pocos productos de su humilde huerta. "Jibarito" también es el nombre de un sándwich delicioso elaborado con rodajas de plátano frito en lugar de pan. Al igual que todas las leyendas gastronómicas —antiguas y nuevas— los orígenes del jibarito son difíciles de determinar, aunque muchas personas señalan que Jorge "Peter" Figueroa, de Chicago, fue quien lo inventó. Su versión original contiene carne de res, pero me encanta la mía, que contiene sobras de pernil, o incluso rodajas de pechuga de pavo marinado en adobo. De cualquier forma que lo prepare, será un éxito total.

RINDE 2 SÁNDWICHES • TIEMPO DE PREPARACIÓN: 40 MINUTOS (INCLUYE EL TIEMPO
PARA QUE LOS PLÁTANOS SE ENFRÍEN) • TIEMPO DE COCCIÓN: 5 A 10 MINUTOS

2 plátanos verdes (ver página 315)
Aceite de canola para freír
4 rodajas gruesas (⅛ de pulgada aprox.)
   de queso suizo
1½ tazas de pernil desmechado (página
   268), o de pechuga de pavo estilo
   "pavochón" (página 269)

4 rodajas de pepinillo en vinagre (rodajas
   para sándwich)
4 rodajas delgadas de jamón tipo deli
2 cucharadas de mostaza tipo deli

1. Pele los plátanos (ver página 315). Corte cuidadosamente a lo largo y por la mitad.

2. Vierta 1 pulgada de aceite en una sartén grande y caliente a fuego medio hasta que la punta de una cuchara de madera sumergida en el aceite produzca un flujo lento de burbujas (325°F aprox.). Fría los plátanos y deles vuelta una vez, hasta que estén tiernos cuando les entierre la punta de un cuchillo de cocina y se comiencen a dorar, por 5 minutos aprox. Fría tantos plátanos como quepan en la sartén sin tocarse. Fría por tandas si es necesario. Reduzca el fuego de inmediato si comienzan a dorarse antes de estar tiernos. Retire y seque con toallas de papel hasta que la temperatura le permita manipularlos.

3. Coloque el plátano aún caliente con el lado plano hacia abajo en una superficie sólida. Presione con una sartén pesada de fondo plano hasta lograr un grosor uniforme de ¼ de pulgada aprox. Repita el procedimiento con los plátanos restantes (puede preparar los plátanos hasta este punto con una hora de anticipación).

4. Precaliente la sanduchera convencional o panini. (Ver Consejo en la página 78 para prepararlos si no tiene una con prensa.)

6. Desmenuce o corte las rodajas de queso y vierta en 2 de los plátanos aplanados. Agregue una capa uniforme de pernil o pavo (desmechado), luego otra de pepinillos y dos rodajas de jamón. Esparza la mostaza sobre el jamón y coloque los 2 plátanos fritos encima.

7. Cocine los sándwiches en una sanduchera convencional o panini hasta que el queso se haya derretido y estén calientes en el medio. (Para preparar los sándwiches sin una sanduchera, ver Consejo, página 78.) Corte los sándwiches por la mitad y sirva de inmediato.

VARIACIÓN: Para preparar un sándwich cubano tradicional, utilice sobras de pernil en rodajas delgadas. Arme y prepare los sándwiches siguiendo el procedimiento de arriba, y reemplace los plátanos por 2 rollos de pan suave de 8 a 9 pulgadas, o utilice pavo en rodajas para hacer un "cubano de pavo".

Niñitos de banana

Los niñitos de banana eran un placer cuando yo era niña. No confundan los niñitos con las bananas pequeñas y gruesas que se encuentran en los mercados asiáticos y se vuelven rojas cuando maduran. Estas son las normales, en racimos de hasta 15 que se vuelven amarillas cuando maduran. Para mí, los niñitos son más dulces y cremosos que sus primas grandes, pero seguramente habla la niña que hay en mí.

RINDE 12 A 15 NIÑITOS • TIEMPO DE PREPARACIÓN: 10 MINUTOS (TIEMPO ADICIONAL PARA QUE LA MASA REPOSE) • TIEMPO DE COCCIÓN: 15 MINUTOS

1 taza de harina

1 cucharadita de polvo para hornear

½ cucharadita de azúcar

Una pizca de sal

1 taza de leche

1 huevo extra grande

Aceite de canola para freír

12 a 15 bananas pequeñas

ACOMPAÑAMIENTOS (ALGUNO DE LOS SIGUIENTES, O TODOS)

Azúcar en polvo o canela para rociar

Dulce de leche (ver página 291)

Sirope de chocolate

Helado de vainilla

1. Para preparar la masa: Vierta la harina, el polvo para hornear, el azúcar y la sal en un recipiente. Mezcle bien la leche y el huevo, y agregue al resto de los ingredientes hasta que desaparezcan los grumos. No mezcle en exceso. Cubra el recipiente y deje reposar de 30 minutos a 2 horas a temperatura ambiente. La masa también se puede refrigerar por 1 día.

2. Vierta 3 pulgadas de aceite en una olla profunda y sólida. Caliente a fuego medio hasta que la punta de una cuchara de madera sumergida en el aceite produzca un flujo considerable de burbujas (360°F aprox.).

3. Mientras tanto, pele las bananas. Utilice 2 tenedores, vierta una banana en la mezcla hasta cubrir por completo, retire y vierta el exceso de la mezcla en el recipiente. Introduzca la banana al aceite con cuidado. Repita con tantas bananas como quepan sin amontonarse. Fría, dando vuelta una vez en caso de ser necesario, hasta que estén bien doradas por todos los lados, por 4 minutos aprox. Retire con una espumadera de alambre (ver foto, página 154) o convencional y escurra en toallas de papel. Repita con las bananas y la mezcla restantes. Sirva caliente con los acompañamientos de su elección.

Flan perfumado de canela ∽ CREMA CATALANA

Me enamoré de este delicado postre en el restaurante Botafumeiro en Barcelona, y hasta el día de hoy, no he conocido una versión mejor que la de este restaurante. La textura de la crema catalana debe ser muy delicada, más semejante a un *pot de crème* francés que a un pudín estilo americano. Si ve que en una receta de crema catalana recomiendan utilizar maicena, cierre el libro y busque otra. La textura suelta, tierna y deliciosa de este postre se debe a que sólo está engrosado (mínimamente) con yemas de huevo.

RINDE 4 PORCIONES • TIEMPO DE PREPARACIÓN: 20 MINUTOS • TIEMPO DE COCCIÓN: 40 MINUTOS (SIN PRESTARLE ATENCIÓN; TIEMPO ADICIONAL PARA ENFRIAR)

1²/₃ tazas de leche

2 barras grandes de canela

1 cucharadita de extracto de vainilla

4 yemas de huevos extra grandes

3½ cucharadas de azúcar

1. Precaliente el horno a 325°F.
2. Caliente la leche, la canela y la vainilla en una olla mediana a fuego lento hasta que aparezcan burbujas por los bordes. Reserve a un lado por 15 minutos aprox.
3. Vierta las yemas y el azúcar en un recipiente mediano y bata hasta que la mezcla tenga un color amarillo pálido y el azúcar comience a disolverse. Agregue lentamente la leche tibia, batiendo bien después de cada adición y revolviendo hasta que el azúcar se disuelva por completo.
4. Vierta la mezcla en 4 moldes o tazas para postre de 8 onzas. Coloque en una fuente para hornear donde quepan ampliamente, en una de 9 × 9 pulgadas por ejemplo. Cubra cada recipiente con papel aluminio y lleve al horno. Vierta agua caliente hasta la mitad de la fuente y hornee hasta que la mezcla de los moldes esté ligeramente cocida en el centro, por 40 minutos aprox. Deberían moverse un poco si agita la fuente con suavidad.
5. Enfríe los postres a temperatura ambiente en la fuente para hornear. Retire del baño de agua y enfríe hasta que estén firmes, por un mínimo de 2 horas. Pueden prepararse un día antes.

Dulce de yuca

No puedo recibir el crédito por esta receta, y no me avergüenza reconocerlo. Le supliqué este dulce a mi amiga Kisha Figueroa, una estudiante de gastronomía del Institute for Culinary Education, que me diera la receta después de que ella preparara y me trajera un pedazo en un evento que realicé allí (¡todavía estaba caliente!). Soy una amante de la yuca en todas sus formas, y aunque sentí cierto escepticismo cuando escuché "dulce de yuca", me sentí transformada en el instante en que di el primer mordisco. Me emocioné tanto que llamé a Mami y le pregunté si había oído hablar de él: ¡Me dijo que no!. Ya pueden imaginar la alegría que me dio ser la primera persona en preparárselo.

RINDE 9 PORCIONES • TIEMPO DE PREPARACIÓN: 25 MINUTOS (MENOS SI LA YUCA ESTÁ CONGELADA) • TIEMPO DE COCCIÓN: 45 MINUTOS (SIN PRESTARLE ATENCIÓN)

4 cucharadas de mantequilla derretida, y más para engrasar la fuente para hornear y aplicar sobre el dulce
1¼ libras de yuca o 2 tazas de yuca congelada y compacta (ver Nota)

1 taza de leche de coco en lata, sin azúcar
½ taza de azúcar
1 cucharadita de extracto de vainilla

1. Precaliente el horno a 350°F. Engrase una fuente para hornear de 8 × 8 pulgadas.

2. Si utiliza yuca fresca, pele y corte a lo largo en 4 pedazos y retire la parte fibrosa del centro. Ralle la yuca con el lado grueso de un rallador. Apriete la yuca con sus manos y escurra tanto líquido de la yuca rallada como pueda (la textura será más blanda si omite este paso).

3. Vierta la yuca, la leche de coco, el azúcar y la vainilla en una licuadora. Licúe a velocidad baja hasta que la mezcla esté suave. Mantenga la licuadora encendida y vierta 4 cucharadas de mantequilla derretida y licué hasta que la mezcla esté muy suave. La masa deberá tener la textura de la harina cocinada. Vierta la mezcla en el plato engrasado y vierta mantequilla derretida encima.

4. Hornee hasta que el dulce esté firme en el centro, dorado por los bordes, y ligeramente oscuro por encima, 45 minutos aprox. Enfríe el dulce a temperatura ambiente antes de servir, para cortarlo con mayor facilidad en cuadrados uniformes. (Si quiere probar un poco mientras está caliente, agregue un poco de miel antes de comer). Corte en 9 pedazos cuadrados y sirva tibio o a temperatura ambiente.

NOTA: La yuca rallada y congelada se consigue en algunos mercados y supermercados latinos. Ahorra mucho tiempo. La yuca congelada se debe descongelar en el refrigerador y luego debe escurrirla. Quítele cualquier exceso de líquido apretándola con las manos antes de medirla.

ASADOS

Este capítulo está inspirado en los asados argentinos, conocidos en toda Latinoamérica como "parrilladas", que son espectaculares e incluyen una gran variedad de entradas de carne asadas y otra multitud de deliciosos platos de acompañamientos. Durante un viaje que hice con mi familia a Argentina en las vacaciones de Navidad y Año Nuevo, tuvimos la fortuna de disfrutar un asado de dos formas muy distintas. La primera fue celebrando la Navidad en casa de una amiga muy querida, y la segunda fue en la Estancia Cina Cina. La estancia (o rancho) es una auténtica granja donde se puede ver cómo viven los gauchos, los legendarios vaqueros de Argentina. Nadamos, montamos a caballo y vimos a los gauchos realizar un espectáculo de destrezas y acrobacias con caballos como no habíamos visto nunca. Pero lo que más recuerdo de la Estancia Cina Cina es la comida (¡obviamente!). Tan pronto bajamos del autobús, nos recibió una mujer joven con un traje típico y una canasta llena de empanaditas calientes rellenas con picadillo.

Los mismos gauchos que montaron diestramente los caballos fueron los encargados de preparar el asado. Una parrilla, que debía tener 30 pies de largo, estaba repleta, absolutamente repleta, de morcilla, chorizo y churrasco (ver páginas 87, 312 y 90). Estas carnes se complementaban con verduras, ensaladas y la simple y deliciosa ensalada de papa y huevo que se encuentra en toda la Argentina (una contribución de la enorme comunidad germano argentina; página 107). Todo esto acompañado de cleriquot (mi versión aparece en la página 238) y de Quilmes, la cerveza nacional de Argentina.

Los gauchos dejaron a un lado los utensilios para el asado, tomaron sus instrumentos musicales y nos dieron una hermosa serenata de tangos viejos y románticos y canciones folklóricas de la Argentina: Ese es mi tipo de hombre, ¡alguien que me cocine y me cante mientras estoy comiendo! Afortunadamente, ese día habíamos hecho muchas cosas, porque después de semejante banquete, lo único que pudimos hacer fue recostarnos en los sillones del jardín bajo la sombra de los árboles y disfrutar nuestro cleriquot.

Algunas de las recetas de este capítulo son recreaciones de mis platos favoritos seleccionados de ese viaje a Argentina, unos pocos son antiguos platos favoritos de mi familia y otro par son variaciones mías en torno al asado. Todos son fabulosos y se los debemos al espíritu de la parrillada.

Organizar un auténtico asado argentino (o una versión) no tiene por qué ser un evento rígido: prepare el número de platos según la cantidad de invitados, su nivel de comodidad con los asados, y el tiempo que tiene para preparar. Un asado "decente" puede girar en torno al chorizo argentino, un plato de pollo marinado en adobo y un par de platos de acompañamiento. También puede incluir empanadas (como suele suceder en Argentina; ver páginas 59 a 65 para recetas); un plato más liviano como calabaza de verano a la parrilla con vinagreta balsámica; o un antiguo favorito como mazorca de maíz dulce con mantequilla directamente de la olla. (Vea los menús en la página 296 para llenarse de creatividad). Y por supuesto, aun si el espíritu de su asado es puramente argentino, eso no significa que todos los platos tengan que serlo. Siéntase libre de elegir uno (o algunos) de sus recetas favoritas y enriquézcalos con las salsas y los platos de acompañamiento que aparecen en las páginas 103 a 115.

Un último consejo: Las tres salsas que aparecen en este capítulo pueden servirse con cualquiera de estas recetas, o con la carne, pescado, ave o vegetal que usted quiera. Sin embargo, sería una lástima no disfrutar la clásica combinación de falda a la parrilla con bordes crujientes y la salsa de chimichurri, que es deliciosa y aromática.

Su asado argentino completo

Los siguientes son algunos ingredientes que se encuentran en casi todos los asados. La verdad es que no requieren de recetas: simplemente un poco de preparación, y por supuesto, acercarse al asador.

MORCILLA: Es un embutido elaborado con sangre de cerdo, y tiene tantas variaciones en su estilo y sabor como los carniceros que la preparan. Generalmente está bien sazonada con cebolla, ajo y especias y puede contener o no otros ingredientes como arroz (que es bastante común). La morcilla cocinada puede consumirse tal como está, pero la variedad sin cocinar necesita prepararse antes de consumir. Por supuesto que en un asado, la morcilla será asada, no directamente sobre la llama, lo que haría que se queme, sino a un lado de la parrilla, donde puede cocinarse lentamente y por completo. La morcilla casi nunca se acompaña con ninguna salsa, pues suele estar muy bien condimentada.

OJO DE BIFE Y BIFE DE CHORIZO: Son los cortes preferidos en los asados. Al igual que con otras carnes, todo el secreto está en la calidad de estos cortes, así que lo único que llevan es un poco de sal y pimienta antes de pasar a la parrilla. Ambos cortes deberían ser gruesos para que salgan tiernos y jugosos de la parrilla; puede acompañar con chimichurri si desea.

RIÑONES: Puede que no sea el plato preferido de todos, pero son una parte integral del asado argentino. Remoje los riñones enteros en agua acidulada y bien salada (el vinagre o el jugo de limón funcionan bien) y refrigere durante varias horas, cambiando el líquido 1 ó 2 veces. Corte los riñones por la mitad en sentido horizontal y seque. Sazone generosamente con sal y pimienta y únteles una buena cantidad de aceite de oliva. Luego ase a fuego moderado hasta que estén bien cocinados.

Tira de asado (costillitas)

Las costillitas suelen ser ignoradas debido a los otros cortes que integran el asado. Es cierto que no es el corte más tierno de la res, pero cuando se trata de un delicioso sabor a carne asada, son difíciles de superar. Una simple mezcla de sal y pimienta con un chorrito de vinagre es lo único que necesitan a manera de preparación. Los Frijoles en escabeche (página 164) son un acompañamiento magnífico.

RINDE 8 PORCIONES • TIEMPO DE PREPARACIÓN: 5 MINUTOS (MÁS 1 A 4 HORAS PARA LA MARINADA) • TIEMPO DE COCCIÓN: 15 MINUTOS

4 libras de costillitas, cortadas a lo ancho, en rodajas de 1½ pulgadas (ver Nota)
Sal marina o kosher y pimienta fresca molida

2 cucharadas de vinagre de vino tinto
Salsa de tomatillo (página 103) o Chimichurri (página 104) o Salsa de semana (página 147)

1. Retire la grasa de la parte exterior de las costillas. Unte una cantidad generosa de sal y pimienta en toda la superficie de la carne. Coloque las costillas en una fuente para hornear grande en una sola capa. Rocíe el vinagre en las costillas, deles vuelta y repita el procedimiento por el otro lado. Deje marinar las costillas dándoles vuelta ocasionalmente, a temperatura ambiente hasta una hora, o hasta 4 en el refrigerador. (Si marina las costillas por mucho tiempo, tendrán un color grisáceo y blanco en algunos puntos; eso es normal, y la decoloración desaparecerá al asarlas).

2. Caliente un asador de gas a fuego medio alto o encienda un fuego con carbones.

3. Ase las costillas dándoles vuelta una vez hasta que estén bien oscuras, incluso chamuscadas en algunos puntos, unos 6 minutos por cada lado. Deben estar un poco más cocinadas que a término medio; de lo contrario, tendrán una textura muy cauchosa. Deje reposar de 4 a 5 minutos antes de servir.

NOTA: El grosor y el corte de las costillas son la clave para disfrutarlas asadas. Deben cortarse a lo ancho de los huesos (generalmente 3 ó 4), y no entre ellos. Las costillas también deben cortarse en lo posible para que tengan 1½ pulgadas de grosor. Si son más delgadas, se cocinarán en exceso cuando la parte exterior esté bien sellada, y si son más gruesas, la superficie se cocinará en exceso antes de que la parte del centro alcance el término medio.

Tira de asado y Salsa de semana (página 147)

Churrasco <small>(ver foto página 110)</small>

Siempre me ha gustado el sabor de la falda y su textura. Mi querido amigo Alejandro Cantagallo y su padre don Francisco, tienen una carnicería en Jackson Heights, Queens, especializada en charcutería argentina, y cuando voy allá para conseguir sus fabulosos chorizos, morcillas y matambre (un pecho de ternera delicioso), siempre me llevo un par de faldas para asar en casa. Don Francisco me dio una clase personalizada para preparar la salsa de chimichurri, y ahora la preparo como el complemento perfecto para la falda. Es recomendable quitarle la grasa a este corte, así que pídale al carnicero que le quite la piel y la grasa adicional.

RINDE 12 PORCIONES • TIEMPO DE PREPARACIÓN: 20 MINUTOS (MÁS 30 MINUTOS A 2 DÍAS PARA MARINAR) • TIEMPO DE COCCIÓN: 15 MINUTOS

Sal marina o kosher y pimienta fresca molida

4 cortes de falda (1 libra aprox. cada uno) sin la grasa, cortada en sentido diagonal a la mitad

1 cucharadita de cebolla en polvo

1 cucharada de vinagre de vino blanco

1 cucharada de aceite de oliva extra virgen

Aceite de cocina en aerosol (vegetal)

Chimichurri (página 104)

1. Unte una cantidad generosa de sal y pimienta en toda la carne. Haga lo mismo con la cebolla en polvo, dividiendo de manera uniforme. Ponga la carne en un plato o recipiente grande, rocíe con vinagre y luego con el aceite de oliva. Marine la carne hasta 30 minutos a temperatura ambiente, o refrigere hasta 2 días.

2. Caliente un asador de gas a fuego medio alto, un fuego de carbón, o caliente una plancha grande a fuego medio alto.

3. Ase hasta el punto de cocción preferido, dándoles vuelta una sola vez. Retire del asador y deje reposar 5 minutos.

4. Si desea, corte en rodajas delgadas y en el sentido contrario de las vetas antes de servir. Esparza un poco de chimichurri en las carnes y sirva el resto en otro plato.

Mollejas a la plancha

Sólo vine a probar las mollejas cuando estaba estudiando en el Instituto Culinario Francés de Manhattan. Pero cuando lo hice, quedé adicta de por vida. Las mollejas, que son mantecosas, ricas y deliciosas, no se encuentran en la mayoría de los supermercados (ni siquiera en las carnicerías), y requieren de poco tiempo de preparación, especialmente si se preparan siguiendo la receta tradicional francesa. Esto implica remojar las mollejas en agua salada, blanquearlas rápidamente en agua hirviendo y mantenerlas sumergidas desde la noche anterior antes de limpiarles las membranas que conectan los lóbulos. Después de visitar Argentina, donde disfruté de mollejas asadas con una preparación mínima, puedo decirles que la receta que aparece a continuación es mi nueva forma favorita, seguida de la asada. Ligeramente sazonadas y asadas a la perfección, seguramente se convertirán en otro plato más de su asado.

RINDE 8 PORCIONES • TIEMPO DE PREPARACIÓN: 30 MINUTOS (MÁS 45 MINUTOS A UN DÍA PARA MARINAR) • TIEMPO DE COCCIÓN: 15 A 20 MINUTOS

2 libras de mollejas de ternera

1 cucharada de sal marina o kosher, y un poco más para el agua del remojo

2 cucharadas de aceite de oliva

Pimienta fresca molida

1. Remoje las mollejas enteras en agua fría bien salada por 45 minutos aprox., a temperatura ambiente. Escurra bien las mollejas y seque con toallas de papel. Sepárelas con cuidado, pues se parten con facilidad. Retire los pedazos de grasa o de tejidos conectores gruesos, pero deje los tejidos más delgados que unen las mollejas. La idea es mantenerlas en pedazos de 1½ a 2 pulgadas; si son más pequeñas, se caerán por las rejillas.

2. Saque las mollejas de nuevo y adóbelas con el aceite de oliva, la sal y la pimienta. Deje reposar a temperatura ambiente hasta 45 minutos, o refrigere por un día. Si las ha refrigerado, sáquelas a temperatura ambiente antes de preparar.

3. Caliente un asador de gas a fuego medio, o encienda un fuego de carbón hasta que los carbones estén ligeramente cubiertos de ceniza gris clara.

4. Coloque las mollejas en una sola capa si desea. Áselas, dándoles vuelta una vez hasta que tengan las marcas de la parrilla, estén bien cocinadas (sin rastros de color rosado en el centro) y se vean firmes, de 12 a 20 minutos. (Por alguna razón, parece que algunas mollejas tardan más tiempo en cocinarse que otras, así sean del mismo tamaño). Sirva de inmediato.

NOTA: Puede utilizar una parrilla encima de la estufa si no tiene un asador.

Pollo asado express de Daisy

Soy una madre trabajadora que de vez en cuando recurre al microondas para ahorrar un poco de tiempo. Cuando el clima es más agradable una vez a la semana utilizo este método sencillo para agilizar el asado de un pollo. (Requiere un poco de tiempo en el microondas, pero puede preparar el resto de la comida mientras el pollo se está cocinando.) Dejo marinando el pollo por la mañana antes de salir de casa. Y antes de la cena preparo platos de acompañamiento rápidos. Cuando todo está listo, ponemos la mesa en la terraza de atrás, y Jerry se encarga del asador. Cuando los chicos (¡y alguien más!) vienen, el pollo está caliente y crujiente, y tenemos la oportunidad de hablar sobre los eventos del día.

Lo mismo se aplica para un asado. Generalmente hay que asar el pollo a fuego bajo durante un buen tiempo, mirándolo constantemente para asegurarse de que se cocine bien, pero sin quemarse. Mientras tanto, prepararlo en el microondas es algo que le quitará mucha presión de encima a usted (o a cualquiera que se ofrezca para asarlo).

RINDE 10 PORCIONES • TIEMPO DE PREPARACIÓN: 2 HORAS (O MÁS, BÁSICAMENTE SIN PRESTARLE ATENCIÓN) • TIEMPO DE COCCIÓN: 1 HORA (BÁSICAMENTE SIN PRESTARLE ATENCIÓN)

5 libras de piernas y muslos de pollo (20 piezas aprox.)

¼ adobo seco casero (página 307) o comprado

2 tazas de vinagre blanco o de cidra.

1. Coloque el pollo en la fuente más grande que tenga, o utilice 2 fuentes. Espolvoree el adobo sobre el pollo y revuelva hasta cubrir bien. Vierta el vinagre sobre el pollo y revuelva de nuevo. Deje reposar a temperatura ambiente por un mínimo de 1 hora, o hasta por 1½ horas, o refrigere marinado desde la noche anterior. Revuelva varias veces mientras se marina.

2. Ponga la mitad de las piezas de pollo en un recipiente para microondas. Vierta la mitad de la marinada sobre el pollo. Cubra bien el recipiente con papel plástico y cocine 10 minutos en "Alto". Retire el plástico y manipule el recipiente con cuidado, pues estará caliente, y mueva el pollo para que se cocine de manera uniforme. Cubra de nuevo el recipiente y cocine hasta que el pollo esté casi completamente cocinado, por 10 minutos aprox. Repita el procedimiento con el pollo restante. Debería estar listo en una hora.

3. Caliente un asador de gas o encienda un fuego de carbón y espere a que los carbones estén cubiertos con una ceniza fina y gris.

4. Cocine el pollo, dándole vuelta a menudo hasta que esté dorado, o incluso carbonizado en algunos puntos, por 10 minutos aprox. Sirva caliente o a temperatura ambiente.

VARIACIÓN: Así como puede personalizar su adobo (ver página 307), también puede hacerlo con la parte ácida de esta marinada. Utilice vinagre blanco, de sidra o una mezcla de los dos. O reemplace una parte del vinagre (o todo) con jugo cítrico de naranja, limón amarillo y/o verde.

Pinchos de camarón sin chorizo

Tal parece que de un momento a otro, todo el mundo comenzó a preparar alguna versión de kebab de camarones y chorizo para el asado. No tengo nada contra esa combinación. De hecho, me encanta; pero es bueno recordar de tanto en tanto que el camarón también tiene otros acompañamientos agradables. Los tomates jugosos, el zucchini suave y los chiles especiados de esta receta son algunos de ellos. Es algo que no se ve en un asado tradicional argentino, y que me inventé para quienes no les gusta tanto la carne como a mí. Estos pinchos son de ensueño servidos con el Pesto de cilantro de la página 104.

RINDE 12 PORCIONES • TIEMPO DE PREPARACIÓN: 20 MINUTOS • TIEMPO DE COCCIÓN: 6 MINUTOS

12 pinchos de madera o metal

24 camarones grandes (16 a 20 por libra), pelados y desvenados

2 zucchinis medianos (una libra aprox.), cortados en rodajas de ½ pulgada

6 jalapeños grandes, sin tallo y cortados a lo largo por la mitad, y luego a lo ancho por la mitad

12 tomates cherry o grape

Aceite de oliva

Sal marina o kosher y pimienta fresca molida

1. Sumerja los pinchos de madera (en caso de utilizar) en agua por un mínimo de 30 minutos. Escurra.

2. Inserte los camarones y los vegetales en los pinchos: Comience con una rodaja de zucchini y siga con un camarón, el jalapeño y el tomate cherry. Termine con otra rodaja de zucchini, un camarón y jalapeño. (Puede armar los pinchos varias horas antes de cocinarlos). Coloque en una fuente para hornear rectangular, cubra con papel plástico y refrigere.

3. Encienda un asador de gas o un fuego de carbón y espere hasta que los carbones comiencen a cubrirse de ceniza.

4. Unte aceite de oliva en los camarones y los vegetales, y sazone bien con sal y pimienta. Lleve al asador, dándoles vuelta una o 2 veces, hasta que los camarones estén bien cocinados y los vegetales estén suaves y ligeramente dorados, por 6 minutos aprox. Sirva caliente o a temperatura ambiente.

Camarones sin pinchos y Pesto de cilantro (página 104)

Biondolito de cerdo

Paula Strada, una buena amiga de Argentina, nos invitó a cenar durante nuestro viaje a Buenos Aires. Una de las muchas razones que tengo para querer a Paula es que esa noche nos llevó al restaurante La Cabrera Norte, donde nos ofrecieron un festín de carnes como no lo habíamos tenido nunca. Disfrutamos un plato tras otro de chorizo, mollejas asadas, riñones de ternera y paletilla, acompañados de una docena de platos de todo tipo de ensaladas imaginables. Creí que ya habíamos terminado cuando el camarero nos trajo el cerdo asado más dulce y jugoso que hubiera probado, el cual me hizo agua la boca. He tratado de recrear la experiencia que disfrutamos esa noche memorable recurriendo a mi memoria y a mis copiosas notas.

RINDE 12 PORCIONES • TIEMPO DE PREPARACIÓN: 30 MINUTOS (MÁS 1 A 3 DÍAS PARA MARINAR) • TIEMPO DE COCCIÓN: 2 A 2½ HORAS

PARA EL ADOBO
5 dientes de ajo
¼ taza de perejil liso fresco, cortado en trozos gruesos
¼ taza de albahaca fresca, cortada en trozos gruesos
1 cucharada de sal marina o kosher
1 cucharadita de pimienta fresca molida
2 cucharadas de aceite de oliva

Una paletilla de cerdo asado de 4 libras, sin hueso
1 libra de tocino, el más grueso que puede encontrar

1. Para preparar el adobo: Mezcle el ajo, el perejil, la albahaca, la sal, la pimienta y el aceite de oliva en un procesador de alimentos, hasta que el ajo esté finamente picado.

2. Abra la carne de cerdo y vierta una cantidad generosa de adobo adentro. Envuelva bien la carne con papel plástico y refrigere al menos por 1 día, o un máximo de 3.

3. Corte 12 cordeles de cocina de 18 pulgadas de largo y coloque en una superficie de trabajo limpia a 1 pulgada de distancia. Acomode las rodajas de tocino superponiendo sobre los cordeles para que éstos pasen por debajo del centro de cada rodaja. Coloque el lado sin marinar del cerdo hacia abajo, sobre el tocino. Amarre firmemente la primera rodaja de tocino y de cerdo con el cordel. Repita el procedimiento con el tocino y el cerdo restantes. Dependiendo del tamaño del asado, es probable que no necesite esta cantidad de cordeles ni de tocino. Seguramente el cerdo estará rodeado por las rodajas de tocino; no se preocupe si las rodajas no se pegan a la carne. Deje la carne a temperatura ambiente mientras calienta el asador.

Biondolito de cerdo y Ensalada boricua (página 112)

Sazone el interior del cerdo con el adobo de hierbas.

Levante el cordel y el tocino sobre el cerdo y amarre con firmeza.

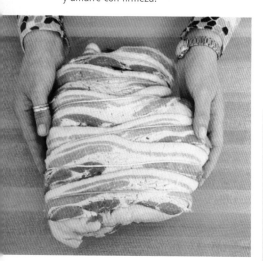

La paletilla terminada, con el tocino hacia arriba.

4. Caliente un asador de gas a fuego medio alto (ver Nota). Precaliente y cierre la tapa. La temperatura debe ser de 375°F aprox.

5. Vierta agua en una sartén profunda hasta la mitad. Coloque una parrilla circular en la sartén y coloque en el asador. Coloque el cerdo asado en la parrilla con el lado de tocino hacia arriba y cierre la tapa. Cocine reemplazando el agua de la sartén si es necesario, hasta insertar un termómetro de lectura instantánea en la parte más gruesa de la carne y registrar una temperatura de 150°F, por 2 horas aprox. Retire la sartén y la carne del asador. Pase la carne a una superficie para cortar y deje reposar de 15 a 20 minutos antes de servir.

6. Corte los cordeles, dejando el tocino intacto, y corte la carne en rodajas de ¼ de pulgada aprox.

NOTA: Para cocinar la carne al carbón, encienda suficientes carbones para cubrir la parrilla de forma uniforme. Cuando estén rojos, utilice una espátula larga de metal para partirlos a la mitad y acomode a lado y lado, dejando el centro libre de carbones. Revise atentamente la temperatura: Si es inferior a 350°F, agregue 10 pedazos de carbón aprox. a cada montón. Si su asador no tiene termómetro, refresque los carbones cada 30 minutos aprox. El tiempo de cocción será casi el mismo que el de un asador de gas, si mantiene la temperatura como se ha indicado.

VARIACIÓN:

PALETILLA DE CERDO SIN HUESO AL HORNO: Precaliente el horno a 350°F. Ponga la carne en la parrilla y deje reposar a temperatura ambiente hasta que el horno se caliente. Ase hasta que un termómetro de lectura instantánea en la parte más gruesa de la carne registre una temperatura de 150°F, por 2 horas aprox. Deje reposar 15 minutos aprox. antes de servir.

Un asado en Navidad

Durante mi infancia como latina en Nueva York, las palabras "Navidad" y "asado" no solían estar en la misma frase. Ocasionalmente pasábamos la Nochebuena en Puerto Rico, donde la fiesta incluía un lechón asado en la casa de tía Gabriela, pero básicamente, mis Navidades eran "blancas", con leños de navidad y una gran cantidad de coquitos (ponche de coco) para calentarnos.

Todo esto cambió en la Navidad de 2007, cuando fuimos a Buenos Aires, Argentina, y nos invitaron a la cena de Nochebuena en casa de la familia de mi amiga Paula Strada. Nos ofrecieron un asado argentino tradicional, donde los hombres se encargan de asar la gran variedad de carnes en asadores con leña y carbón, y las mujeres hacen lo propio con los platos de acompañamiento y los postres. La fragancia de los chorizos argentinos,

Marc, David, Ángela y María Chiquita cantan karaoke en Buenos Aires, en la Navidad de 2007.

jugosos y asados, se propagaban por el hermoso jardín, haciéndonos la boca agua mientras esperábamos los sándwiches de choripán. Un plato tras otro de carnes asadas, ensalada de maíz y de papas y deliciosos postres llegaron a la mesa. Cuando había transcurrido más o menos la mitad de la velada, nos ofrecieron un *vitel toné*, un plato muy tradicional que contiene ternera escaldada en rodajas delgadas y servida fría, cubierta con mayonesa de atún y alcaparras.

La familia de Paula nos recibió con los brazos abiertos y nos trató como a familiares de toda la vida. Comimos, cantamos karaoke, nadamos y entablamos una amistad que durará toda una vida. La familia Strada es bienvenida a mi casa para pasar Navidad o cualquier otra época del año. Nunca olvidaré la hospitalidad que nos brindaron durante ese día festivo realmente maravilloso.

La mesa está servida para nuestro asado de Navidad.

El choripán

Algunas veces las cosas más simples son las mejores, como por ejemplo, el choripán, un sándwich de chorizo deliciosamente simple, sazonado con salsa jugosa y fresca. Dada la inmensa población italiana en Argentina, no es de sorprender que los chorizos de ese país se parezcan más a las salchichas italianas frescas (pero sin las semillas de hinojo) que al chorizo español, de consistencia dura, o al chorizo mexicano crudo y bien sazonado. Tengo el privilegio de contar con un gran carnicero argentino en Queens (que satisface mi gusto por lo real), pero ustedes pueden captar la esencia de un choripán con sus salchichas italianas preferidas.

Lo único necesario es conseguir panes firmes para sándwich, pero no crujientes. En el noroeste del país, es fácil encontrar panes portugueses, que tienen la textura ideal, pero en otras regiones, los panes tipo káiser o ciabatta funcionan bien. Luego, prepare una sencilla salsa de tomates frescos, como la Salsa de semana en la página 147, sazonada con un poco de chile, o la salsa que acompaña al Ceviche de camarones "Xni Pec" (página 69), que contiene una buena dosis de picante. Pele el aguacate, retire la semilla, y corte en dados de ½ pulgada, y agregue a la salsa de su elección.

Corte cada chorizo o salchicha italiana por los extremos, pero no toda la salchicha. (Esto se conoce como "corte mariposa"). Abra la salchicha para que tenga una forma rectangular. Dejar la envoltura evita que la salchicha se desintegre, y el grosor del corte facilita la cocción uniforme de la salchicha sin que se queme la parte exterior. Ase las salchichas, comenzando con la envoltura hacia abajo, dándoles vuelta una vez, hasta que estén bien cocinadas y doradas, por 8 minutos aprox. Deje reposar por un minuto mientras parte y tuesta los panes. Vierta las salchichas y una buena cantidad de salsa en los panes, ¡y disfruten!

Choripanes y salsa "Xni Pec" (página 69)

Salsa de tomatillo

Esta es una salsa que se encuentra en todo México. Los tomatillos tienen un sabor ácido y fresco que le da un toque chispeante incluso después de cocinarlos, como en esta receta. La salsa de tomatillo va bien con los sabores de las carnes asadas, pero es maravillosa para acompañar prácticamente cualquier asado o preparación en la sartén.

RINDE 4 TAZAS APROX. • TIEMPO DE PREPARACIÓN: 15 MINUTOS • TIEMPO DE COCCIÓN: 25 MINUTOS

1 libra de tomatillos frescos

1 cebolla española grande (12 onzas aprox.), cortada en pedazos grandes (3 tazas aprox.)

3 dientes de ajo

½ taza compacta de cilantro fresco cortado en pedazos gruesos

½ jalapeño (con las semillas si le gusta el picante)

Jugo de ½ limón verde

Sal marina o kosher

1. Retire las vainas de los tomates y lave con agua fría hasta que no estén pegajosos. Corte en 4 y vierta en un procesador de alimentos. Agregue la cebolla y el ajo y procese hasta que la mezcla esté suave. Agregue el cilantro, el jalapeño y el jugo de limón y procese hasta que el jalapeño esté finamente picado.

2. Vierta en una sartén pequeña, sazone con un poco de sal y cocine a fuego medio; revuelva ocasionalmente y cocine hasta que casi todo el líquido se evapore y la salsa esté bien espesa, por 15 minutos aprox. Enfríe antes de utilizar. Puede refrigerar la salsa por una semana. Si la ha refrigerado, puede añadirle un poco de sal y/o jugo de limón antes de servir.

Chimichurri (ver foto, página 110)

RINDE 1 TAZA APROX. • TIEMPO DE PREPARACIÓN: 20 MINUTOS

4 tazas de hojas de perejil liso (1 manojo grande aprox.)

6 dientes de ajo

½ a ¾ taza de aceite de oliva extra virgen

¼ taza de vinagre de vino tinto

Sal marina o kosher y pimienta fresca molida

1 cucharadita de pimienta roja en hojuelas (opcional)

Vierta el perejil y el ajo en un procesador de alimentos y pulse hasta que esté finamente picado. Pase a un recipiente y agregue ½ taza de aceite de oliva y el vinagre. Revuelva bien y pruebe: Agregue el aceite de oliva restante si está muy ácido. Sazone con sal y pimienta al gusto. Añada la pimienta roja para un chimichurri picante. Puede preparar el chimichurri con 5 días de anticipación y refrigerar. Lleve a temperatura ambiente antes de servir.

CONSEJO: Resista la tentación de echar todos los ingredientes al procesador, pues la salsa quedará homogénea y con un color verde brillante, y no como debería ser: Una vinagreta con ajo, enriquecida con hojas de perejil.

UNA PUNTADA EN EL TIEMPO: Prepare una porción doble y refrigere hasta 5 días. Es deliciosa con cualquier plato, desde arroz blanco y papas al vapor, hasta hamburguesas y filetes salteados de salmón.

Pesto de cilantro (ver foto, página 94)

Es especialmente delicioso con los pinchos de camarones que aparecen en la página 95 y con las costillitas de la página 88, pero también con cualquier filete de pescado asado.

RINDE 1½ TAZAS • TIEMPO DE PREPARACIÓN: 15 MINUTOS

1 taza de aceite de oliva extra virgen

1 taza compacta de cilantro picado en pedazos grandes (con tallos y todo)

1 taza compacta de hojas de perejil liso

¼ taza de almendras Marcona o blanqueadas

2 cucharaditas de vinagre de vino blanco

Sal marina o kosher y pimienta fresca molida

Vierta el aceite en una licuadora. Agregue el cilantro, el perejil, las almendras y el vinagre y cubra hasta que las hierbas estén finamente picadas y la mezcla esté muy suave. Sazone con sal y pimienta al gusto. Pase a un recipiente y cubra bien con papel plástico para evitar que el pesto adquiera un color oscuro. Puede guardarse varios días en el refrigerador. Lleve a temperatura ambiente antes de servir.

Provoletta

En Argentina, la provoletta es parte de cualquier asado típico (ver página 86). Se prepara sacando un pedazo grande de queso provolone ligeramente añejado, asándolo al carbón hasta que esté tostado por la parte exterior y suave en el centro. Este proceso requiere algunos insumos argentinos, de los que obviamente carezco: Nunca pude darle al queso esa capa dorada sin que comenzara a derretirse por la parrilla. Así que decidí improvisar con una sartén antiadherente, un fuego considerable y un poco de paciencia, y la recompensa que recibí fue una versión completamente deliciosa de la provoletta que disfruté en Argentina.

RINDE 12 PORCIONES • TIEMPO DE PREPARACIÓN: 15 MINUTOS • TIEMPO DE COCCIÓN: 10 MINUTOS

PARA EL ADEREZO (TAMBIÉN PUEDE UTILIZAR CHIMICHURRI, PÁGINA 104)

½ taza de aceite de oliva

2 cucharadas de ajo asado finamente picado, casero (página 309), o comprado

1 cucharada de perejil liso picado

1 cucharadita de orégano seco

1 cucharadita de vinagre blanco

Sal marina o kosher y pimienta fresca molida

1 pedazo de provolone de ½ pulgada de grosor (de 12 onzas aprox.; el mejor queso para esta versión es uno joven, que ceda un poco al presionarlo)

Aceite de oliva

Aceite vegetal en aerosol

1. Para preparar el aderezo: Mezcle el aceite de oliva, el ajo, el perejil, el orégano, el vinagre y sal y pimienta al gusto en un recipiente mediano. Reserve a un lado.

2. Unte una cantidad generosa de aceite de oliva por ambos lados del queso. Rocíe el aceite en aerosol en una sartén grande donde el queso quepa cómodamente; caliente la sartén a fuego medio alto. Coloque el queso en la sartén. Levante un extremo del queso y vea que comienza a derretirse y aparecen burbujas por los bordes (4 minutos aprox.). Dele vuelta si está bien dorado y crujiente; en caso contrario espere un poco más. Repita el procedimiento con el otro lado. Sirva el queso caliente en un plato para servir y agréguele la mitad del aderezo. Sirva de inmediato, con el resto del aderezo en otro recipiente.

Provoletta

Ensalada de papas y huevo

Este es un plato que vimos en todas partes en Buenos Aires: desde la gran variedad de restaurantes de carnes que hay en la ciudad, a las estancias del campo. En Argentina, esta ensalada rara vez contiene otro ingrediente aparte de las papas y los huevos duros, pero me he tomado la libertad de añadirle pimientos rojos dulces, los cuales le dan fragancia y dulzura al vinagre de la ensalada y al huevo, y agrego un poco de cebollino fresco para darle un poco de fuerza. Es un acompañamiento perfecto para la gran variedad de delicias asadas, y me encanta porque puede servirse caliente, frío o a temperatura ambiente. Y también porque se ve y sabe fantástico.

RINDE 8 A 10 PORCIONES • TIEMPO DE PREPARACIÓN: 45 MINUTOS (MÁS 30 MINUTOS DE REPOSO) • TIEMPO DE COCCIÓN: 20 MINUTOS

3 libras de papas Eastern o nevadas, peladas y cortadas en dados de ½ pulgada (8 tazas aprox.)

Sal marina o kosher

4 huevos extra grandes

2 cucharadas de vinagre de vino blanco

⅓ taza de aceite de oliva

¼ taza de cebollino fresco picado

Pimienta fresca molida

1 pimiento rojo asado en conserva, escurrido y cortado en dados de ½ pulgada (opcional)

1. Vierta las papas en una olla grande, cubra con agua y agréguele un puñadito de sal. Hierva a fuego alto; reduzca a fuego lento y cocine por 10 minutos aprox., hasta penetrar fácilmente las papas con un cuchillo de cocina.

2. Mientras tanto, comience a preparar los huevos: Viértalos en una olla y cubra bien con agua fría. Hierva a fuego alto y luego reduzca a fuego medio bajo. Cocine por 10 minutos exactamente. Retire el agua caliente y enfríe los huevos en la olla con agua fría durante varios minutos. Pele y reserve a un lado.

3. Cuando las papas estén tiernas, escúrralas y pase a un plato para servir. Rocíe el vinagre de inmediato y revuelva ligeramente. Deje enfriar las papas. No es recomendable tocarlas mucho mientras están calientes, pues tienden a partirse y a tener un aspecto menos atractivo.

4. Cuando las papas se enfríen, agregue el aceite de oliva y el cebollino y mezcle suavemente para que las papas queden bien cubiertas. Sazone la ensalada con sal y pimienta al gusto, y revuelva de nuevo. Corte los huevos en 4 y sirva sobre las papas con el pimiento rojo picado en caso de utilizar. Sirva a temperatura ambiente o refrigere antes de servir.

Ensalada de remolacha y manzana verde

Durante nuestro viaje a Argentina, mi anfitriona María Grande (a quien llamamos así para evitar la confusión con su hija María Chiquita), me pidió que improvisara una ensalada para el asado de Año Nuevo. Le pregunté si le faltaba algo, pues su casa estaba en los suburbios y la mayoría de los negocios ya habían cerrado. Inspirada en las fabulosas ensaladas que habíamos disfrutado en varias casas y restaurantes para acompañar los asados, inventé esta ensalada de aspecto festivo, que les causó una gran impresión a los invitados y vecinos de María. Es una combinación agradable del sabor dulce y terroso de la remolacha, y lo ácido y crujiente de la manzana verde, y se ha convertido en una ensalada que es tan bien recibida en los asados familiares como en la cena de Navidad. Dejaré que usted elija el evento ideal para servir esta ensalada.

RINDE 8 A 10 PORCIONES • TIEMPO DE PREPARACIÓN: 20 MINUTOS • TIEMPO DE COCCIÓN: 15 MINUTOS

8 remolachas medianas (2 libras aprox.), peladas, en mitades, y cortadas en cascos de ½ pulgada (5 tazas aprox.)
1 cucharada de vinagre de vino blanco
3 manzanas Granny Smith, partidas en cuatro, sin el corazón y cortadas en cascos de ¼ de pulgada (2½ tazas aprox.)

2 cucharadas de aceite de oliva extra virgen
1 cucharada de jugo de limón fresco
Sal marina o kosher y pimienta fresca molida (preferiblemente blanca)

1. Coloque las remolachas en una olla grande y cubra bien con agua fría y salada. Hierva y luego reduzca a fuego lento. Cocine hasta que estén tiernas al contacto con un cuchillo de cocina, de 10 a 12 minutos. Escurra, rocíe el vinagre y sirva en un plato grande. Deje enfriar y luego refrigere.

2. Mezcle las manzanas, el aceite de oliva y el jugo de limón en un recipiente. Agregue las remolachas. Sazone con sal y pimienta (puede preparar la ensalada con 2 horas de anticipación y mantener a temperatura ambiente. No se preocupe si la remolacha colorea los otros ingredientes).

VARIACIÓN:

ENSALADA DE REMOLACHA CON ADEREZO DE RÁBANO: Omita las manzanas, el aceite de oliva y el jugo de limón. Cocine y sazone las remolachas siguiendo el primer paso. Agregue ½ taza de crema agria y 2 cucharaditas de rábano picante embotellado a las remolachas frías. Sazone con sal y pimienta al gusto, y si quiere, adorne con ¼ de taza de cebollino fresco finamente picado.

Ensalada de maíz dulce, habas e hinojo

Me encantan las habas y me dio mucha alegría verlas en todas partes durante nuestro viaje a Perú; simplemente hervidas como plato de acompañamiento, mezcladas con arroz o preparadas en una sopa elegante. Esta es mi versión de los productos básicos suramericanos como el maíz y las habas, y debo agregar que no he encontrado nada parecido en mis viajes. Sin embargo, sé que su sabor fresco y dulce hace que sea un acompañamiento ideal en cualquier asado.

RINDE 12 PORCIONES. TIEMPO DE PREPARACIÓN: 1 HORA
(INCLUIDO EL TIEMPO DE COCCIÓN DEL MAÍZ Y LAS HABAS)

10 mazorcas de maíz, sin la cáscara ni las hebras

1½ tazas de habas sin vaina, blanqueadas y peladas (1½ tazas aprox.; ver Nota)

½ bulbo de hinojo grande, sin la cobertura exterior ni el corazón, partido a la mitad y luego cortado en dados de ¼ de pulgada (½ taza aprox.), más

2 cucharadas de hojas de hinojo picadas

¼ taza de aceite de oliva extra virgen

Sal marina o kosher y pimienta fresca molida

1. Hierva agua con sal en una olla grande. Agregue el maíz y cocine hasta que esté tierno y firme, por 5 minutos aprox. Escurra y deje reposar hasta que pueda manipularlos. Desgrane el maíz y descarte las mazorcas.

2. Mezcle el maíz, las habas, el hinojo, las hojas y el aceite de oliva en un recipiente hasta que los vegetales estén cubiertos con el aceite. Sazone con sal y pimienta al gusto. Sirva de inmediato, o deje reposar hasta una ahora a temperatura ambiente.

NOTA: Para preparar las habas, retíreles la vaina, el tallo y la vena que tienen en la parte inferior. Así podrá abrir fácilmente la vaina con sus dedos. (En caso contrario, retire con un cuchillo.) Saque las habas. Debe retirar su piel, que puede ser muy delgada o muy gruesa, antes de consumirlas. Será mucho más fácil hacerlo si las blanquea primero: Introduzca en una olla grande con agua hirviendo y cocine hasta que adquieran un color verde brillante (podrá ver las habas a través de la piel) y escurra en un colador, de 2 a 3 minutos. Lave bien con agua fría y escurra de nuevo. Utilice el dedo pulgar para abrir el punto oscuro en la piel que encuentre en cada extremo de las habas, y simplemente apriete para sacarlas.

VARIACIÓN: Si no encuentra habas, puede reemplazarlas con arvejas frescas, blanqueadas ligeramente en agua hirviendo con sal. También puede reemplazar con frijoles de soya (edamame) frescos o congelados, cocinados sin la vaina.

Ensalada de arroz argentina

Me sorprendió mucho saber que el arroz no es la harina más común en Argentina, como sí lo es en casi toda América Latina. El gran número de inmigrantes italianos y alemanes tuvieron una influencia enorme en la cocina argentina, haciendo que el arroz fuera reemplazado por la pasta y las papas. Así que fue interesante probar esta ensalada de arroz a temperatura ambiente, repleta de vegetales deliciosos. Es una ensalada perfecta para picnics, pues no tiene mayonesa ni productos lácteos, y es tan liviana y refrescante como sabrosa. También es una forma maravillosa para desocupar el refrigerador de vegetales restantes. Está es mi versión favorita, y espero que le inspire a descubrir la suya.

RINDE 12 PORCIONES • TIEMPO DE PREPARACIÓN: 30 MINUTOS • TIEMPO DE COCCIÓN: 30 MINUTOS (MÁS EL TIEMPO DE COCCIÓN Y ENFRIAMIENTO DEL ARROZ)

Arroz básico blanco (página 159)

2 zanahorias medianas, peladas y cortadas en dados de ¼ de pulgada (1 taza)

Sal marina o kosher

5 cucharadas de aceite de oliva extra virgen

1 cucharada de vinagre de vino tinto

½ cucharadita de orégano seco

Pimienta fresca molida

1 mazorca de maíz, sin hojas ni hebras, y desgranada

1 taza de arvejas baby, frescas o descongeladas

2 tallos de apio, cortados en dados de ¼ de pulgada (1 taza aprox.)

1 pimiento rojo sin corazón ni semillas, cortado en dados de ¼ de pulgada (1¼ tazas aprox.)

1 cebolla roja pequeña, cortada en rebanadas delgadas (1¼ tazas aprox.)

Cáscara finamente rallada de un limón amarillo

1. Prepare el arroz y deje enfriar a temperatura ambiente.

2. Mientras tanto, coloque las zanahorias en una olla mediana con agua fría, sal al gusto y hierva a fuego alto. Cocine hasta que estén ligeramente tiernas, por 2 minutos aprox. Retire las zanahorias con una espumadera de alambre o convencional (ver página 154). Deje escurrir bien y vierta en un plato grande. Agregue 2 cucharadas de aceite de oliva, el vinagre de vino tinto, el orégano y la sal y pimienta al gusto. Revuelva bien y deje enfriar a un lado.

3. Blanquee el maíz y las arvejas por separado en agua hirviendo hasta que estén tiernos: 3 minutos aprox. para el maíz, y 4 para las arvejas (1 minuto si están congeladas). Agregue a las zanahorias.

4. Añada el apio, el pimiento y la cebolla al plato con el arroz frío, las zanahorias, el maíz y las arvejas. Agregue la cáscara de limón y el aceite de oliva restante, y mezcle bien. Sirva tibio, o deje reposar a temperatura ambiente hasta 2 horas. Rectifique la sazón antes de servir.

De izquierda a derecha: Churrasco (página 90), Ensalada de maíz dulce, habas e hinojo (página 109); Ensalada de arroz argentina; Chimichurri (página 104); y Ensalada rusa (página 53).

Ensalada boricua (ver foto, página 96)

Esta es una receta que me pasó Jason Perlow, mi "judeoricua" preferido, quien es un gourmet consumado y el hombre detrás del blog Off the Broiler (www.offthebroiler.wordpress.com). Cuando Jason empezó a consumir más verduras y frutas, combinó su amor por los sabores latinos con una gran variedad de ensaladas. Inventó una tipo "slaw" semejante a ésta, para complementar una pechuga de pavo de su preparación, con una sazón semejantes al "Pavochón" de la página 269, sólo que no asada, sino ahumada. Esta ensalada resultó ser el acompañamiento perfecto para el pavo, pero puede servirse con cualquier plato a la parrilla, desde perros calientes y hamburguesas hasta un cerdo entero. ¡Ah!, otra cosa: Si puede, prepárela cuando haga los Tacos de cerdo desmechados de la página 208, y sirva la ensalada en la mesa para que los invitados le agreguen un poco. Los contrastes de sabor, textura y temperatura son contundentes.

RINDE 12 PORCIONES • TIEMPO DE PREPARACIÓN: 20 MINUTOS (MÁS 1½ A 2 HORAS DE REPOSO)

½ col morada pequeña (4 libras aprox.)

1 libra de zanahorias, peladas y cortadas en pedazos gruesos (3½ tazas aprox.)

½ taza de vinagre de sidra

2 cucharaditas de sal fina marina o kosher

½ taza de cilantro fresco picado

2 cebollanas, sin las puntas y en rodajas delgadas (¼ de taza aprox.)

Vinagre (página 308)

1. Retire las hojas marchitas del repollo. Corte en 2 partes por el corazón, y reserve una mitad para utilizar posteriormente. Corte el pedazo por la mitad y retire el corazón. Luego corte en diagonal, en tiras de ¼ de pulgada de grosor. Tendrá 12 tazas aprox.

2. Vierta el repollo y las zanahorias en un recipiente grande. Rocíe el vinagre y la sal y revuelva. Deje reposar hasta que el repollo esté blando, 1½ horas aprox. Añada el cilantro, la cebollana y vinagre al gusto. Sirva de inmediato, o deje reposar 30 minutos a temperatura ambiente.

Ensalada de repollo Napa

Siempre me fascina el hecho de que cuando viajo —sin importar a cuál país— tarde o temprano percibo la influencia que los inmigrantes han tenido en su cocina. La gastronomía del Perú, por ejemplo, tiene mucha influencia asiática, especialmente japonesa y china. Durante una cena muy elegante en el restaurante Monasterio, de Cuzco, me sirvieron un delicioso pejerrey a la plancha, en una cama de col Napa encurtida y caliente, y las "campanas de Daisy" sonaron, pues se parecía a las ensaladas japonesas que he aprendido a amar, e incluso al kim chee coreano. Cuando llegué a casa, recreé esta receta basada en los sabores memorables de aquella cena en el Perú. Me gusta preparar la col desde el día anterior y dejarla en bolsas plásticas. Así, puedo aderezarla una hora antes de servirla y dejarla de nuevo en el refrigerador para que esté bien fría y refrescante. ¡Nunca sobra nada!

RINDE 14 TAZAS APROX. (12 PORCIONES) • TIEMPO DE
PREPARACIÓN: 20 MINUTOS (MÁS 1 HORA DE REPOSO)

1 repollo Napa (3 libras aprox.)
1 taza de cilantro fresco picado
¼ a ⅓ taza de aceite de ajonjolí tostado
Jugo de 2 limones amarillos
Jugo de 1 limón verde

Sal marina o kosher y pimienta fresca
molida (preferiblemente blanca)
1 chile jalapeño (u otro de su elección;
ver página 314), finamente picado
(opcional)

1. Retire las hojas marchitas o descoloridas del repollo. Corte en tiras delgadas, en sentido diagonal. Corte el repollo por la mitad a lo largo y retire el corazón para partir con mayor facilidad. Tendrá 20 tazas aprox.

2. Vierta el repollo picado y el cilantro en una fuente grande. Puede preparar el repollo y el cilantro un día antes, pero aderece la ensalada sólo una hora antes de servir.

3. Mezcle ¼ de taza de aceite de ajonjolí, el jugo de los limones, la sal y la pimienta al gusto, y el chile en caso de utilizar, en un recipiente pequeño hasta que la sal se disuelva. Pruebe y agregue más aceite si desea. Vierta el aderezo sobre el repollo y revuelva para cubrir bien. Refrigere una hora, revolviendo ocasionalmente. Sirva fría.

Ensalada de vegetales asados ∽ ESCALIVADA

(ver foto, página 43)

Los vegetales asados siempre son un éxito, pero en España alcanzan niveles artísticos, tal como descubrimos durante nuestro viaje a Barcelona. En un día de diciembre inusualmente cálido, visitamos el puerto de Barcelona y cenamos *fideuá,* una especie de paella de fideos, chipirones (calamares pequeños fritos) y un plato grande y sumamente hermoso de esta ensalada de vegetales asados. Aderezado sólo con el fragante aceite de oliva extra virgen de origen español y un chorrito de limón, fue la perfección en un plato. (Mi versión lleva vinagre de jerez, pero siéntase libre de reemplazarlo por jugo de limón.) Quisiera tener una foto en la que aparecieran mis hijos comiendo de ese plato una y otra vez hasta dejarlo completamente vacío. Los vegetales requieren una atención constante mientras están en el asador, pero pueden prepararse mucho antes que el plato principal.

RINDE 12 PORCIONES GENEROSAS • TIEMPO DE PREPARACIÓN: 30 MINUTOS • TIEMPO DE COCCIÓN: 45 MINUTOS

4 zucchinis pequeños (de 5 onzas aprox. cada uno)

2 pimientos rojos grandes y preferiblemente largos (de 8 onzas aprox. cada uno)

1 bulbo grande de hinojo (1¼ libras)

3 cebollas amarillas medianas (de 6 onzas aprox. cada una)

1 cabeza de radicchio (1 libra aprox.)

1 berenjena mediana (1¼ libras aprox.)

¾ taza de aceite de oliva, o la cantidad necesaria

Sal marina o kosher y pimienta fresca molida

2 cucharaditas de vinagre de jerez (o de otro tipo)

1. Para preparar los vegetales: Retire las puntas del zucchini y corte cada uno a lo largo en rodajas (de ⅓ de grosor de pulgada aprox.). Retire las puntas de los pimientos rojos y corte a lo largo y por la mitad. Retire y descarte el corazón y las semillas, dejando intactas las 2 mitades. Corte las puntas del bulbo de hinojo, así como la raíz y la parte inferior, y luego parta en cascos de ½ pulgada de grosor hasta el corazón. Pele las cebollas y deje las raíces intactas (para que no se desprendan unidas mientras se asan) y corte en cuartos a través del corazón. Corte el radicchio en 8 cascos a través del corazón. Corte los extremos de la berenjena y parta en rodajas de 1 pulgada.

2. Coloque todos los vegetales en una fuente bien grande (debería sobrar espacio para los vegetales; en caso contrario, hágalo por tandas). Vierta ½ taza del aceite de oliva sobre los vegetales, sazone generosamente con sal y pimienta y revuelva hasta cubrir bien. Agregue más aceite en caso de ser necesario.

3. Si utiliza un asador de gas, caliente un lado a fuego alto y otro a fuego medio bajo. Si utiliza un asador de carbón, encienda y luego coloque los carbones a los lados (atícelos para que la capa de carbones sea más gruesa en un lado que en el otro). Ase los vegetales más duros, como la cebolla y el hinojo a fuego medio bajo (o en la capa más delgada de carbón). Coloque los vegetales de densidad mediana como la berenjena y el radicchio en el centro a fuego moderado; y los vegetales delicados como el pimiento rojo y el zucchini a fuego alto (o coloque en la capa más gruesa de carbón). Es difícil calcular tiempos exactos, pero los pimientos rojos y el zucchini estarán listos en 10 minutos aprox.; la piel de los pimientos deberá estar negra, y el zucchini muy tierno, bien dorado, e incluso carbonizado en algunas partes por ambos lados. Las cebollas y el hinojo tardarán más tiempo —30 minutos aprox.— y deberán estar tiernos y crujientes en el centro, y carbonizados en algunas partes de la superficie. Deles vuelta a los vegetales ocasionalmente mientras los cocina (ver Consejos). Si uno de los vegetales comienza a carbonizarse antes de ablandarse, pase a una parte menos caliente de la parrilla. Cuando estén listos, coloque los vegetales en un plato (puede asarlos con varias horas de anticipación antes de servirlos. Cubra y mantenga a temperatura ambiente).

4. Poco antes de servir, mezcle ¼ de la taza restante de aceite de oliva y el vinagre de jerez en un recipiente pequeño. Sazone generosamente con sal y pimienta y vierta sobre los vegetales.

CONSEJOS: Deles vuelta a los vegetales ocasionalmente mientras los asa. De ese modo se cocinarán y dorarán de manera uniforme. Si les da vuelta con mucha frecuencia, no lo harán de manera uniforme.

Tendrá una gran cantidad de vegetales, así que siéntase libre de omitir algunos o consumir en menores cantidades.

Limonada mexicana

Bien sea que estén en el altiplano de México durante las vacaciones de verano o en su propio patio trasero, no hay nada que supere a esta bebida ácida y ligeramente dulce que calma la sed.

RINDE 4 TAZAS APROX. (8 PORCIONES) • TIEMPO DE PREPARACIÓN: 10 MINUTOS

1 taza de jugo de limón verde fresco
(7 limones aprox.)
1 taza de azúcar en polvo
½ cucharadita de extracto de vainilla

Tres botellas de 750 ml, o dos botellas
de agua mineral con gas o seltzer,
de 1 cuarto de galón, heladas
Rodajas de limón verde (opcional)

1. Mezcle el jugo de limón, el azúcar, la vainilla y ½ taza de agua en una jarra grande hasta disolver el azúcar. Enfríe bien. Esto lo puede preparar varias horas antes de servir.
2. Vierta el agua con gas a la mezcla antes de servir. Sirva sobre hielo, con una rodaja de limón en cada vaso si prefiere.

Michelada

Esta versión fuerte de cerveza proviene de Carolina Peñafiel, quien probó algo parecido en un viaje a México. El sabor ahumado de la salsa de chipotle, la acidez del limón, y el toque único de la salsa inglesa hacen de ésta una bebida increíblemente refrescante. Es probable no quedar seducidos al primer trago, tal como me pasó a mí, pero puedo garantizar que no han probado nada como esto. Las cantidades que aparecen aquí son sólo una sugerencia. Siéntanse libres de adaptar a su gusto personal.

RINDE 1 BEBIDA

Jugo de ½ limón verde
½ cucharadita de salsa de chipotle
Un chorro generoso de salsa inglesa

Una botella de cerveza liviana de 12 onzas
(recomiendo Corona)

Vierta el jugo de limón, la salsa de chipotle y la inglesa en un vaso alto. Llene hasta la mitad con hielo y sirva la cerveza lentamente. Luego busque una hamaca.

Atardecer boricua de mango y maracuyá ✍

PANNA COTTA CON SALSA DE FRAMBUESA

Antes de que Cristóbal Colón visitara la isla de Puerto Rico en 1492, e incluso antes de que se llamara Puerto Rico, las islas estaban pobladas por indios arahuacos, originarios del valle del Orinoco en Suramérica. Los indígenas que se establecieron en la isla de Puerto Rico se denominaban "taínos", que significa "nobles" o "buenos". Borinken, el nombre de la isla, significa "Gran Tierra del Señor Noble y Valiente". El nombre "Borinken", aunque no fue utilizado por los colonizadores españoles, prevaleció, al igual que otras palabras de la lengua taína como tabaco, hamaca, huracán, y mi favorita, barbacoa.

Cuando mis hijos estaban pequeños, les encantaba escuchar mis historias cuando yo visitaba a mi abuela Clotilde en Puerto Rico durante el verano, y especialmente cuando les contaba que mis primos y yo subíamos al techo de la casa para agarrar mangos y aguacates del tamaño de balones de fútbol. Hace pocos años viajé con mi familia a Puerto Rico, y una noche estaba bebiendo un agradable cóctel de maracuyá en la playa de Río Mar, mirando a mis hijos jugar en el agua mientras el sol se ocultaba. El cielo parecía arder en llamas, y era tan hermoso que me dejó sin aliento. Le tomé la mano a Jerry y sentí una felicidad delirante. Cuando regresé a casa, apareció esta receta en mi mente, como parte de una cena romántica. Sus colores me recordaron el atardecer de aquel día absolutamente feliz. Sobra decir que Jerry entendió a la perfección.

RINDE 8 PORCIONES • TIEMPO DE PREPARACIÓN: 20 MINUTOS (MÁS 4 A 24 HORAS PARA ENFRIAR)

PARA LA PANNA COTTA	PARA LA SALSA DE FRAMBUESA
½ taza de azúcar	(Rinde 1 taza aprox.)
1 cucharada de gelatina en polvo	1 bolsa de frambuesas congeladas de
1½ tazas de puré de mango (ver Nota, página 121)	10 onzas
½ taza de puré de maracuyá (ver Nota, página 121)	2 a 3 cucharadas de azúcar
2 tazas de crema doble	Jugo de ½ limón verde, o al gusto

1. Para la panna cotta: Caliente ¾ de taza de agua y el azúcar en una olla pequeña a fuego medio, revolviendo hasta que el azúcar se disuelva y el sirope esté hirviendo. Retire del fuego.

2. Vierta la gelatina en ¼ de taza de agua fría en un recipiente pequeño. Deje reposar y agregue al sirope hasta que la gelatina se disuelva por completo. Enfríe a temperatura ambiente.

3. Mezcle el puré de mango, el de maracuyá y la crema doble en un recipiente grande. Añada la gelatina y mezcle bien. Sirva en 8 moldes de 6 onzas. Coloque los moldes en una bandeja, cubra con papel plástico y enfríe hasta que la gelatina esté completa firme, por un mínimo de 4 horas. Puede preparar la panna cotta hasta un día antes.

4. Para la salsa: Caliente las frambuesas, azúcar al gusto y ¼ de taza de agua en una olla pequeña y revuelva hasta que la mezcla esté caliente y el azúcar se haya disuelto. Pase la mezcla por un colador fino y vierta en un recipiente pequeño, presionando la fruta con la cuchara para que pase la mayor cantidad de salsa y la pulpa de las semillas queden en el colador. Agregue jugo de limón al gusto. Deje enfriar y refrigere antes de servir.

5. Para servir, invierta cada molde en un plato para postre. Espere unos segundos y verá que la panna cotta se deslizará en el plato. Agregue un poco de salsa de frambuesa alrededor y pase la salsa restante a otro plato.

Tarta de maracuyá con bayas frescas

No soy una persona de dulces, pero sí me gusta probarlos. Sin embargo, sé que a algunas de las personas más cercanas a mí les encantan los dulces. Y sé que usted puede defenderse con unas pocas recetas confiables que tenga a mano. La *pâte à choux* y los *éclairs* son un buen comienzo. Esta tarta dulce es otro. Una vez la horneé sin ningún relleno, pero puede hacerse con crema de repostería (¡otra adición simple y versátil a su repertorio de postres!), acompañada con prácticamente cualquier tipo de frutas, chocolates o nueces que pueda imaginar. Agregue frutas que luzcan vistosas con el relleno, y tendrá excelentes postres preparados.

Esta tarta está inspirada en un mousse de maracuyá que probé en Social Paraíso, un restaurante de Buenos Aires donde disfruté de un almuerzo increíble en el patio del restaurante, en un fabuloso día de verano, en pleno diciembre.

RINDE 8 PORCIONES • TIEMPO DE PREPARACIÓN: 45 MINUTOS (MÁS TIEMPO DE ENFRIAMIENTO DE LA CREMA) • TIEMPO DE COCCIÓN: 45 MINUTOS

PARA LA MASA
1³/₄ tazas de harina
2 cucharadas de azúcar
Una pizca de sal
7 cucharadas de mantequilla sin sal
1 huevo extra grande, batido con una cucharada de agua helada

PARA LA CREMA
2¹/₄ tazas de leche
1 cucharadita de extracto de vainilla
Una pizca de sal
¹/₄ taza de azúcar

2 cucharadas de harina
2 cucharadas de maicena
2 yemas de huevos extra grandes
2 cucharadas de puré de maracuyá (ver Nota)

PARA LA COBERTURA:
1 pinta de arándanos azules
1 pinta de fresas, sin el cabito y cortadas a lo largo en mitades
¹/₂ pinta de frambuesas
2 cucharadas de jalea de frambuesas sin semillas

1. Para la masa: Vierta la harina, el azúcar y la sal en un procesador de alimentos. Agregue la mantequilla y pulse hasta que la mezcla se vea cremosa y no tenga pedazos grandes de mantequilla. Agregue la mezcla de huevo y el agua helada y procese hasta que la masa deje de adherirse a las paredes del procesador y esté suave. Amase en forma de disco, cubra con papel plástico y refrigere por un mínimo de 30 minutos, o hasta un día.

2. Para la crema: Caliente la leche, la vainilla y la sal en una olla mediana a fuego medio bajo, hasta que aparezcan burbujas por los bordes. Retire del fuego.

3. Mientras tanto, bata el azúcar, la harina, la maicena y las yemas de huevo en un recipiente mediano hasta que la mezcla esté suave. Añada ½ taza aprox. de la mezcla de leche caliente a la harina y bata constantemente. Vierta la mezcla de harina a la olla y cocine revolviendo constantemente, especialmente por los bordes, hasta que la mezcla esté espesa y aparezcan las primeras burbujas en la superficie. Retire inmediatamente del fuego y pase a un recipiente limpio. Añada el puré de maracuyá. Cubra con papel plástico, presione directamente sobre la superficie de la crema y enfríe a temperatura ambiente. Refrigere bien (puede preparar la crema con 2 días de anticipación).

4. Precaliente el horno a 375°F.

5. Vierta un poco de harina en una superficie de trabajo y extienda la masa en un círculo de 12 pulgadas de diámetro. Amase la masa alrededor del rodillo y deposite en una fuente corrugada de 9½ × 12 pulgadas con fondo removible. Coloque suavemente la masa en la fuente y presione suavemente hacia los lados para mantenerla en su lugar. Corte los bordes que sobran amasando el borde con el rodillo. Pinche el fondo de la masa con los dientes de un tenedor. Cubra la masa con papel aluminio y coloque pesas para tarta, frijoles secos o arroz encima.

6. Coloque en una fuente para hornear y hornee hasta que los bordes superiores comiencen a doblarse, por 20 minutos aprox. Retire el papel aluminio y las pesas y cocine hasta que la cobertura comience a desprenderse de los lados de la fuente corrugada y esté ligeramente dorada en el fondo, de 5 a 10 minutos. Retire del horno y enfríe por completo.

7. Para armar la tarta, lave las bayas con agua fría y seque bien. Vierta la crema helada en la cobertura y esparza hasta formar una capa uniforme. Coloque las bayas encima como desee. (Esparza las bayas que sobren en cada porción de la tarta cuando vaya a servir.)

8. Caliente la jalea y 2 cucharadas de agua en una olla pequeña, revolviendo hasta que la mezcla esté líquida y completamente diluida. Tamice el glaseado y vierta sobre las bayas. La tarta debe servirse dentro de las 2 horas siguientes a partir de su preparación, para que la masa del fondo no se humedezca.

NOTA: Goya (y otras compañías) tienen puré de maracuyá que se encuentra en la sección de las frutas congeladas en muchos supermercados. Descongele desde la noche anterior en el refrigerador o en un recipiente con agua helada. Otra opción es la línea de excelentes purés de fruta de The Perfect Puree of Napa Valley. Puede pedir el puré en línea en www.perfectpuree.com.

Tocino del cielo

¿Queda algo por decir sobre un postre con semejante nombre? (También llamado "manteca del cielo", dependiendo del lugar de habla hispana donde nos encontremos.) En nuestro viaje a España, mi hijo David siempre pedía este "tocino" cuando estaba en el menú. La textura de este postre es como una nube. Cuando lo comimos en España, lo trajeron servido en un pequeño pedazo de papel para muffin con las esquinas cuadradas, pero no creo que nadie se oponga a que lo sirva en papeles redondos.

RINDE 16 PORCIONES PEQUEÑAS • TIEMPO DE PREPARACIÓN: 30 MINUTOS (INCLUIDA LA PREPARACIÓN DEL CARAMELO) • TIEMPO DE COCCIÓN: 50 MINUTOS (MÁS 2 A 24 HORAS PARA ENFRIAR)

PARA EL SIROPE

1¼ tazas de azúcar

Cáscara de 1 naranja, retirada con un pelador de vegetales

1 barra de canela

PARA EL CARAMELO

1¼ tazas de azúcar

PARA LA CREMA

3 huevos extra grandes

8 yemas de huevos extra grandes

1 cucharadita de extracto de vainilla

1. Para preparar el sirope: Caliente el azúcar y ½ taza de agua en una olla mediana a fuego medio hasta que el azúcar se disuelva. Agregue la cáscara de naranja y la canela. Introduzca un termómetro para freír o para dulces en el sirope y reduzca a fuego lento, hasta que la temperatura marque 234°F; esto puede tardar entre 10 y 15 minutos. Retire el sirope del fuego y deje enfriar a temperatura ambiente.

2. Mientras tanto, prepare el caramelo con 1¼ tazas de azúcar y ¼ de taza de agua (ver Caramelicioso, página 124), y vierta en el fondo y en las paredes de un molde de vidrio para hornear de 9 pulgadas.

3. Precaliente el horno a 350°F.

4. Cuando el sirope esté frío, prepare el flan: Bata los huevos, las yemas y la vainilla en un recipiente hasta que todo esté suave. Vierta el sirope a la mezcla de huevo y revuelva constantemente.

5. Vierta el flan en el recipiente con el caramelo. Saque la rejilla del horno y coloque una fuente para hornear en ella. Coloque la fuente encima y vierta agua hasta la mitad de la fuente. Hornee hasta que el centro del flan esté ligeramente firme —deberá moverse un poco si mueve el

(continúa)

recipiente con suavidad— por 50 minutos aprox. Enfríe por completo y refrigere un mínimo de 2 horas, o hasta un día, antes de servir.

6. Para servir, pase un cuchillo de mesa por los bordes del flan. Coloque un plato grande para servir sobre la fuente, e invierta con un movimiento rápido. Espere un segundo y el flan pasará fácilmente. (Mientras más lo enfríe, con mayor facilidad saldrá del molde.) Corte en 16 porciones cuadradas y sirva si prefiere en pequeños papeles para muffins. Sirva poca cantidad, ya que es un postre fuerte.

Caramelicioso

El caramelo es un verdadero desafío para cualquier cocinero. Incluso yo, que he preparado un par de flanes en mi vida, me desorienté un poco, pues no sabía por qué se estaba cristalizando el azúcar. Para corregir esto, descubrí el método siguiente, que me ha funcionado siempre. Hay dos diferencias grandes entre este método y el tradicional: la primera es que utilizo una sartén ancha en vez de una olla y comienzo con mucha más agua de lo normal. Esto hace que no sea necesario lidiar con el sirope ni lavar la olla con cepillo y agua (tal como aparece en casi todas las recetas de caramelo), y la gran cantidad de agua garantiza que el azúcar estará completamente batido antes de adquirir color. Espero que este método simple anime a quienes no creían poder hacer caramelo a que lo intenten. Les abrirá la puerta a todo tipo de postres sencillos, desde flanes, hasta el absolutamente delicioso "Tocino del cielo", que aparece en la página 123.

Prepárese antes de hacer el caramelo: Tenga lista la fuente para hornear o cualquier otro implemento necesario para la receta, y un par de guantes gruesos de cocina. Vierta el azúcar en el centro de una sartén grande y pesada. Agregue el agua alrededor del azúcar y caliente a fuego medio. Mueva la sartén hasta disolver por completo el azúcar mientras se calienta el agua. Luego mueva suavemente la sartén, pero sin revolver, hasta que el azúcar comience a adquirir color. Siga cocinando moviendo la sartén ligeramente hasta que el caramelo se cocine de manera uniforme y tenga un color cobrizo. Sirva de inmediato el caramelo en la fuente para hornear. Sujete los bordes de la fuente con los guantes: el caramelo estará sumamente caliente y calentará la fuente de inmediato. Inclínela con cuidado para cubrir el fondo y las paredes laterales hasta que esté bien distribuido y de manera uniforme. Cuando el caramelo comience a enfriarse, se moverá más despacio. Coloque la fuente en una superficie refractaria y tenga cuidado, pues estará caliente durante un buen rato.

Bacalao sellado con lentejas y chorizo (página 226)

La cena es la comida del día que puedo llegar a compartir con mi familia, ya sea que estemos viajando o no. Y si logro abrirle espacio a algunos amigos en la mesa del comedor, pues mientras más personas cenen con nosotros, ¡mejor! La comida de la noche no tiene por qué ser complicada porque, seamos honestos, como una madre que trabaja, no tengo mucho tiempo durante la semana. Pero aquí encontrará algunas recetas realmente deliciosas y sencillas como el Bacalao sellado con lentejas y chorizo o la Tortilla de alchachofas, papa y jamón serrano, que son buenas opciones para una cena de semana.

Cuando me encuentro con el lujo de tener algo de tiempo libre y tengo ganas de sacudir un poco mis ollas y sartenes, preparo varios platillos como las Croquetas de arroz o los tostones fritos dos veces, y sirvo algo divertido para beber… así reúno todos los elementos para una fiesta de cóctel. Las invitaciones a cenar son el momento en el que realmente puedo lucir mis habilidades culinarias, y en esta sección encontrará algunas recetas que le harán agua la boca y le darán ganas de correr a la cocina ¡para lucirse un poco usted también!

NOCHE

CENAS DE SEMANA

Todas las personas que se enfrentan al desafío de servir la cena después de un intenso día de trabajo, lo asumen de un modo diferente. Para algunas, la solución está en las muchas opciones de comida para llevar a casa; para otros, la solución es una olla de sopa enlatada. He criado a cuatro hijos (y he jugado a ser la mamá de sus amigos), y sé que las limitaciones de tiempo son reales. También sé que no voy a sacrificar sabor ni calidad, así que mi enfoque es un poco diferente: Todos los sábados paso un par de horas en la cocina, "depositando" preparaciones esenciales y útiles en el "banco", y luego hago retiros de mi cuenta durante toda la semana. Esas dos horas no son un trabajo para mí; es mi tiempo para relajarme. Generalmente los domingos, los chicos salen a hacer sus cosas. Jerry puede estar con ellos o dormido en el sofá, y yo tengo toda la cocina para mí.

Este enfoque me produce enormes dividendos. Pero déjenme aclarar algo: no tiene que ser el domingo, no tienen que ser dos horas, ni siquiera tiene que ser cada semana. La mayoría de las armas secretas que describo en este capítulo (por ejemplo, el caldo de pollo, el sofrito y el aceite con achiote), pueden refrigerarse al menos un par de días o congelarse por mucho más tiempo. Si ven que algún día tienen una o dos horas libres, ¿por qué no aprovisionarse con estos productos esenciales para una mayor eficiencia en las cenas durante los días de semana por unos quince días? Incluso si tienen media hora libre cada dos semanas, pueden preparar sofrito y aceite con achiote, y llevar así una ventaja.

UNA PUNTADA EN EL TIEMPO: Algo más sobre adelantar la preparación de las cenas durante la semana: En este capítulo y a través del libro, verán el título "Una puntada en el tiempo". Estas sugerencias simples son consejos sobre cómo preparar dos comidas al mismo tiempo. Duplique la cantidad de arroz que sirve con el Pollo estofado con leche de coco y curry, por ejemplo, y convierta las sobras en una versión peruana de Arroz frito (página 68) en sólo 15 minutos para otro día de la semana. Sirva la mitad sobre lechuga iceberg con pollo asado una noche, y vierta el resto en una papa horneada durante la semana.

Domingos en la cocina con Daisy

Ya han oído la expresión, "los almuerzos gratis no existen". Si me lo preguntan, creo que tampoco existen las cenas gratis. El secreto para llevar comidas caseras rápidas y deliciosas a la mesa durante una semana de mucho trabajo está en dedicar un poco —y me refiero a un poco— de su tiempo libre en la cocina para ir absteciéndose.

Un típico domingo podría ser así:

1. Saque a todos de la cocina. Ponga música de Willie Colón.

2. Llene una olla con Caldo de pollo (página 303) y caliente el horno a 375 °F.

3. Ase 4 cabezas de ajo (página 309) mientras hierve el caldo, luego prepare Aceite con achiote (página 306) para toda la semana: se conserva muy bien a temperatura ambiente.

4. Cuando le haya quitado la grasa al caldo y el ajo se esté asando, puede pasar casi una hora sin prestarle atención. Saque una olla de frijoles; pueden ser negros o los que prefiera, y prepare una sopa para consumir durante la semana. (¡Aquí es cuando mi método de cocinar los frijoles sin remojarlos se hace práctico!) Luego, recaliente los frijoles un día después o dentro de los tres siguientes, y tendrá un plato de acompañamiento. O la posibilidad de convertir el Arroz amarillo (página 157) en una comida y para hacer una tanda de Frijoles "refritos" nuevo estilo (página 162).

5. Esta es mi tabla de salvación mientras los frijoles y el caldo se están cocinando (y no la encontrarán en *Quién quiere ser millonario*): Sofrito (página 305). En 15 minutos puedo tener ocho bolsas con una taza de sofrito en cada una guardadas en el congelador. Sirve para realzar una olla grande de arroz amarillo, darle un toque agradable al pollo al curry o incluso "daisificar" una tanda de espaguetis con albóndigas.

6. El ajo se está enfriando, los frijoles están casi listos y el caldo de pollo está a punto de ser pasado por el colador. El pollo desmechado que enriqueció el caldo es otro atajo, listo para incorporar al caldo, para un adelanto en la Sopa mexicana de pollo y limón (página 213), o para tener una buena cantidad de Arroz con pollo (página 270), un Ají de gallina (página 273) o una tanda de Croquetas (página 198).

¿No le parece estupendo?

Aguacate relleno con ensalada de cangrejo y mango

Esta llamativa ensalada rematada con cebolla roja y chile, es una entrada fresca para una cena de semana. Acompañe con algo simple como los Gandules con coco (página 163) y arroz blanco normal. Les hago una pequeña confesión: Cuando mis hijos estaban pequeños y yo necesitaba que mi mamá los cuidara, ésta receta era el truco para hacer que ella viniera; contiene los ingredientes favoritos en un solo plato: aguacate mantequilloso, mango jugoso y ácido y cangrejo dulce.

RINDE: 6 PORCIONES • TIEMPO DE PREPARACIÓN: 25 MINUTOS

1 limón verde, cortado por la mitad

2 cucharadas de aceite de oliva

2 cucharadas de cilantro picado

½ mango, pelado y cortado en dados de ¼ de pulgada (1 taza aprox.)

⅓ taza de pimiento rojo en dados (¼ de pulgada)

⅓ taza de cebolla roja en dados (¼ de pulgada)

½ jalapeño, sin el tallo y cortado en dados pequeños (2 cucharadas aprox.)

½ libra de carne de cangrejo jumbo en trozos

3 aguacates Hass

Sal marina o kosher y pimienta fresca molida

1. Exprima el jugo de medio limón en un tazón. Añada el aceite de oliva y el cilantro y mezcle bien. Agregue el mango, el pimiento, la cebolla, el jalapeño y mezcle bien. Añada suavemente la carne de cangrejo para evitar que se parta. Reserve a un lado mientras prepara los aguacates.

2. Corte los aguacates por la mitad y retire la pepa. Exprima el otro medio limón sobre el aguacate para evitar que se ponga negro.

3. Sazone la ensalada de cangrejo con sal y pimienta al gusto y sírvala en los aguacates, dividiendo en partes iguales (si prefiere, utilice una cuchara de helado para servir porciones iguales y proporcionadas). Sirva de inmediato.

CONSEJO: Corte una rebanada finísima en la parte redonda de la cáscara del aguacate antes de rellenarlos para evitar que el aguacate resbale en el plato. La superficie plana los mantendrá firmes sobre el plato.

Ensalada simple con aderezo español de queso azul

Cuando la gente piensa en queso azul y español, generalmente piensan en el queso Cabrales. No tengo nada contra este queso, pero si ven queso Valdeón en sus viajes, no lo vayan a dejar pasar. Valdeón es un maravilloso queso azul veteado de España, elaborado con leche de cabra y de vaca. Lo envuelven en hojas (de sicomoro o de castaño) antes de añejarse, lo que le da un aroma herboso y terroso.

RINDE: 6 PORCIONES • TIEMPO DE PREPARACIÓN: 15 MINUTOS

PARA EL ADEREZO (RINDE 2¼ TAZAS)

1 taza de crema mexicana o agria

¾ taza de mayonesa comprada

Jugo de 1 limón verde

½ taza de cebollino picado

1 taza de queso Valdeón en trocitos

Una pizca de pimienta de cayena

Sal marina o kosher y pimienta fresca molida

1 lechuga iceberg grande, o 2 corazones de lechuga romana cortada en anillos (ver Nota)

1. Bata la crema, la mayonesa y el jugo de limón en un tazón mediano. Añada el cebollino y el queso. Aderece con cayena, sal y pimienta al gusto. Puede preparar el aderezo con 2 días de anticipación. Cubra con plástico de cocina y refrigere. Retire del refrigerador 30 minutos antes de servir.

2. Si está utilizando iceberg, retire las hojas marchitas u oscuras. Sostenga la lechuga con el corazón hacia abajo, y golpee suavemente contra el mostrador. Así, el corazón se aflojará y será fácil de retirar. Corte la cabeza en 6 cascos más o menos iguales. Si utiliza lechuga romana, retire las hojas marchitas de la parte exterior, y corte cada cabeza en 3 cascos por el corazón.

3. Sirva cada porción de lechuga en un plato y rocíe un poco de aderezo en cada uno. Pase el aderezo restante en otro plato.

NOTA: Para hacer anillos de lechuga romana, retire las hojas marchitas u oscuras. Mantenga las cabezas intactas, aparte las hojas con suavidad y lave con agua fría. Sacuda toda el agua que pueda. Comience a unas 2 pulgadas del corazón, y amarre la lechuga cada 2 pulgadas con cordel de cocina. Corte la lechuga en diagonal entre la cuerda, en dos círculos de 2 pulgadas. Coloque con un lado hacia abajo en el plato y retire el cordel con suavidad. Es probable que algunos de ustedes no puedan hacer esto para una noche de semana, pero recuerden que es una manera simple de decorar su próxima ensalada.

Sopa de calabaza y frijoles blancos

Puedo agradecerle a mi madre por la inspiración para esta sopa, que básicamente es su receta para los frijoles blancos con calabaza, cocinados con un poco de caldo y reforzados con pequeños pedazos de pasta. Si lo prefiere, puede adornar la suya con arroz o con fideos de huevo. Esta es una entrada muy agradable en tiempo frío, pero también puede ser un plato principal, especialmente si se prepara con menos caldo para una sopa aún más espesa. Y si tiene sobras de pollo, cerdo o carne de res cocinada en el refrigerador, parta en tiras y agregue hasta que esté caliente. Una nota: Este no es el momento para un caldo flojo comprado en el supermercado. Es necesario un caldo con un poco de fuerza. Por favor hágalo en casa o utilice mi método rápido para mejorar el caldo empacado.

RINDE 6 PORCIONES • TIEMPO DE PREPARACIÓN: 10 MINUTOS • TIEMPO DE COCCIÓN: 25 MINUTOS

12 tazas de caldo de pollo casero (página 303), o de Caldo de pollo rápido (página 305)

3 tazas de calabaza en dados de ½ pulgada (ver Nota)

2 tazas de pasta ditalini u otra pequeña

Una lata de frijoles blancos de 15½ onzas, escurridos y lavados

Sal marina o kosher y pimienta negra fresca molida

¼ taza de cilantro finamente picado

Vinagre (página 308) para servir

1. Caliente el caldo de pollo en una olla de 5/4 de galón a fuego medio. Agregue la calabaza, siga hirviendo y cocine a fuego lento por 10 minutos aprox., hasta atravesar fácilmente la calabaza con un tenedor.

2. Agregue la pasta y los frijoles. Cocine la pasta y revuelva con frecuencia para que no se pegue, hasta que la pasta esté tierna pero firme; generalmente un minuto o dos menos de lo indicado en el paquete. Sazone con sal y pimienta al gusto. Vierta el cilantro.

(continúa)

3. Sirva la sopa en tazones calientes y añada una cucharada de vinagre en cada uno. Ponga el vinagre en la mesa para los que quieran experimentar con él.

NOTA: La calabaza es un zapallo muy grande. La mayoría de los sitios que venden calabazas enteras también la venden por pedazos. Se necesita un trozo de 1¼ libras aprox. para tener tres tazas después de pelar y despepitar la calabaza. Puede reemplazar con 2½ libras de calabacita.

Sopa de calabaza y frijoles blancos

"Chilindrón" de atún con penne

El chilindrón es una versión española del clásico *cacciatore* italiano. Al igual que éste, el chilindrón suele prepararse con conejo u otros animales de caza. Esta es mi variación, que inventé una de esas noches en que dije: "Necesito la cena en la mesa con rapidez". Lo único que tenía a mano era el atún enlatado, que "cacé" en la despensa. La páprika ahumada le da un aroma muy agradable y los pimientos frescos (siempre tengo a mano en el cajón de los vegetales) mantienen su forma y textura gracias a la breve cocción. Los pimientos asados en conserva tienen su lugar, así como el Halibut con tapenade de aceitunas negras en la página 224, pero para este plato, la única opción es el pescado fresco.

Esta es una receta garantizada: Es fácil de anotar, a los niños les encanta y está lista en media hora.

RINDE 6 PORCIONES • TIEMPO DE PREPARACIÓN: 20 MINUTOS • TIEMPO DE COCCIÓN: 15 MINUTOS

¼ taza de aceite de oliva extra virgen

1 cebolla mediana, cortada por la mitad por el corazón, y luego en rodajas de ½ pulgada

4 dientes de ajo, finamente picados

2 cucharadas de chile en polvo

1 cucharadita de páprika ahumada

1 cucharadita de orégano seco

1 pimiento rojo, sin semillas ni corazón, cortado en tiras de ½ pulgada

1 pimiento amarillo, sin semillas ni carazón, cortado en tiras de ½ pulgada

1 pimiento anaranjado, sin semillas ni corazón, cortado en tiras de ½ pulgada

1 lata de tomates triturados de 28 onzas

2 latas de atún blanco en agua de 12 onzas, escurridos

6 hojas grandes de albahaca, finamente picadas (ver Consejo)

Sal marina o kosher y pimienta fresca molida

1 libra de penne cocido

Perejil finamente picado (opcional)

1. Caliente una olla grande con agua salada a fuego alto.

2. Prepare la salsa mientras hierve el agua: Caliente 2 cucharadas de aceite de oliva en una sartén grande a fuego medio alto hasta que esté caliente, pero sin echar humo. Agregue la cebolla y el ajo, reduzca a fuego medio y cocine revolviendo hasta que la cebolla esté suave, por 4 minutos aprox. Espolvoree el chile en polvo, páprika y el orégano sobre las cebollas, y mezcle hasta incorporar.

(continúa en la página 135)

3. Añada los pimientos y cocine a fuego alto. Revuelva hasta que los pimientos comiencen a ablandarse, de 2 a 3 minutos. Incorpore los tomates triturados, el atún y la albahaca. Caliente a fuego lento y aderece con un poco de sal y pimienta. Tape la sartén y cocine hasta que esté caliente y burbujeante. Los pimientos deberían estar firmes.

4. Vierta el penne en el agua hirviendo. Cocine, revolviendo ocasionalmente, hasta que la pasta esté tierna, pero con un poco de textura, alrededor de 1 ó 2 minutos menos de lo recomendado en el paquete.

5. Retire una taza del agua de la olla. Escurra la pasta, vierta de nuevo a la olla e incorpore la salsa. Si está espesa, agregue un poco del agua de la pasta. Agregue las 2 cucharadas de aceite de oliva sobre la pasta, sirva en un plato y espolvoree el perejil picado si así lo desea.

CONSEJO: La manera más rápida de convertir las hojas de albahaca en una "chiffonade" hermosa y finamente picada, es arrancar los tallos más grandes y reunir una media docena de hojas. Si son grandes, haga un rollo compacto y corte en diagonal en franjas delgadas. Si las hojas son pequeñas, extiéndalas y corte en diagonal. Esta técnica de enrollado funciona bien para otras hierbas de hojas grandes como la salvia o la menta, y para vegetales de hojas verdes como la acelga, la rúcula o la espinaca.

Linguine con "boloñesa" de alcachofa y jamón serrano

Saque las alcachofas del congelador antes de salir por la mañana. La preparación de esta deliciosa pasta puede hacerse tan pronto como hierva el agua.

RINDE: 6 PORCIONES • TIEMPO DE PREPARACIÓN: 20 MINUTOS • TIEMPO DE COCCIÓN: 30 MINUTOS

2 cucharadas de aceite de oliva

1 cebolla mediana finamente picada

2 tallos de apio, sin las puntas y cortados en dados de ¼ de pulgada

1 zanahoria, pelada y cortada en dados de ¼ de pulgada

6 dientes de ajos asados, caseros (página 310), o comprados, finamente picados

Dos cajas de 9 onzas de corazones de alcachofa congelados, descongelados y escurridos

¼ libra de jamón serrano, cortado en dados de ¼ de pulgada

6 hojas de albahaca fresca, cortadas en tiras delgadas (ver Consejo, página 135)

1 lata de tomates triturados de 28 onzas

2 tazas de crema doble

½ de cucharadita de nuez moscada fresca y molida

Sal marina o kosher y pimienta fresca molida

1 libra de linguine

1. Hierva una olla grande con agua salada a fuego alto.

2. Prepare la salsa mientras hierve el agua: Caliente el aceite de oliva en una sartén grande y profunda a fuego medio alto. Agregue la cebolla, el apio, la zanahoria y el ajo, y cocine hasta que la cebolla esté suave y transparente, por 5 minutos aprox. Mientras tanto, triture bien los corazones de alcachofa en un procesador de alimentos. Incorpore el puré de las alcachofas a la mezcla de cebolla y ajo. Reduzca el fuego y cocine por un minuto o dos.

3. Añada el jamón y la albahaca a la sartén. Cocine a fuego alto por un minuto o dos, hasta que el jamón esté fragante. Agregue los tomates triturados y la crema, y luego la nuez moscada, y sazone con un poco de sal y pimienta. Hierva la salsa a fuego lento y cocine hasta que esté ligeramente espesa, por 20 minutos aprox.

4. Vierta el linguine al agua hirviendo cuando la salsa haya hervido unos 10 minutos. Cocine revolviendo ocasionalmente, hasta que esté tierno, pero con un poco de textura, generalmente un minuto o dos menos de lo indicado en el paquete.

5. Retire 1 taza del agua de la pasta y reserve. Escurra la pasta y vierta de nuevo en la olla. Agregue la salsa y revuelva a fuego lento hasta que la pasta esté cubierta y la salsa haga burbujas.

Si la salsa está demasiado espesa, vaya agregando de a una cucharada del agua reservada de la pasta hasta lograr la consistencia deseada.

6. Sirva la pasta caliente en un plato.

UNA PUNTADA EN EL TIEMPO: Puede preparar la salsa con dos días de anticipación. Congela muy bien, así que si va a cocinar para 2 ó 3 personas (y no para 6) prepare una porción completa y congele la mitad.

Pechuga de pollo para una noche de semana

El único truco que tiene este plato es dorar el pollo en una olla bien caliente; debe crujir tan pronto toque la olla. Mientras el pollo se cocina, termino mi plato de acompañamiento o preparo una ensalada.

RINDE: 6 PORCIONES • TIEMPO DE PREPARACIÓN: 10 MINUTOS • TIEMPO DE COCCIÓN: 25 MINUTOS

1 taza de jugo de naranja (ideal si es fresco, pero no es obligatorio)

Jugo de 3 limones amarillos

2 cucharadas de adobo en polvo, casero (página 307) o comprado

6 pechugas de pollo sin piel ni huesos (2½ libras aprox.)

1 taza de harina

Aceite de semillas de uva o vegetal

¾ taza de vino blanco seco

¼ taza de caldo de pollo, casero (página 303) o comprado

¼ taza de cilantro finamente picado

1. Mezcle el jugo de naranja, el jugo de 2 limones y el adobo en una fuente para hornear. Añada las pechugas de pollo. Deles vuelta para cubrir con la marinada. Marine a temperatura ambiente por un mínimo de 15 minutos, o hasta 2 horas en el refrigerador.

2. Precaliente el horno a 375°F.

3. Escurra y seque las pechugas de pollo y descarte la marinada. Esparza la harina en un plato ancho. Rocíe aceite de semillas de uva en una sartén pesada (ideal si es de hierro forjado) hasta cubrir bien el fondo. Caliente a fuego alto. Cubra el pollo con harina por todos los lados y retire el exceso de harina. Vierta el número de pechugas que quepan cómodamente en la sartén. Cocine, dando vuelta una vez, hasta que esté dorado por ambos lados, 6 minutos aprox. (El pollo no se cocinará por completo; sólo se dorará bien por la parte exterior). Pase el pollo a un plato y repita el procedimiento con el pollo restante. Agregue más aceite si es necesario.

4. Vierta el vino en la sartén y revuelva para desprender todos los grumos oscuros que estén pegados cuando todo el pollo esté dorado. Agregue el caldo de pollo cuando el vino se reduzca a la mitad. Vierta de nuevo las pechugas de pollo en la sartén y agregue el cilantro y el jugo de limón restante.

5. Cubra la olla ligeramente con papel aluminio y hornee hasta que no quede el menor rastro de color rosado en la parte más gruesa de las pechugas, por 15 minutos aprox.

CONSEJO: Terminar de cocinar el pollo en el horno en lugar de la sartén asegura que se cocine suave y uniformemente sin que se seque ¡y sin que haya necesidad de darle la vuelta! Además, libera espacio en la estufa, en caso de que lo necesite.

Pechuga de pollo para una noche de semana (página 157)

Pollo estofado con leche de coco y curry

Las variaciones de coco, curry y tomate se ven en todo Puerto Rico, y también en la República Dominicana. Esta mezcla se utiliza para estofar cabritos, marinar berenjenas, hacer guisos marinos y muchas cosas más. En mi versión, el tomate —y mucho más— proviene de mi sofrito confiable.

Esta receta tiene mucho sabor, y lo único que necesita para redondear esta comida es un arroz blanco, pero el Arroz con espinacas de la página 159, también sería delicioso.

RINDE: 6 PORCIONES • TIEMPO DE PREPARACIÓN: 10 MINUTOS (SI EL SOFRITO ESTÁ PREPARADO; 25 MINUTOS EN CASO CONTRARIO) • TIEMPO DE COCCIÓN: 45 MINUTOS

2 pollos enteros pequeños (de 6 libras aprox.), cada uno partido en 10 presas (ver Nota)

Sal marina o kosher y pimienta fresca molida

Aceite vegetal

1 taza de Sofrito (página 305)

1½ cucharaditas de curry en polvo

¼ cucharadita de clavo en polvo

¼ taza de harina

1 taza de caldo de pollo casero (página 303), o comprado

1 lata de leche de coco de 13½ onzas, sin azúcar

1. Seque los pedazos de pollo con toallas de papel. Sazone bien con sal y pimienta. Cubra el fondo de una olla grande o pesada (y con tapa) con aceite vegetal y caliente a fuego medio alto. Coloque tantas piezas de pollo como quepan en la olla sin amontonarse. Cocine dando vueltas cuando sea necesario, hasta que el pollo esté dorado por todos los lados, 10 minutos aprox. Dore el pollo a fuego intenso pero no excesivo. Retire el pollo de la olla y repita el procedimiento con los pedazos restantes.

2. Retire o saque la grasa de la olla con una cuchara, dejando casi ¼ de taza. Añada el sofrito, el curry en polvo y los clavos. Reduzca el fuego e incorpore la harina. Continúe mezclando hasta que la harina absorba todo el aceite. Agregue lentamente el caldo de pollo y la leche de coco mientras sigue revolviendo. Sazone con un poco de sal y pimienta. Caliente la salsa a fuego medio.

3. Devuelva el pollo a la olla, tape la olla y cocine hasta que el pollo esté muy tierno (cuando la carne se desprenda casi de los huesos) por 25 minutos aprox. Revise el pollo ocasionalmente para asegurarse de que la salsa se cocine a fuego lento. Mientras tanto, dele vuelta al pollo y revuelva para cocinarlo de manera uniforme. Desmenuce el pollo y sirva en tazones calientes o lleve la olla a la mesa.

(continúa)

NOTA: La forma más fácil de cortar un pollo en 10 presas —dos alas, dos muslos, dos piernas y cuatro pedazos de pechuga— es pedirle a un carnicero que lo haga por usted. Los empleados de la carnicería de los supermercados estarán gustosos de hacerlo. En caso contrario, comience con un pollo cortado en 8 presas, como lo hacen con la mayoría de los pollos cortados que venden en los supermercados. Luego, simplemente coloque las dos pechugas con los huesos hacia abajo en una tabla de cocina y corte en diagonal por la mitad con un cuchillo grande y afilado.

UNA PUNTADA EN EL TIEMPO: Al igual que la mayoría de los estofados, este curry sabe mejor cuando se deja 2 ó 3 días reposando. Así que si va a preparar incluso menos de 6 porciones, prepare todo el pollo y caliente el resto otro día de la semana. Y si se excede y come más de medio pollo, prepare unos fideos chinos o cabello de ángel y sirva el estofado encima para hacerlo rendir un poco.

Pollo instantáneo en salsa verde

Durante varios años mi versión de la "mariscada en salsa verde", el clásico español, ha sido un plato básico durante las noches de semana. En uno de esos momentos "¡ajá!", se me ocurrió hacer básicamente el mismo plato, reemplazando los mariscos por pechugas de pollo doradas y sin huesos. Este plato tiene mucha salsa, así que asegúrense de tener un poco de arroz a mano, como por ejemplo, el Arroz amarillo básico de la página 157. O cocine un poco de pasta de cabello de ángel o linguine mientras calienta el pollo y sírvalo con toda su deliciosa salsa sobre la pasta.

RINDE: 4 PORCIONES • TIEMPO DE PREPARACIÓN: 15 MINUTOS • TIEMPO DE COCCIÓN: 20 MINUTOS

4 pechugas de pollo grandes y deshuesadas (2 libras aprox.)

Sal marina o kosher y pimienta fresca molida

1/3 taza de aceite de oliva virgen

6 a 8 dientes de ajo finamente picados

1 chile de su elección (ver página 314) finamente picado (opcional)

2 manojos de perejil italiano (o 1 manojo de perejil y otro de cilantro) picados

1/2 taza de vino blanco seco

1 taza de caldo de pollo casero (página 303) o comprado

2 cucharaditas de maicena

1/3 taza de leche

1. Seque las pechugas de pollo con toallas de papel y sazone bien con sal y pimienta. Caliente el aceite de oliva a fuego medio alto en una sartén ancha y poco profunda (una paellera sería ideal). Coloque las pechugas de pollo en la paellera y cocine, dando vuelta una vez, hasta que esté bien dorado por ambos lados, 6 minutos aprox. El pollo estará crudo en el centro y se terminará de cocinar en la salsa. Pase el pollo a un plato.

2. Agregue el ajo al aceite de la olla y cocine por un minuto o dos hasta que esté suave y transparente. Añada 3/4 del perejil picado y el vino, y cocine a fuego alto hasta que casi todo el vino se haya evaporado. Agregue el caldo de pollo.

3. Mezcle la maicena y la leche en un tazón pequeño hasta que la maicena se disuelva. Vierta la mezcla a la olla. Devuelva el pollo a la sartén, tápela y cocine, volteando el pollo una vez hasta que no queden restos rosados en la parte más gruesa, por 12 minutos aprox. Agregue el resto de perejil picado. Pruebe la salsa y rectifique la sazón, agregando sal y pimienta al gusto.

Milanesas de ternera, pavo, cerdo, res o pollo

Este es el plan maestro para preparar milanesas jugosas con un empanizado crujiente. Se le puede agregar cualquier hierba fresca o especia en polvo —orégano, perejil, albahaca, comino o cilantro, para nombrar sólo algunas— al pan rallado. Un poco de queso parmesano finamente rallado también es una buena adición. Vea la página opuesta para opciones de presentación, o mejor aún, invente las suyas.

RINDE: 6 PORCIONES • TIEMPO DE PREPARACIÓN: 10 MINUTOS • TIEMPO DE COCCIÓN: 10 MINUTOS

6 porciones de pollo, cerdo o ternera de 3 a 4 onzas (ver página opuesta)

Sal marina o kosher y pimienta fresca molida

4 huevos extra grandes

1 taza de harina

2 tazas de pan rallado

Aceite de canola para freír

Cascos de limón amarillo para adornar

1. Machaque la carne: Corte 2 pedazos grandes de papel plástico de cocina. Coloque una porción en el centro y cubra con el otro plástico. Golpee la carne con un mazo de carne o con el fondo de una olla pesada hasta que tenga un grosor de ¼ de pulgada (tan cerca de esta medida como pueda). Utilice un mazo bueno y sólido, y procure no hacerle huecos a la carne. Coloque la carne machacada en una fuente para hornear y repita el procedimiento con las porciones restantes. Sazone bien con sal y pimienta.

2. Prepare una estación de empanizado: Bata los huevos con unas gotas de agua en un recipiente ancho y poco profundo. Vierta la harina y el pan rallado en platos separados. Reboce la carne con harina. Cubra por ambos lados y retire el exceso de harina. Sumerja la carne con harina en el huevo hasta que esté cubierta y escurra durante algunos segundos sobre el recipiente para que el huevo sobrante caiga de nuevo en él. Extienda la carne en el pan rallado y dele vuelta una o dos veces, apretando suavemente las migas de pan contra la carne, hasta que se adhieran. Sacuda el exceso de migas y coloque las porciones en una fuente para hornear limpia (o sobre una rejilla; ver Consejo).

3. Vierta aproximadamente ½ pulgada de aceite de canola en una sartén grande y caliente sobre fuego medio alto. El aceite debe estar lo suficientemente caliente para que produzca un leve chisporreteo al entrar en contacto con el borde de una milanesa, pero sin echar humo. Añada cuantas porciones de pollo quepan en la sartén sin cubrirse unas a otras y cocine hasta que el pollo se vea dorado, 2 minutos aprox. De la vuelta a las porciones de pollo y dore el otro lado, 2 ó 3 minutos. Escurra sobre toallas de papel. Fría las porciones restantes, no sin antes reemplazar el aceite en la sartén y dándole el tiempo para volver a calentarse. Sirva con limón.

Milanesas

Adonde quiera que vayan en Argentina encontrarán "milanesas", un corte empanizado y frito de pollo, cerdo, ternera o carne (después de todo, estamos hablando de Argentina). La milanesa puede hacer parte del desayuno en un pan con huevo frito, del almuerzo como una entrada liviana o de la cena con todo tipo de acompañantes. No es inusual que te ofrezcan una milanesa grande cortada en tiras a manera de tapa para acompañar bebidas en casa de alguien. A continuación ofrezco algunas ideas para comenzar con los cortes adecuados para empanizar y freír y otras sugerencias.

Casi cualquier clase de carne roja o de ave puede convertirse en una milanesa. Sin embargo, es aconsejable, especialmente con la res y de cerdo, que la carne esté cortada en sentido transversal antes de machacarla, lo que garantiza una consistencia tierna y un machacado más fácil. Los cortes de pavo y de pollo son fáciles de preparar en casa. Si su carnicero es amable, no tendrá problemas en cortar el cerdo, la carne de res o ternera. Sin importar qué tipo de milanesa vaya a preparar, comience con un corte que tenga ¼ de pulgada aprox. de grosor antes de machacarlo.

CERDO: Corte tajadas muy delgadas y uniformes (¼ de pulgada aprox.) en el sentido de las vetas desde el centro del lomo de cerdo asado.

RES: Corte una bola en tajadas muy delgadas y uniformes (¼ de pulgada aprox.) en el sentido de las vetas, o compre en cubos en la sección de carnes pre-empacadas del supermercado.

TERNERA: Hay muchos cortes que se venden con el nombre de "ternera scalopini" o cortes de ternera en los estantes de los supermercados, aunque la mayoría sirven para preparar una milanesa. En términos ideales, la ternera para preparar milanesa debe cortarse en el sentido de las vetas de un solo músculo (al igual que la res y el cerdo) para machacar con facilidad y obtener una textura suave.

POLLO: Las "presas de pollo" se consiguen en los supermercados. Mire los paquetes, y cómprelos si parecen tener ¼ de pulgada aprox., y presas grandes y de buen aspecto. Luego, simplemente machaque según las instrucciones de la receta. Si se ven muy delgadas y/o pequeñas, compre pechugas enteras y deshuesadas y corte horizontalmente en dos antes de machacarlas. Los filetes de pollo pueden tener más de ¼ de pulgada de grosor, pero podrá machacarlos con facilidad hasta que tengan ⅛ de pulgada de grosor, tal como se describe en la receta. Si el pequeño filete se parte mientras prepara la pechuga, simplemente reserve a un lado y haga una "mini milanesa" con él y fríalo con los pedazos más grandes.

PAVO: Encontrar cortes de pavo que sirvan para preparar milanesa es una tarea relativamente fácil en la mayoría de los supermercados. Busque pechugas de pavo sin huesos, en tajadas delgadas y cortadas en el sentido de las vetas, con la etiqueta de "escalopes de pavo" o "chuletas de pavo". Al igual que los filetes de pechuga de pollo, los de pavo pueden tener más de ¼ de pulgada de grosor pero se dejarán machacar con facilidad.

CONSEJO: Si tiene una o dos rejillas para enfriar, esta es una buena oportunidad para utilizarlas. Después de empanizar las carnes, colóquelas sobre la rejilla mientras el aceite se calienta. Esto hará que la cobertura esté firme y que las migas se mantengan en su lugar durante la fritura, a la vez que evitará que el empanizado quede empapado.

¿Qué servir con la milanesa?

¿Le gustaría acompañarla con papas fritas? Las papas fritas con aroma a comino en la página 153 vendrían muy bien. Si le parece que son muchas frituras para un solo plato, acompañe las milanesas con una ensalada de vegetales baby rociados con una vinagreta light, o con la Ensalada simple con aderezo español de queso azul de la página 130. En Argentina, cualquiera de las milanesas pueden servirse sobre una ensalada finamente picada de cebolla, tomate, lechuga y hongos Portobello. También puede servirse *a la napolitana*, es decir, coronada con una rodaja de prosciutto y de queso mozzarella, y calentar hasta que el queso se derrita y esté delicioso.

Milanesa de pollo con una ensaladita verde

Tacos de camarones con salsa de tomates y aguacate (ver foto, página ii)

RINDE: 6 PORCIONES • TIEMPO DE PREPARACIÓN: 30 MINUTOS (INCLUYENDO EL MOJO DE CHILE ANCHO) • TIEMPO DE COCCIÓN: 5 MINUTOS

12 pinchos de madera o metal

PARA LA SALSA

1 tomate grande (de 8 onzas aprox.), sin el corazón y cortado en dados de ½ pulgada

1 aguacate Hass, pelado, despepitado y cortado en dados de ¼ de pulgada (1¼ tazas aprox.)

½ cebolla roja pequeña, cortada en dados de ¼ de pulgada (½ taza aprox.)

¼ taza de cilantro picado

1 diente de ajo picado

Jugo de 1 limón verde

Sal marina o kosher y pimienta molida

12 tortillas de maíz

12 camarones "U-10" (ver Nota), pelados y desvenados

⅓ taza de Mojo de chile ancho (página 308)

1. Encienda la estufa de gas o el asador. Caliente el horno a 300°F. Remoje los pinchos de madera en agua tibia mientras prepara la salsa y los camarones.

2. Para la salsa: Mezcle el tomate, el aguacate, la cebolla roja, el cilantro y el ajo en un recipiente. Agregue el jugo de limón y sazone con sal y pimienta al gusto. Refrigere mientras prepara los camarones.

3. Envuelva las tortillas en papel aluminio y caliente en el horno mientras asa los camarones.

4. Ensarte los camarones (uno por cada pincho): Sostenga el camarón recto (y no en su forma natural en "C"), introduzca un pincho remojado por el centro del camarón desde la cola hasta la otra punta. Cuando haya ensartado todos los camarones, sazone con sal y vierta "mojo ancho" en abundancia sobre los camarones con una brocha. Coloque sobre las brasas un par de minutos por cada lado hasta que los camarones estén opacos. Agregue más salsa por el otro lado si desea.

5. Para servir: Pase cada camarón a una tortilla y vierta un poco de salsa. Sirva el mojo restante para los tacos en otro plato.

NOTA: Los camarones se venden (y valen) según su tamaño. Casi todos los supermercados y pescaderías han comenzado a incluir los siguientes tamaños en lugar de términos ambiguos como "Jumbo" o "Grandes". Cuando se da un rango, por ejemplo de "16–20" o "26–30", corresponde al número de camarones por libra. Con frecuencia, los camarones más grandes son llamados "U-12" o "U-15", lo que significa que hay menos de 12 ó 15 camarones por libra.

Pargo rojo salteado con Salsa de semana

Cuando los niños y yo viajamos por Puerto Rico, fuimos en coche hasta Naguabo, un precioso pueblo que queda sobre la playa y que tiene varios "restaurantes", ¡que parecían más como chiringuitos! Se especializan en servir la pesca del día, que en Puerto Rico suele ser Pargo rojo o, como le dicen los boricuas, "chillo". El pargo por lo general se fríe entero con cabeza y cola, hasta que queda crocante y delicioso. Se sirve con ensalada (página 152), tostones (página 189) y una botella de vinagre picante (página 308). Yo acompañé toda la comida con una cerveza India bien fría, ¡y puedo garantizar que no hay nada en el mundo que sepa tan delicioso!

RINDE: 6 PORCIONES • TIEMPO DE PREPARACIÓN: 20 MINUTOS • TIEMPO DE COCCIÓN: 15 MINUTOS

PARA LA SALSA

2 tomates picados y sin semillas (2 tazas)

1 cebolla pequeña picada (½ taza aprox.)

2 cucharadas de cilantro fresco picado

Jugo de 1 limón verde

1 cucharada de aceite de oliva

Chile de su elección, picado (página 314)

Sal marina o kosher y pimienta fresca molida

PARA EL PARGO

Aceite de canola para freír

6 filetes de pargo rojo (de 6 onzas cada uno aprox.), con la piel

Sal marina o kosher y pimienta fresca molida

Harina para espolvorear

1. Para la salsa: Mezcle los tomates, la cebolla y el cilantro en un recipiente pequeño. Agregue el jugo de limón, el aceite de oliva y el chile. Sazone con sal y pimienta al gusto. Refrigere mientras prepara el pescado.

2. Precaliente el horno a 200°F.

3. Cubra bien el fondo de una sartén para freír grande con aceite de canola. Cocine a fuego medio alto hasta que esté caliente pero sin echar humo. Mientras se calienta el aceite, adobe con sal y pimienta los filetes que quepan cómodamente. Empanice los filetes adobados en la harina. Cubra ambos lados y sacuda el exceso de harina. Deslice con cuidado el pargo en el aceite caliente y agite suavemente la sartén para evitar que se pegue. Cocine hasta que esté ligeramente dorado por el lado inferior, 3 minutos aprox. Dele vuelta y cocine hasta que la parte más gruesa de los filetes esté opaca en el centro, de 2 a 3 minutos. Pase a una fuente de hornear y mantenga caliente en el horno. Repita con los demás filetes, agregando más aceite a la olla en caso de ser necesario.

4. Sirva caliente, con la salsa en otro plato.

Pargo rojo con Salsa de semana y la versión vegetariana de Col verde picante con salchicha de pavo (página 280)

Asopao con gandules

Esta es la cena entre semana por excelencia: es deliciosa, fácil de preparar e infinitamente adaptable. Una advertencia: el asopao requiere el caldo más sabroso que pueda preparar. Si ya lo ha preparado (ver Domingo en la cocina con Daisy, página 127), ha hecho todo lo necesario. De lo contrario, puede comenzar con un Caldo de pollo rápido (página 305) y preparar el sofrito y el achiote cuando termine el caldo. Tendrá la cena en la mesa en menos de una hora, sin mencionar el sofrito, el aceite con achiote y el delicioso caldo que puede utilizar para otra fantástica cena.

Si va a preparar asopao, haría bien en ponerle picante. Puede agregarle chiles durante la preparación, pero yo prefiero macerar un poco de chile en el fondo de cada plato. De ese modo, todos tendrán la cantidad de picante que desean (o que no desean).

RINDE PARA 6 PLATOS PRINCIPALES • TIEMPO DE PREPARACIÓN: 5 MINUTOS (SI TIENE EL ACEITE CON ACHIOTE, EL SOFRITO, Y CALDO DE POLLO A MANO. EN CASO CONTRARIO, 35 MINUTOS) • TIEMPO DE COCCIÓN: 30 MINUTOS

2 cucharadas de Aceite con achiote (página 306)

2 tazas de tocino de cerdo en cubos (½ pulgada aprox.)

1 taza de Sofrito (página 305)

Sal marina o kosher y pimienta fresca molida

¼ taza de alcaparrado o de aceitunas rellenas con pimientos partidas en trozos grandes

2 hojas de laurel

1 cucharadita de comino en polvo

1 cucharadita de orégano

1 bolsa de gandules congelados de 14 onzas, o una lata de 15½ onzas escurridos

1 taza de arroz de grano largo

6 tazas de Caldo de pollo casero (página 303) o comprado

Chiles de su gusto (página 314), sin tallo y cortados a lo largo en 2 ó en 4. Deje las semillas para que quede más picante

1. Caliente el aceite con achiote en una olla grande a fuego medio. Agregue el jamón en cubos y cocine revolviendo hasta que esté muy caliente y cubierto con el aceite. Añada el sofrito, sazone ligeramente con sal y pimienta, y cocine revolviendo hasta que el sofrito esté muy caliente y sin líquido. Incorpore el alcaparrado, las hojas de laurel, el comino, el orégano y cocine 1 ó 2 minutos.

2. Agregue los gandules y el arroz y cocine hasta que esté terroso y absorba el color del aceite con achiote. Vierta 4 tazas del caldo y hierva. Cocine a fuego lento hasta que el nivel del caldo

sea igual al del arroz y los gandules. El arroz aún tendrá "huecos" y estará blanco y terroso. Agregue las otras 2 tazas de caldo y cocine hasta que las puntas de los granos de arroz comiencen a partirse, por 20 minutos aprox. Sazone con sal y pimienta al gusto.

3. Lleve la olla de arroz a la mesa. Invite a las personas a que se sirvan la cantidad de chile que quieran y a que lo froten contra el fondo del plato para que el picante comience a fluir. ¡Sirva el asopao sobre los chiles y disfrute!

VARIACIONES: El asopao de mariscos es delicioso y también es muy sencillo. Utilice una libra de camarones medianos, desvenados y pelados, o filetes de pescado firmes (como tilapia) cortados en cubos de 1 pulgada. Agregue al asopao durante los últimos 5 minutos de cocción. Si sabe cómo hacerlo, parta una langosta viva de 1¼ libras (o 2) y agregue al asopao unos 5 minutos antes de que el arroz esté listo.

Para un asopao realmente delicioso, prepare Caldo de pollo casero (página 305) con aves de corral. Cocine el caldo todo el tiempo requerido para que el ave quede tierna. Cuele el caldo y utilícelo para el asopao. Agregue el pollo al arroz durante los últimos 5 minutos, simplemente para calentarlo.

Papas "arrugadas"

Estas papas se encuentran en casi todos los bares de tapas y restaurantes de España, lo que demuestra que se pueden preparar tapas deliciosas con ingredientes muy humildes. Estos pequeños manjares prácticamente no requieren de trabajo, pero hay que observarlos constantemente hacia el final de la cocción, para que sean el mejor plato de acompañamiento mientras prepara algo más para la cena. Pruebe con papas muy pequeñas (aprox. 1/3 de pulgada) para una fiesta de cóctel. Póngalas en pinchos y repártalas entre sus invitados junto con una pequeña taza de Mojo de chile ancho (página 308).

RINDE: 6 PORCIONES • TIEMPO DE PREPARACIÓN: 5 MINUTOS • TIEMPO DE COCCIÓN: 30 MINUTOS

1½ libra de papas tipo Red Bliss (también
    llamadas "B"), limpias y cepilladas
2 cucharadas de sal kosher

1. Coloque las papas y la sal en una sartén de hierro forjado o pesada en la que quepan cómodamente (debe haber espacio para que se muevan un poco mientras agita la sartén). Agregue agua hasta cubrir las papas por la mitad. Caliente a fuego alto. Reduzca un poco el fuego para que el agua hierva continuamente y mueva la sartén cada pocos minutos, hasta que el agua se haya evaporado casi por completo y las papas tengan un color cenizo, por 25 minutos aprox.

2. Reduzca el fuego y cocine hasta que el agua se evapore, de 2 a 3 minutos. Retire la sartén del fuego y cubra con una toalla de cocina limpia y húmeda. Deje reposar de 10 a 15 minutos y sirva las papas directamente de la sartén.

Ensaladas

Durante mi infancia, la ensalada simple —lechuga iceberg desmenuzada, acompañada con algunas rodajas de tomate y aguacate— estaba presente en la mayoría de nuestras comidas, en las reuniones familiares y en las cenas de todos los días. Algunas veces, los platos más simples son los que damos por sentado. Sé que ese fue el caso conmigo y con la ensalada. Pero un viaje a Puerto Rico cambió todo eso.

Decidí hacer un tour por Puerto Rico con Mami y Papi, y llevarlos a sitios de la isla que eran importantes para ellos, y para que conocieran otros. Mi hermano Pete y yo planeamos el viaje, y recorrimos la isla de norte a sur y de este a oeste. Este recorrido nos llevó por la cordillera de la isla. Se dice que la carretera tiene 365 curvas, una por cada día del año. Es un viaje hermoso, lleno de vistas y paisajes que no se ven en ninguna otra parte. Recuerdo uno en particular: Los almendros que había a ambos lados de la carretera eran tan inmensos que las ramas superiores se unían formando un arco. Ninguno de nosotros olvidará la luz filtrándose por las ramas y el olor a almendras que lo invadía todo.

Visitamos la casa donde nació y vivió Papi hasta que tenía cuatro años, en la playa de Aguadilla. Mi abuelo tenía un negocio en esa casa, donde enrollaba tabacos, oficio que lo llevó al Spanish Harlem cuando se mudó con su familia a Nueva York. Visitamos dos de las casas donde vivió Mami; una estaba rodeada por varios acres de cafetales, y la otra era una casa de dos pisos en la ciudad de Arecibo. Mi abuelo materno tenía una tienda de variedades en el primer piso, y vivía con su familia en el segundo piso.

Comimos en fondas al lado de la carretera, y en lechoneras, donde el cerdo asado es la principal (y casi que la única) atracción. Hicimos esto para probar todos los sabores de la isla.

Dondequiera que paramos a almorzar o a cenar, la comida siempre venía acompañada de una ensalada idéntica a las de mi niñez. Creo que siempre lo había sabido, pero en ese viaje comprendí que cuando se aderezan con limón y un aceite de buena calidad, esos ingredientes simples son el acompañamiento perfecto para gran parte de "nuestra" comida.

Tengo recuerdos maravillosos de ese viaje: Los ojos humedecidos de Mami cuando pasamos debajo del arco formado por los almendros, y la expresión en la cara de mi padre cuando estaba en la playa, frente a la casa de su infancia son algunas de ellas. También he adquirido un nuevo respeto y comprensión del placer de un plato tan simple como la ensalada.

Mami y Papi visitan las Cuevas de Camuy en Puerto Rico.

Papas fritas con comino

Prepárelas aunque sea una sola vez, y se preguntará: "¿Por qué he sido tan tonto de comprar alguna vez papas fritas congeladas?". Son un festín para la cena. Puede prepararlas para premiar un buen informe escolar o celebrar la noticia de un buen aumento salarial.

Una nota logística: Puede prepararlas para las cenas de semana si fríe las papas una primera vez, y deja que absorban la sazón mientras prepara el plato principal, como por ejemplo, un pollo asado, un Churrasco (página 90) o una Milanesa (página 142). Poco antes de servir, caliente el aceite y pase las papas por aceite por segunda vez. La segunda fritura tarda apenas unos pocos minutos.

RINDE: 6 PORCIONES • TIEMPO DE PREPARACIÓN: 10 MINUTOS • TIEMPO DE COCCIÓN: 10 MINUTOS (5 MINUTOS PARA CADA UNA DE LAS DOS FRITURAS)

Aceite de canola para freír
3 papas Idaho grandes (para hornear), peladas y cortadas en cubos de 1 pulgada (ver Consejos)

1½ cucharaditas de sal marina o kosher
½ cucharadita de comino en polvo
¼ cucharadita de pimienta fresca molida

1. Vierta 3 pulgadas de aceite en una sartén grande y profunda o en una olla grande. Utilice un termómetro de cocina y caliente el aceite a fuego medio alto a 300 °F. Mientras tanto, escurra las papas y séquelas bien con una toalla de cocina limpia. Cuando el aceite alcance esta temperatura, vierta tantas papas como quepan en una sola capa. Una espumadera de alambre es ideal para esto (ver Consejos). Fríalas hasta que estén suaves pero sin color, de 4 a 5 minutos. Saque las papas con la espumadera y coloque en una fuente para hornear cubierta con toallas de papel. Repita con las demás papas, y vierta la próxima tanda cuando el aceite esté a 300°F.

2. Retire los toallas de papel de la fuente después de escurrir las papas. Espolvoree la mezcla de especias en abundancia sobre las papas y revuelva hasta cubrir de manera uniforme. Puede preparar las papas un par de horas antes y cubrirlas con una toalla. Si va a terminar de cocinar las papas después, retire la olla con el aceite del fuego.

3. Coloque de nuevo la olla a fuego medio (si es necesario) y caliente el aceite a 400°F. Vierta las papas con cuidado y fríalas por tandas si es necesario hasta que estén doradas y crujientes, de 3 a 4 minutos. Retire las papas con la espumadera y coloque sobre una fuente para hornear cubierta con toallas de papel. Sirva de inmediato.

CONSEJOS: Puede pelar y cortar las papas con anterioridad. Cubra con agua fría y salada en un recipiente a temperatura ambiente por una hora, o por 3 horas en el refrigerador. Escurra bien y seque con toallas de papel antes de freír.

Hay utensilios de cocina muy económicos que marcan una gran diferencia en la labor diaria de cocinar. La espumadera de alambre es uno de ellos. Vienen en todas las formas y tamaños: Desde espumaderas de latón con mangos de madera que se consiguen por pocos dólares en todos los barrios chinos del país, hasta otras más costosas y elegantes de acero inoxidable. Sin importar cómo sean, todas comparten una característica: tienen una mayor área de superficie y escurren el aceite (o cualquier otro líquido), mucho más rápido que una espumadera convencional.

Ejotes con romero (ver foto, página 275)

El romero es muy importante en la cocina española, y algunas veces aparece en lugares inesperados, como en este plato. El aceite de oliva con sabor a limón se consigue en muchas tiendas, pero puede ser costoso. Si quiere, puede preparar mi versión casera de esta receta. Los ejotes son deliciosos a temperatura ambiente, así que pueden prepararse con anterioridad. Es un plato de acompañamiento perfecto para un picnic o asado en un día de verano.

RINDE 6 PORCIONES • TIEMPO DE PREPARACIÓN: 10 MINUTOS • TIEMPO DE COCCIÓN: 20 MINUTOS

1 libra de ejotes sin las puntas
2 cucharadas de aceite de oliva con limón casero (ver abajo) o comprado, o aceite de oliva extra virgen normal
2 ramitos de romero

2 dientes grandes de ajo picados
Cáscara de 1 limón amarillo, retirada con un rallador fino y micro plano
Sal marina o kosher y pimienta fresca molida

1. Llene una olla grande con agua salada y hierva. Vierta los ejotes y cocine hasta que estén crujientes, tiernos y de color verde brillante. Escurra en un colador en el lavaplatos mientras prepara el aceite.

2. Caliente el aceite de oliva de limón o normal y el romero en una sartén grande y profunda a fuego lento hasta que el romero se ablande y esté muy fragante, de 4 a 5 minutos. Suba el fuego a medio bajo, agregue el ajo y cocine hasta que el ajo este suave y fragante, por 4 minutos aprox. No deje quemar el ajo.

3. Retire los ramitos de romero, aumente a fuego medio alto y agregue los ejotes. Revuelva para cubrir con el aceite aromatizado con romero y ajo hasta que los ejotes estén calientes. Añada la cáscara de limón y sazone con sal y pimienta al gusto. Sirva tibios o a temperatura ambiente.

Aceite de oliva con infusión de limón y/o jengibre

Vierta la cáscara de un limón y/o un pedazo de jengibre fresco de 1 pulgada y agregue 2 tazas de aceite de oliva extra virgen. Caliente 15 minutos a fuego lento de 250° F. (Revise con un termometro, ya que es importante mantener la temperatura para prevenir el crecimiento de toxinas que causan botulismo.) Deje enfriar por completo y pase a una jarra con tapa hermética. Mantenga bien cerrada a temperatura ambiente por un máximo de 1 semana. Acompañe con pollo asado o cualquier vegetal. Si los tomates están en temporada, un simple plato de rodajas de tomate aderezado con este aceite y una pizca de orégano es una comida en sí misma.

Arroz amarillo básico (y variaciones)

Preparar aceite con achiote y sofrito (ver Domingos en la cocina con Daisy, página 127) con anticipación es como depositar dinero en el banco y hacer un retiro. El arroz amarillo es con toda seguridad el mejor plato de acompañamiento "por dólar" de la semana. Realza cualquier comida, desde una costilla de cerdo asada hasta filetes de pescados fritos. Si se acompaña con simples adiciones —como salchichas vienesas, carne de cangrejo en trozos o frijoles enlatados—, es una comida completa (ver las variaciones en la página 158).

RINDE: 6 PORCIONES • TIEMPO DE PREPARACIÓN: 5 MINUTOS (SI EL SOFRITO Y ACHIOTE ESTÁN PREPARADOS. DE LO CONTRARIO, 20 MINUTOS) • TIEMPO DE COCCIÓN: 30 MINUTOS

½ taza de Aceite con achiote (página 306)

1 taza de Sofrito (página 305)

¼ taza de alcaparrado o de aceitunas rellenas con pimientos, partidas en pedazos grandes

2 cucharadas de sal kosher o marina (o al gusto)

1 cucharadita de pimienta fresca molida

1 cucharadita de comino en polvo

2 hojas de laurel

3 tazas de arroz de grano largo

5 tazas de Caldo de pollo casero (página 303) o comprado (ver Consejo), o la cantidad necesaria

1. Caliente el aceite con achiote en una olla grande u otra olla pesada de 4 a 5 cuartos de capacidad a fuego medio alto. Tape bien, incorpore el sofrito y el alcaparrado y cocine hasta que el líquido se evapore y el sofrito esté chisporroteando. Sazone con sal, pimienta y comino. Añada las hojas de laurel.

2. Lleve a fuego alto y agregue el arroz. Cocine revolviendo hasta que el arroz esté cubierto con el sofrito y el aceite y los granos se pongan "lechosos", por 3 minutos aprox. Agregue caldo de pollo hasta cubrir el arroz con una pulgada el líquido. Cocine hasta que el nivel del caldo sea igual al del arroz. Reduzca a fuego muy bajo, revuelva bien el arroz una sola vez y tape. Cocine hasta que el arroz esté tierno pero con un poco de textura y todo el líquido se haya absorbido, por 20 minutos aprox. No destape ni revuelva el arroz mientras se cocina. Revuelva con un tenedor antes de servir.

Paella de tres frijoles (página 158)

CONSEJO: Si utiliza caldo comprado para este o cualquier arroz que acompañe con sofrito, agregue ¼ de taza adicional de sofrito para compensar la falta de sabor del caldo.

VARIACIONES:

ARROZ AMARILLO CON SALCHICHAS VIENESAS: Agregue 2 latas de salchichas vienesas escurridas de 5 onzas al arroz antes de agregar el caldo de pollo.

ARROZ AMARILLO CON CANGREJO: Reemplace el jugo de almejas embotellado por el caldo de pollo. Agregue 2 tazas (10 onzas aprox.) de carne de cangrejo en trozos y una lata grande de maíz (de 15 onzas aprox.), o 2 tazas de maíz congelado al arroz antes de añadir el jugo de almejas.

PAELLA DE TRES FRIJOLES: Escurra y enjuague una lata de garbanzos, otra de frijoles rosados y otra de frijoles ojinegros, de 15½ onzas cada una. Agregue los frijoles y 2 cucharaditas de páprika ahumada cuando incorpore la mezcla de sofrito y aceite al arroz. Si usted o un ser querido es vegetariano, reemplace el caldo de pollo por caldo de vegetales.

ARROZ MEXICANO: Agregue un pimiento rojo sin corazón ni semillas en dados finos, una lata de maíz de 8 onzas aprox. (o 1 taza), una lata de salsa de tomates estilo español de 8 onzas, y 1 taza de aceitunas negras pequeñas y despepitadas junto con el sofrito.

ARROZ AMARILLO CON GANDULES: Agregue 1½ libras de huesos del cuello de cerdo a la mezcla de sofrito antes de agregar el arroz, y revuelva hasta recubrirlos. Justo antes de agregar el caldo, agregue 1 bolsa de gandules congelados de 14 onzas a una lata de 15½ onzas, escurridos y lavados, al arroz.

Arroz blanco (y variaciones)

RINDE: 6 A 8 PORCIONES • TIEMPO DE COCCIÓN: 30 MINUTOS

¼ taza de aceite vegetal

4 tazas de arroz de grano largo

2 cucharadas de sal marina o kosher

1. Caliente el aceite en una olla grande de 3 a 4 cuartos de galón a fuego medio alto. Agregue el arroz y la sal y revuelva para que el arroz se impregne de aceite. Cubra el arroz con una pulgada de agua si se pone "lechoso". Caliente a fuego alto, hierva el agua y cocine hasta que el nivel del agua sea igual al del arroz.

2. Reduzca a fuego muy lento, revuelva bien el arroz una sola vez y tape la olla. Cocine unos minutos hasta que el arroz esté tierno pero con un poco de firmeza. No retire la tapa ni revuelva el arroz mientras se cocina. Revuelva con un tenedor antes de servir.

VARIACIONES:

ARROZ CON HONGOS Y CEBOLLA: Agregue 2 tazas de hongos botón en rodajas y una cebolla picada al aceite antes de añadir el arroz. Cocine y revuelva hasta que los vegetales estén blandos. Repita el procedimiento anterior.

ARROZ AL CURRY CON ALMENDRAS Y PASAS: Agregue 2 cucharadas de curry en polvo, ½ cucharada de almendras en rodajas y ½ taza de pasas al aceite antes de añadir el arroz y la sal. Cocine hasta que las almendras estén ligeramente tostadas. Agregue 2 hojas de laurel y el arroz y proceda como arriba.

ARROZ CON ESPINACA (VER FOTO, PÁGINA 140): Prepare el arroz como indica esta receta. Mientras se cocina, caliente ¼ de taza de aceite de oliva en una sartén mediana a fuego medio. Agregue 3 dientes de ajo picado y cocine hasta que despidan olor. Añada una caja de espinacas congeladas de 10 onzas, a temperatura ambiente y escurrida. Cocine sólo hasta que el agua de las espinacas se evapore. Sazone con sal marina o kosher y pimienta fresca molida al gusto. Mezcle la espinaca con el arroz cocinado. Si prefiere, rocíe un poco de aceite de oliva extra virgen al arroz antes de servir.

FRIJOLES PARA LA CENA (CON FRIJOLES ENLATADOS)

Ensalada de mango y frijoles negros

Esta es una forma deliciosa de agregarle más frutas y vegetales a las cenas de mi familia. Si no puede encontrar jícama (ver página 58), semejante al sabor de la manzana, reemplace por una manzana verde grande. Retire el corazón, deje la piel y corte en cubos como lo haría con la jícama. Este plato se prepara en sólo 15 minutos. Puede adornar con una hoja de radicchio como plato de entrada, o para acompañar filetes de salmón, de carne asada, o llevarlo a su próximo picnic.

RINDE 6 PORCIONES • TIEMPO DE PREPARACIÓN: 15 MINUTOS

¼ taza de aceite de oliva extra virgen

2 cucharadas de vinagre de sidra

¼ taza de cilantro picado

Sal marina o kosher y pimienta fresca molida

Una lata de frijoles negros de 15 onzas, escurridos y lavados

1 mango pelado y despepitado, cortado en dados de ½ pulgada (2 tazas abundantes)

1 jícama pequeña (1 libra aprox.) pelada y cortada en dados de ½ pulgada (2 tazas aprox.)

1 cebolla roja pequeña (4 onzas aprox.), cortada por la mitad y luego en rodajas finas (½ taza aprox.)

1. Mezcle bien el aceite de oliva, el vinagre y el cilantro en un recipiente grande. Sazone ligeramente con sal y pimienta. Agregue los frijoles, el mango, la jícama y la cebolla y revuelva para mezclar y cubrir con el aderezo. Sazone con sal y pimienta al gusto.

2. Sirva de inmediato o deje reposar a temperatura ambiente por 30 minutos. Revuelva y rectifique la sazón antes de servir.

Cómo cocinar frijoles secos

Esta sección celebra la comodidad de los frijoles enlatados. (Y no sólo eso, sino también su adaptabilidad y beneficios en materia de nutrición). No olvidemos que cocinar frijoles secos es muy sencillo, incluso si usted tiene una vida tan agitada como la mía. Si no tiene tiempo para llevar a la mesa frijoles recién preparados (la mayoría de los frijoles tardan unas dos horas en cocinarse), recuerden esto: Una olla de frijoles, ya sean negros, o en la deliciosa receta Frijoles rojos con salchichón y papas en la página 284, realmente saben mejor uno o dos días después, lo que hace que sea la receta perfecta para su preparación de platos por anticipado (ver Domingos en la cocina con Daisy, página 127).

Comencemos por aclarar algo: Yo nunca, y quiero decir nunca, remojo los frijoles secos, aunque muchos buenos cocineros insisten en que es necesario. Pero nunca he tenido problemas con mis resultados. Siempre me quedan con una textura cremosa, sin partes duras en el medio de los granos, y el líquido de la cocción también queda delicioso. Lo siguiente es todo lo que ustedes necesitan saber, sin importar qué tipo de frijoles vayan a cocinar.

Escojan primero los frijoles. Es extraño, pero a veces se encuentra hasta una pequeña piedra, y casi siempre encuentra frijoles arrugados o defectuosos. (No es el fin del mundo, pero es bueno seleccionarlos antes de cocinar.) Coloque los frijoles en una olla donde quepa 3 veces su volumen —una olla de 3 cuartos de galón para una libra de frijoles. Cubra los frijoles con 2 pulgadas de agua, agregue una hoja de laurel y, si quiere, un codillo de jamón o un ala de pavo ahumada. Hierva y cocine a fuego lento hasta que los frijoles estén tiernos. Esto puede tardar 1½ horas para los frijoles blancos pequeños, o 3 a 4 horas para los garbanzos. Revise ocasionalmente para asegurarse de que el líquido cubre los frijoles y hierve continuamente. La meta es preparar frijoles bien cocinados y tiernos pero no blandos, con suficiente líquido para cubrirlos con una "salsa" espesa. Retire los frijoles del fuego, agregue una buena cantidad de sal y revuelva bien. Deje reposar un mínimo de 15 minutos para que absorban la sal, y luego sírvalos. También puede dejar reposar durante varias horas o refrigerarlos hasta 3 días. En cualquier caso, recaliente a fuego lento y agregue un poco de agua si es necesario para que queden con su textura original, espesa y deliciosa. Rectifique la sal y la pimienta antes de servir.

Frijoles "refritos" nuevo estilo

Me encanta la textura cremosa de los frijoles refritos clásicos, pero actualmente a nadie (incluida yo) le gusta la grasa, la cual es un componente muy importante de los frijoles refritos tradicionales. Éste método reduce la grasa, pero le da una textura cremosa al hacer los frijoles en puré con un poco de su líquido de cocción. Son deliciosos.

RINDE 6 PORCIONES • TIEMPO DE PREPARACIÓN: 10 MINUTOS • TIEMPO DE COCCIÓN: 20 MINUTOS

1 cucharada de aceite de oliva

½ cebolla grande en dados medianos

2 dientes de ajo, pelados y cortados

1 codillo de jamón ahumado, o un ala de pavo ahumada

2 tazas de Caldo de pollo casero (página 303) o comprado

1 manojo de cilantro

2 hojas de laurel

1 lata de frijoles negros de 15½ onzas escurridos y lavados

Sal marina o kosher y pimienta fresca molida

1. Caliente el aceite de oliva en una cacerola mediana a fuego medio alto. Agregue la cebolla y el ajo y cocine revolviendo hasta que estén blandos pero no oscuros, por 4 minutos aprox. Añada el jamón o el pavo y el caldo de pollo. Vierta el cilantro y las hojas de laurel y hierva. Cocine a fuego lento por 20 minutos. Retire la espuma de la superficie.

2. Pase el caldo por un colador. Reserve el jamón o el pavo para otra tanda de frijoles (se conserva bien por una semana aprox.) y deseche las hojas de laurel y el cilantro. Vierta las cebollas y el ajo a la cacerola y agregue los frijoles. Incorpore el caldo colado hasta cubrir los frijoles. Caliente a fuego medio alto y cocine hasta que los frijoles estén calientes.

3. Pase los frijoles a un procesador de alimentos con una espumadera de alambre (ver página 154) o convencional, (reserve el líquido de la cocción, ver Consejo). Procese gradualmente, añadiendo un poco de líquido hasta que los frijoles tengan la consistencia de un puré de papas. Sazone con sal y pimienta al gusto.

4. Sirva de inmediato o regrese los frijoles "refritos" a la cacerola y caliente a fuego muy bajo durante 20 minutos. Sirva con nachos crujientes.

CONSEJO: Caliente las sobras de frijoles en una cacerola pesada a fuego muy bajo. Si los frijoles están muy espesos, añada lentamente un poco del líquido de cocción (o de agua).

Gandules con coco

Esta es una combinación inusual, pero tan deliciosa y llena de sabor que es una cena completa acompañada con arroz blanco caliente. Los gandules se preparan fácilmente en los 20 minutos que tarda el arroz en cocinarse luego de tapar la olla.

RINDE 4 PORCIONES PARA PLATO PRINCIPAL • TIEMPO DE PREPARACIÓN: 5 MINUTOS (SI EL SOFRITO ESTÁ PREPARADO. EN CASO CONTRARIO, 20 MINUTOS) • TIEMPO DE COCCIÓN: 20 MINUTOS

2 cucharadas de aceite de oliva

1 taza de Sofrito (página 305)

¼ taza de alcaparrado o de aceitunas rellenas de pimiento partidas en pedazos grandes

½ cucharadita de comino en polvo

1 lata de 8 onzas de salsa de tomates estilo español

1 lata de leche de coco sin azúcar de 13½ onzas

1 bolsa de gandules congelados de 14 onzas, o dos latas de 15½ onzas, lavados y escurridos

Sal marina o kosher y pimienta fresca molida

1. Caliente el aceite de oliva en una cacerola pesada de 3 cuartos de galón a fuego medio. Añada el sofrito y el alcaparrado y cocine revolviendo hasta que el líquido se evapore y el sofrito esté chisporroteando. Agregue el comino y luego la salsa de tomates. Incorpore la leche de coco y los gandules (no importa si están congelados) y cocine revolviendo. Sazone con un poco de sal y pimienta.

2. Cocine a fuego lento hasta que los gandules estén blandos y el líquido ligeramente espeso, por 15 minutos aprox. Rectifique la sazón y sirva caliente.

Frijoles en escabeche

En cualquier lugar de Puerto Rico, al lado de cualquier carretera, hay una pequeña fonda donde verán jarras de frijoles en escabeche parecidos a éstos, así como ejotes, bananas verdes, etc. De hecho, a lo largo del Caribe, platos simples como estos, a base de frijoles y sazonados con un poco de vinagre, cebolla y cilantro, hacen parte de la vida diaria.

Los frijoles secos, cuando están recién cocinados y aún tibios, absorben el aderezo con vinagre y mantienen su textura firme. Me sorprendió ver que hay ciertos frijoles enlatados que funcionan igual de bien cuando se preparan con el escabeche. Estos frijoles no necesitan mucho tiempo para absorber el aderezo, pero sí un poco. La clave está en sazonar los frijoles antes de preparar el resto de la cena. Mientras usted hace lo suyo, los frijoles hacen lo propio, y cuando la cena está en la mesa, los frijoles habrán absorbido una buena parte del delicioso aderezo. Son perfectos para cenas entre semana, no sólo porque son muy rápidos de preparar, sino porque van bien con casi todo. Acompañe con carne, chuletas de cerdo, pescado asado, pechugas de pollo salteadas o sirva en una cama de lechuga como plato de entrada.

RINDE 6 PORCIONES • TIEMPO DE PREPARACIÓN: 15 MINUTOS (MÁS 20 A 30 MINUTOS DE REPOSO)

2 latas de frijoles de lima, de 15½ onzas, escurridos y lavados

½ cebolla roja pequeña, en rodajas delgadas (½ taza aprox.)

1 tomate rojo maduro, sin corazón ni semillas, cortado en dados de ½ pulgada (1 taza, aprox.)

¼ taza de cilantro fresco picado

2 hojas de laurel

¼ taza de aceite de oliva

2 dientes de ajo

¼ taza de vinagre de sidra

¼ taza de vinagre blanco

Sal marina o kosher y pimienta molida

1. Vierta los frijoles, la cebolla, el tomate, el cilantro y las hojas de laurel en un recipiente.

2. Caliente el aceite en una cacerola mediana a fuego medio. Añada el ajo y cocine hasta que esté blando y ligeramente dorado, por 4 minutos aprox. Retire la cacerola del fuego y vierta el vinagre de sidra y el blanco. Tenga cuidado, pues salpicará un poco al comienzo. Sazone con sal y pimienta al gusto. Vierta el aderezo sobre los frijoles y deje reposar 20 a 30 minutos, revolviendo ocasionalmente. Saque las hojas de laurel y sirva a temperatura ambiente.

UNA PUNTADA EN EL TIEMPO: Estos frijoles saben deliciosos al día siguiente, así que prepare una buena cantidad. Escurra una lata de atún, desmenuce y agregue a los frijoles. ¡Tendrá un almuerzo en un minuto!

Delicia de fresa

Este postre contiene cubos de torta suave con queso crema, crema batida y una dosis doble de fresas frescas y en conserva. Ninoschtka Estevez tuvo la amabilidad de compartirlo conmigo (página 251).

RINDE 12 PORCIONES • TIEMPO DE PREPARACIÓN: 25 MINUTOS (MÁS 1 HORA PARA ENFRIAR)

1 torta tipo angel de 9 pulgadas, comprada, y preferiblemente que tenga uno o dos días	1 cucharada de extracto de vainilla
	1 paquete de queso crema de 8 onzas
	2 pintas de fresas frescas, sin el cabito y en rodajas (guarde 3 para decorar)
2 tazas de crema doble bien fría	
½ taza de azúcar en polvo	1 taza de mermelada de fresas

1. Saque un plato para servir, o mejor aún, un recipiente de vidrio de 10 cuartos de galón de capacidad. Reserve a un lado. Corte la torta horizontalmente en 3 partes, y luego en cubos de 1 pulgada aprox.

2. Bata la crema con una batidora eléctrica o manual hasta que tenga una consistencia espumosa. Agregue el azúcar gradualmente y siga batiendo hasta que se formen picos firmes. Incorpore la vainilla.

3. Bata el queso crema en un recipiente mediano hasta que esté suave y cremoso. Agregue una taza aprox. de la crema batida al queso crema y luego añada el resto.

4. Esparza crema batida en el fondo de un recipiente hasta formar una capa uniforme de ½ pulgada. Agregue la mitad de la torta y de las bayas en rodajas hasta formar una capa. Añada la mitad de la mermelada. Cubra con la mitad de la crema restante, formando una capa uniforme. Coloque encima del resto de la torta, las fresas en rodajas, la mermelada y la crema batida.

5. Enfríe una hora antes de servir. Decore con 3 fresas enteras. (Puede prepararla con un día de anticipación. Dura hasta 2 días.)

CONSEJO: Cubra la delicia de fresa con papel plástico antes de refrigerar para evitar que absorba otros olores en el refrigerador.

Facturas de guayaba y queso crema

En toda Latinoamérica la pasta dulce y afrutada de la guayaba se come con quesos suaves y ligeramente salados como el queso blanco y el queso fresco a manera de refrigerio. Con frecuencia, simplemente se combina un pedazo de pasta de guayaba con otro de queso. En esta receta, la pasta de guayaba y la tarta de queso crema se unen para hacer dinamita, en un postre que está listo en 10 minutos, perfecto para una noche de semana.

RINDE PARA 8 FACTURAS • TIEMPO DE PREPARACIÓN: 15 MINUTOS • TIEMPO DE COCCIÓN: 30 MINUTOS (INCLUIDO EL TIEMPO D ENFRIAMIENTO)

PARA LAS FACTURAS

1 cucharada de azúcar granulada

1 paquete de masa de hojaldre, descongelada de 17,3 onzas (ver Consejo)

1 paquete de queso crema de 8 onzas, cortado en 8 pedazos iguales

8 cuadros de pasta de guayaba (1 × 1 pulgada), 4 onzas aprox.

1 huevo extra grande batido con 1 cucharadita de agua

PARA EL GLASEADO

¼ taza de azúcar en polvo

1 cucharadita de leche

¼ cucharadita de extracto de vainilla

1. Precaliente el horno a 400°F.

2. Espolvoree el azúcar en la superficie de trabajo para evitar que la masa se pegue. Amase cada hoja de masa de hojaldre y forme un cuadrado de 8 × 8 pulgadas. Corte cada hoja en cuatro utilizando un cortador de pizza o un cuchillo afilado.

3. Para hacer los pasteles: Coloque un pedazo de masa cuadrada con una de las esquinas hacia usted. Coloque un pedazo de queso crema sobre la mitad inferior del cuadrado en sentido diagonal. Añada un cuadrado de pasta de guayaba encima. Unte el huevo batido en los bordes del cuadrado con una brocha de cocina. Doble la mitad superior del cuadrado sobre el relleno, formando un triángulo bien definido. Haga los rebordes con un tenedor. Repita el procedimiento con los pasteles restantes, y coloque en una hoja de papel parafinado para hornear.

4. Unte el resto del huevo batido a la parte superior de los pasteles. Hornee por 20 minutos o hasta que estén dorados y se inflen.

5. Mientras los pasteles se hornean, mezcle el azúcar en polvo con la leche y la vainilla y mezcle hasta disolver los grumos. Reserve a un lado.

6. Enfríe los pasteles sobre una rejilla de 10 a 15 minutos, y luego rocíe con el glaseado. Sirva tibios o a temperatura ambiente.

> **CONSEJO:** La mejor forma de descongelar la masa de hojaldre es dejándola en el refrigerador un día antes de utilizarla. El descongelado lento y continuo evitará que la masa se parta o se raje al amasarla.

Besos de coco (ver foto, página 40)

Este fue el primer postre que aprendí a hacer cuando era todavía una niña. Mi prima y yo casi incendiamos la cocina, pero esa es otra historia…

Los besos de coco son húmedos, blandos y deliciosos. Los hacíamos sin almendras cuando yo era niña, pero la verdad es que son una adición deliciosa.

RINDE 30 APROX. • TIEMPO DE PREPARACIÓN: 15 MINUTOS • TIEMPO DE COCCIÓN: 50 MINUTOS (SIN ATENDER, INCLUYE ENFRÍAMIENTO)

3 tazas abundantes de coco rallado endulzado

1 taza abundante de azúcar morena light

½ taza de harina de almendras

½ cucharadita de jengibre en polvo

½ cucharadita de canela en polvo

2 huevos extra grandes

2 yemas de huevos extra grandes

1. Coloque una bandeja en la parte superior del horno y precaliente a 350°F. Cubra 2 fuentes para hornear con papel pergamino. Hornee los besos por tandas si sólo tiene una.

2. Mezcle el coco, el azúcar morena, la harina de almendras, el jengibre y la canela en un recipiente grande con sus manos hasta que el coco esté esponjoso, y el azúcar, la harina y las especias se hayan distribuido de manera uniforme. Añada los huevos y las yemas y revuelva hasta que la mezcla esté húmeda.

3. Saque 2 cucharadas aprox. de la mezcla y amase entre sus manos, formando una bola suave y redonda. Repita el procedimiento con el resto de la mezcla, colocando los besos en 3 hileras de 5 besos cada una sobre la fuente. Hornee 15 minutos aprox. Enfríe por completo. Los besos se conservan de 4 a 5 días en el refrigerador, a menos de que estén en mi casa, ¡así que buena suerte con eso!

FIESTAS DE CÓCTEL

En las notas de viaje que hay desperdigadas por todo el libro los he llevado a muchos lugares, pero quiero hacer una parada especial en Casa Daisy. También les contaré un pequeño secreto: Por lo general, no organizo fiestas de cóctel, por lo menos no de la forma en que lo hacen las personas "normales". Siempre organizo una "hora de cóctel" (o una hora y media) antes del "evento principal": Cuando me comprometo a invitar, me gusta que mis invitados me acompañen por más que un breve momento… así soy yo.

El año pasado, Sara, la hija mayor de mi querida amiga Loni, se casó con Martin, un chico británico. Considero a Loni como mi "hermana de otro papá" y a sus hijas como mis hijas antes de tener a Ángela. Las he visto crecer desde que eran pequeñas, y hemos compartido navidades, fiestas de cumpleaños y todos los días festivos y ocasiones especiales que yo recuerde. Quería prepararles algo especial a Sara y a Martin, y le pregunté a Loni si podía hacerles una fiestita un día después de su boda. Diseñé un menú que creí apropiado para un domingo por la tarde, y como la lista de invitados era bastante extensa, yo quería una gran variedad de platos que no me obligaran a permanecer todo el tiempo en la cocina.

Organicé una estación de bagels y lox con una variedad de queso crema, alcaparras y cebollas rojas, y otra estación de ceviches con chips de tortilla. En una mesa había pastel de cangrejo con salsa holandesa de maracuyá, y bocaditos de tortilla en otra.

Wontón de camarones con puré de plátano y boniato y salsa de piña y ron (página 193), Vasos con gazpacho (página 179), Tostaditas de frijoles negros y queso fresco (página 176)

Mis invitados llegaron y comieron con entusiasmo (¡Martin y sus hermanos tienen un gran apetito!). Jerry se encargó de recibir sus abrigos, Erik de servir el vino y yo estuve entre los invitados, siempre mirando las mesas para asegurarme de que no faltara nada (¡gracias Marc, David y Ángela!). Casi una hora y media después, comencé a organizar la estación de platos calientes en el comedor, y oí a Martin preguntarle a Sara qué estaba haciendo yo. Ella, que había vivido toda su vida al frente de mi casa y que no era ninguna extraña en la mía, le respondió que estaba preparando la comida. "¿Cuál comida?", preguntó Martin, abriendo los ojos de par en par y tocándose la barriga con las manos. "¿Y qué fue esto entonces?", preguntó, señalando la sala de estar. Sara sonrió, me guiñó un ojo y le dijo: "Ya vas conociendo a Daisy!".

Recibí una gran cantidad de adorables notas de agradecimiento por parte de los invitados a la fiesta, tanto de aquí como de otras partes.

No voy a decirles que esa es la única forma de organizar una fiesta. Lo que en mi casa es una "hora de cóctel" fácilmente podría ser una reunión breve antes de ir al teatro, después del trabajo o incluso una tarde de domingo en casa de ustedes. Lo que sí puedo decirles es que una fiesta de cóctel es una maravillosa forma de pasar una velada con los amigos, de compartir un bocadito y una bebida, y de crear recuerdos maravillosos.

Las recetas de este capítulo son divertidas, festivas y muy sencillas. Mezcle y combine, y siéntase libre de inspirarse en los demás capítulos. Estoy segura de que su fiesta de cóctel no sólo será un éxito, ¡sino que también recibirá una correspondencia maravillosa!

Pimientos piquillo rellenos de cangrejo (página 177)

BEBIDAS Y PLATOS FRÍOS

Daisytini

Hace un tiempo estaba de negocios en Chicago y me invitaron a una cena con mi buen amigo y chef Art Smith. Él, quien es famoso por su hospitalidad, invitó a Phillippe, un encantador amigo suyo de Santa Bárbara, quien estaba hospedado en su casa. Philippe y yo nos hicimos amigos con rapidez. Él me contó que tenía un negocio de eventos y me dijo que le encantaría preparar un cóctel que reflejara mi pasión por la comida latina. Una semana después, regresé a casa y encontré esta receta en mi correo electrónico. ¡Muchísimas gracias, Philippe!

RINDE 1 CÓCTEL

2 tragos de tequila blanco (Patrón o
    Herradura son buenas marcas)
1 trago de Alize Gold Passion

1 trago de néctar de agave (ver Nota)
Jugo de 1 limón verde
Ramitos y hojas frescas de menta

(continúa)

Llene una coctelera con hielo hasta la mitad. Agregue el tequila, el Alize, el néctar de agave y el jugo de limón y agite bien. Sirva con hielo en un vaso doble. Corte una o dos hojas de menta y frote el borde del vaso. Agregue un ramito de menta al hielo.

NOTA: El néctar de agave proviene del corazón o la *piña* de la planta de agave, la misma que nos da el tequila y el mezcal. Su color y dulzura son semejantes a las de la miel. Se consigue en tiendas de alimentos saludables y especializados.

Sangría de cava

Hace varios años, mi esposo Jerry y yo comenzamos una nueva tradición: viajar con nuestros hijos a algún lugar del mundo de habla hispana. En el primero Año Nuevo que pasamos en el extranjero, yo me sentía un poco nerviosa por la forma en que reaccionarían los niños al estar lejos de casa y del entorno familiar. Todos nos vestimos para la ocasión, y más aún cuando nos pusimos los disfraces y sombreros que nos dieron a cada uno. (Tengo una foto de Jerry con un sombrero antiguo de sacerdote y los niños con lentes y narices grandes.) Para comenzar la cena nos dieron un vaso de sangría con un *amuse-bouche* de huevos de codorniz rellenos con mousse de jamón ibérico. ¡Fue algo inolvidable!

RINDE 12 PORCIONES • TIEMPO DE PREPARACIÓN: 10 MINUTOS

2 tazas de agua seltzer o mineral con gas bien helada

1 taza de brandy de durazno bien helada

1 taza de azúcar superfina

2 botellas de cava bien heladas de 750 ml (vino espumoso español)

Unas 4 tazas de bayas surtidas, como arándanos, moras y frambuesas, lavadas y escurridas

Mezcle el agua seltzer, el brandy y el azúcar en un recipiente. Descorche la botella de vino y agregue poco a poco cuando el azúcar se haya disuelto. Vierta la mitad de las bayas a la sangría y decore cada vaso con el resto.

Tostaditas de lechuga, tomate y cebolla (o Tostadas)

Esta es una ensalada muy simple y finamente picada, y por eso es tan atractiva. Además de agregarle a las tostaditas, puede acompañarla con tacos, hamburguesa (o cualquier alimento a la parrilla), o como un aperitivo rápido para clima caliente.

RINDE UNAS 3 TAZAS, SUFICIENTE PARA UNAS 30 TOSTADITAS, 4 TOSTADAS, O 4 ENSALADAS PARA PLATO DE ENTRADA • TIEMPO DE PREPARACIÓN: 15 MINUTOS

3 tazas de lechuga romana finamente picada (una media cabeza de corazón de lechuga romana)

2 tomates medianos maduros (12 onzas aprox.), sin corazón ni semillas, y cortados en dados de ½ pulgada (1¾ de taza aprox.)

½ cebolla roja pequeña, cortada en dados de ¼ de pulgada (½ taza aprox.)

2 cucharadas de aceite de oliva

Jugo de 1 limón verde

Sal marina o kosher y pimienta fresca molida

½ taza de queso fresco desmenuzado o ricotta salata

30 chips de maíz para las tostaditas, caseras o compradas (ver página 175), o cuatro tortillas de maíz de 6 pulgadas, fritas o al horno (ver página 175)

1. Mezcle la lechuga, los tomates y la cebolla en un recipiente. Puede hacerlo un día antes y refrigerar en una bolsa plástica. Agregue el aceite de oliva y el jugo de limón, revuelva de nuevo y sazone con sal y pimienta al gusto.

2. Vierta el acompañamiento y un poco de queso fresco en las tostaditas o chips y sirva de inmediato. Si la ensalada es el plato de entrada, simplemente divídala en 4 platos y vierta el queso de manera uniforme.

VARIACIONES: Agregue un poco de picante con jalapeño finamente picado o utilice Vinagre (página 308) en vez del jugo de limón para aderezar la salada.

Dele un toque puertorriqueño añadiendo piña a la plancha o al horno en rodajas pequeñas, o aguacate en rodajas.

Tostadas y tostaditas

Las tostadas son el perfecto almuerzo callejero mexicano: una tortilla de maíz frita y crujiente acompañada con cualquier cantidad de adiciones calientes o frías. Es como un sándwich abierto, preparado en un pan y crujiente con sabor a maíz. Servidas en miniatura, se llaman tostaditas y son excelentes para una fiesta de cócteles.

TOSTADITAS: La forma más fácil de servir tostaditas (mini tostadas) es abrir una bolsa de chips de maíz de buena calidad y servir alguna adición encima. Si es posible utilice chips redondos, que son semejantes a las mini tortillas de maíz. Sin embargo, los de forma triangular también funcionan bien.

Para hacer los chips, saque tortillas de tamaño normal (de 6 pulgadas aprox.) y corte en cascos o en círculo con un cortador de galletas. Agregue ¼ de taza de aceite vegetal en una sartén grande y pesada y caliente a fuego medio alto hasta que la punta del mango de una cuchara de madera produzca burbujas continuas (350°F aprox.). Vierta tantos cascos o círculos en el aceite que quepan sin tocarse, y cocine, dando vuelta una vez, hasta que estén crujientes y ligeramente dorados, 4 minutos aprox. Escurra en una fuente para hornear con toallas de papel y repita el procedimiento con las otras tortillas. Vierta más aceite si es necesario.

Si quiere unos chips más "light", precaliente el horno a 350°F. Engrase ligeramente una fuente para hornear (o dos) con aceite vegetal. Vierta un poco de aceite en la palma de la mano, frótese las palmas y unte en las tortillas para lubricarlas. Hornee hasta que estén crujientes y ligeramente doradas, 10 minutos aprox. Puede hornear o freír los chips varias horas antes de servir.

TOSTADITAS PARA EL ALMUERZO: Simplemente fría u hornee tortillas de trigo integral como describí anteriormente. Son deliciosas cuando se sirven recién sacadas de la sartén o del horno, aunque el acompañamiento sea frío.

Tostaditas de frijoles negros y queso fresco (o Tostadas)

Esta ensalada simple puede servir de plato acompañante para una noche ocupada o para una parrillada, especialmente si se prepara con frijoles enlatados. Es una opción ideal para un picnic y no contiene mayonesa.

RINDE 2 TAZAS, SUFICIENTE PARA ACOMPAÑAR 24 MINI TOSTADITAS O 2 TOSTADAS • TIEMPO DE PREPARACIÓN: 10 MINUTOS (CON FRIJOLES ENLATADOS; MÁS TIEMPO SI PREPARA LOS FRIJOLES EN CASA) • TIEMPO DE COCCIÓN: 0 CON CHIPS COMPRADOS; UNOS 30 MINUTOS SI LOS PREPARA EN CASA

1 lata de frijoles negros de 15½ onzas, lavados y escurridos, o 1½ tazas de frijoles negros cocidos (ver página 161)

¼ taza de cebolla roja finamente picada

¼ taza de cilantro finamente picado

2 cucharadas de aceite de oliva

2 cucharaditas del jugo de limón verde

½ cucharadita de páprika ahumada

Sal marina o kosher y pimienta molida

½ taza de queso fresco o cotija desmenuzado para el acompañamiento

24 chips de maíz para las tostaditas caseros o comprados (ver página 175) o dos tortillas de maíz de 6 pulgadas, fritas o al horno (ver página 175)

Hasta 2 horas antes de servir, mezcle los frijoles, la cebolla, el cilantro, el aceite oliva, el jugo de limón y la páprika ahumada en un recipiente hasta que los frijoles estén brillantes. Sazone con sal y pimienta al gusto. Vierta un poco de ensalada en cada chip. Adorne con un poco de queso y sirva de inmediato.

Pa amb Tomaquet

Para hacer *pa am tomaquet* ("pan y tomate" en catalán), corte una baguette o barra de pan campesino en rodajas de ½ pulgada. Hornee el pan en una parrilla de carbón o de gas ligeramente engrasada hasta que el pan esté tostado y con marcas, 3 minutos por cada lado aprox. También puede hornear el pan: Caliente el horno a 375°F. Coloque el pan en una sola capa en la fuente para hornear. Hornee, dando vuelta una vez y mueva las rodajas de pan en la bandeja para que se horneen de manera uniforme, hasta que estén ligeramente doradas por ambos lados, 12 minutos aprox.

Corte un tomate bien maduro por la mitad y retire las semillas. Frote de inmediato el lado cortado del tomate en ambos lados del pan horneado, vigorosamente. Sazone con sal y con el mejor aceite de oliva español que pueda encontrar. El pan sabe mejor si es preparado y consumido cuando todavía está tibio, pero puede prepararlo a la parrilla o al horno y recalentarlo antes de servir.

Dip o relleno de cangrejo

Este dip sabe mejor si se consume recién preparado, y usted puede hacerlo con anticipación, refrigerar y llevar a temperatura ambiente antes de servir. La dulzura natural del cangrejo y la acidez del queso crema equilibra bien los sabores del dip. Sirve para acompañar prácticamente cualquier plato.

RINDE 3½ TAZAS, SUFICIENTE PARA 16 PERSONAS • TIEMPO DE PREPARACIÓN: 20 MINUTOS

1 taza de doble crema

1 diente de ajo pelado y machacado

2 hojas de laurel

Medio queso crema con cebollino y cebolla, de 8 onzas

2 cucharadas de perejil liso o cebollino picado

Cáscara finamente rallada de 1 limón amarillo

Sal marina o kosher y pimienta fresca molida

1 libra de carne de cangrejo en trozos, sin caparazón ni cartílagos

ACOMPAÑANTES (UNO O TODOS)

Botes de apio

Triángulos de pimiento rojo

Pan crujiente en rodajas

Pan tipo black party

Cascos de pan pita

1. Caliente la crema, el ajo y el laurel en una olla pequeña. Reduzca a fuego lento y cocine hasta que la crema se haya reducido a ½ taza.

2. Retire las hojas de laurel y el ajo, y sirva la crema en un recipiente. Agregue el queso crema, el perejil, la cáscara de limón y sal y pimienta al gusto. Incorpore cuidadosamente el cangrejo para que la carne no se deshaga. Enfríe a temperatura ambiente y sirva. Puede refrigerar hasta un día. Lleve a temperatura ambiente antes de servir, 1 hora aprox.

3. Sirva en el centro de un plato con los acompañantes de su elección alrededor.

VARIACIÓN:

PIMIENTOS PIQUILLOS RELLENOS DE CANGREJO: Para el relleno de pimientos piquillos, prepare el dip sin la doble crema. Escurra los pimientos y seque con toallas de papel (Un frasco de 10 onzas contiene 10 pimientos enteros aprox.). Rellene los pimientos con la carne de cangrejo. Si desea, puede cortar los pimientos que no vaya a rellenar en pedazos muy pequeños, y agregarlos a la mezcla del cangrejo. Vierta migas de pan (página 73) sobre el relleno si tiene a mano.

Trago picante de gazpacho

Esta receta resultó de un modo divertido. Tengo un servicio de banquetes llamado The Passionate Palate, y muchas veces sirvo gazpacho como un elegante plato de entrada. En una ocasión particular, me había quedado una gran cantidad de gazpacho, lo que no era exactamente una tragedia, pues al día siguiente tenía un brunch en mi casa para varios invitados. Con un poco de ingenuidad, y debido a que no me gusta desperdiciar comida, le di un buen uso a ese gazpacho (así como al restante de los licores) y lo transformé en algo muy especial. Y entonces pensé que sería divertido preparar un gazpacho "jugoso", agregándole un poco de alcohol y sirviéndolo en vasos para licor. Y lo hice.

RINDE 6 TAZAS (24 PORCIONES APROX.) • TIEMPO DE PREPARACIÓN: 20 MINUTOS

1 botella de jugo de tomate de 32 onzas, picante si así lo prefiere

1 cebolla española grande, cortada en dados grandes (1½ tazas aprox.)

1 pepino mediano, pelado, sin semillas y cortado en dados de ½ pulgada (1½ tazas aprox.)

1 pimiento rojo sin corazón ni semillas, cortado en dados grandes (1½ tazas aprox.)

½ jalapeño con semillas

2 dientes de ajo

Sal marina o kosher

¾ taza de tequila amarillo

Jugo de 1 limón verde

¼ cucharadita de comino en polvo

Cebollana, cortada en pedazos de 3 a 4 pulgadas (dependiendo del tamaño de los vasos), o rodajas de aguacate (opcional)

1. Vierta el jugo de tomate en una jarra de medio galón. Pase la cebolla, el pepino, el pimiento, el jalapeño y el ajo a una juguera y agregue al jugo de tomate. Sazone con sal al gusto y añada el tequila, el jugo de limón y el comino. Refrigere al menos 1 hora o desde la noche anterior.

2. Sirva en vasos helados o en copas para aperitivo, con un pedazo de cebollana o aguacate en cada uno si prefiere.

Bloody Mary de Ceviche

Esta es una opción divertida para una fiesta de cóctel o para un brunch. Utilice todos los ingredientes que lleva el Bloody Mary, tomates, especias, apio y jugo cítrico para adobar un refrescante ceviche de camarones. El ceviche realza el sabor dándole un toque misterioso al Bloody Mary gracias a la "leche de tigre", el término suramericano para el líquido del ceviche, ver página 69.

RINDE UNAS 4 TAZAS (12 PORCIONES APROX. PARA FIESTA DE CÓCTEL) • TIEMPO DE PREPARACIÓN: 20 MINUTOS • TIEMPO DE "COCCIÓN": 4 A 24 HORAS PARA "COCINAR" EL CAMARÓN EN EL JUGO CÍTRICO

1 libra de camarones pequeños (de 40 a 50 por libra) pelados y desvenados

½ taza de tomate sin semillas y en cubos (de ½ pulgada)

2 cebollanas, sin las puntas y en rodajas delgadas (¼ de taza aprox.)

¼ taza de cilantro compacto y picado

Jugo de 4 limones grandes, o la cantidad necesaria

Chiles de cualquier tipo, desde un jalapeño o dos sin semillas para un picante suave, o un habanero entero y pequeño (con semillas y todo) para un sabor muy picante (ver página 314)

Sal marina o kosher

1 tallo de apio, pelado y cortado en dados de ½ pulgada (½ taza aprox.)

½ pepino grande sin semillas, cortado en dados de ½ pulgada (1 taza llena)

2 cucharadas de aceite de oliva

Chips de maíz (opcional)

1. Mezcle los camarones, el tomate, la cebollana, el cilantro, el jugo de limón y los chiles en un recipiente. Sazone con sal al gusto. Pase el ceviche a un recipiente alto. El jugo de limón debe cubrir todos los ingredientes. En caso contrario exprima más limón. Refrigere hasta que los camarones estén opacos, un mínimo de 4 horas o durante toda la noche.

2. Escurra el ceviche y reserve el líquido para los Ceviche Bloody Marys (receta a continuación; debe tener ½ taza del líquido aprox.) Sirva el ceviche escurrido en un recipiente, agregue el apio y el pepino, agregue el aceite de oliva y mezcle bien. Sirva el ceviche con una cuchara.

3. Hay dos opciones para servir: ponga una pila de platos pequeños y tenedores al lado del ceviche o una canasta de chips de maíz al lado del ceviche, y deje que los invitados acompañen los camarones y vegetales con chips.

Ceviche Bloody Mary

Sabe igual de delicioso aunque lo prepare sin licor.

RINDE 10 BEBIDAS • TIEMPO DE PREPARACIÓN: 10 MINUTOS
(NO INCLUYE EL TIEMPO DE "COCCIÓN" DEL CEVICHE)

1 botella de jugo V8 de 46 onzas (normal o "Spicy Hot")

2 tazas de vodka o tequila (puede utilizar menos o preparar sin alcohol)

El líquido escurrido del Bloody Mary Ceviche (ver receta anterior; ½ taza aprox.)

2 chorritos de salsa inglesa

2 cucharaditas de rábano picante

Jugo de 1 limón verde

Sal marina o kosher y pimienta fresca molida

VEGETALES PARA DECORAR (UNO O TODOS LOS SIGUIENTES):

Barras de pepino de 6 pulgadas, tallos de apio (los tallos interiores con hojas son apropiados) o cebolletas sin las puntas

1. Mezcle todos los ingredientes en una jarra grande (salvo los vegetales para decorar). Refrigere un mínimo de 2 horas o durante 1 día.
2. Sirva bien helado o en las rocas con las barras de pepino, apio y/o cebolletas.

Trucha ahumada y canapés de endivias

Durante un almuerzo en el restaurante Botafumeiro en Barcelona, el plato principal fue trucha y macarela ahumadas con alcaparras y mostaza en granos. No sabía que en Barcelona acostumbraran comer pescado ahumado, pero ambos estaban deliciosos. Para el postre, nuestro camarero sugirió que probáramos cascos de naranja valenciana con galletas de almendras. El sabor y jugosidad de las naranjas fueron algo insuperable después del pescado ahumado. La línea que separa el plato principal del postre desapareció, y recordé los canapés, que siempre son descomplicados. Así es como me gusta la comida para una fiesta de cóctel: sustancial, hermosa y llena de sabores. Esta receta funciona con cualquier tipo de pescado ahumado: macarela o bacalao negro son sólo dos de ellos.

RINDE 30 CANAPÉS APROX. • TIEMPO DE PREPARACIÓN: 30 MINUTOS

3 naranjas ombligonas

½ cebolla roja pequeña, cortada en rodajas delgadas (¾ taza aprox.)

2 cucharadas de alcaparras escurridas (las mejores para esta receta son "nonpareil")

1½ cucharadas de perejil liso picado

2 filetes de trucha ahumada (6 onzas aprox.)

2 cucharadas de aceite de oliva

1½ cucharaditas de champaña o vinagre de vino blanco

Sal marina o kosher y pimienta fresca molida

2 cabezas grandes de endivias belgas

1. Corte la parte superior e inferior de la naranja y retire la piel y tanta corteza blanca como sea posible. Haga lo mismo con las membranas, utilizando un cuchillo de cocina. Vierta el jugo en un recipiente pequeño y reserve. Corte 2 cascos de naranja por la mitad en sentido diagonal.

2. Coloque las naranjas en un recipiente grande y agregue la cebolla roja, las alcaparras y el perejil. Retire la piel de la trucha y desmenuce en pedazos grandes sobre el recipiente.

3. Mezcle una cucharada del jugo de naranja reservado, el aceite de oliva, el vinagre, la sal y la pimienta al gusto en un recipiente pequeño. Lleve a temperatura ambiente antes de servir, 30 minutos aprox.

4. Corte las puntas de las endivias y retire las hojas exteriores. Cuando las hojas dejen de desprenderse fácilmente, corte otro pedacito de la raíz y repita el procedimiento. Se recomiendan hojas grandes de un mínimo de 3 pulgadas. Si tienen menos de este tamaño, reserve para una ensalada; debería tener unas 30 hojas grandes.

5. Coloque las hojas en un plato. Agregue la ensalada de trucha ahumada y sazone con sal y pimienta si prefiere. Sirva una cucharada abundante de ensalada en la parte más amplia de cada hoja de endivia. Utilice las puntas de las hojas como pequeñas agarraderas.

VARIACIONES: Sirva la ensalada como aperitivo en una hoja de radicchio. Rinde 6 porciones. Sirva la ensalada en un recipiente con *pa amb tomaquet* a los lados (página 176), rodajas de pan francés tostado o de pepino. Coloque una cuchara en el recipiente y deje que sus invitados preparen sus propios canapés.

Triángulos de filo con cangrejo y piña asada

El cangrejo de tierra de Puerto Rico es deliciosamente dulce y su textura es semejante al cangrejo Jonas o peekytoe. Mi tía Gabriela "limpiaba" los cangrejos cuando estaban vivos, alimentándolos con maíz seco y agua por tres días con sus noches antes de prepararlos. Consciente de lo mucho que le gustan a mami los cangrejos de su tierra, quise preparar una ensalada que fuera un poco diferente y especial, reemplazando la carne de cangrejo en trozos (preparada y que se encuentra con mayor facilidad) por el cangrejo de tierra. Entonces mezclé estos ingredientes y los serví en camas de lechuga, obteniendo como resultado un maravilloso plato de entrada para la cena de cumpleaños de Mami. Y de ahí, pasé a preparar un relleno para triángulos de filo, crujientes y mantequillosos. ¡Sé que les encantará, y lo mejor es que pueden prepararlo con anticipación y guardarlo en el congelador!

RINDE 40 TRIÁNGULOS APROX. • TIEMPO DE PREPARACIÓN: 1 HORA • TIEMPO DE COCCIÓN: 20 MINUTOS (SIN PRESTARLE ATENCIÓN)

1 piña pequeña (ver Nota)

Aceite de oliva

1 libra de carne de cangrejo en trozos, sin caparazón ni cartílagos

1 jalapeño picado (deje las semillas para un sabor más picante), o la cantidad y tipo de chile que prefiera (ver página 314)

2 a 3 cucharadas (o más) de cilantro fresco picado

Jugo de 1 limón verde

Sal marina o kosher y pimienta fresca molida

½ paquete de 1 libra de filo, congelado y en hojas (de 12 × 8 pulgadas aprox.), a temperatura ambiente

8 cucharadas de mantequilla, derretida, o la cantidad necesaria

1. Precaliente el horno a 400°F.
2. Pele y corte la piña como se describe en la receta Brisas del Caribe (página 32). Corte la piña en cuatro pedazos. Retíreles el corazón a dos de los pedazos. Reserve la otra mitad de la piña para otro uso. Corte los dos pedazos sin corazón a lo largo y por la mitad.

(continúa)

185

FIESTAS DE CÓCTEL

3. Unte las barras de piña con aceite de oliva y coloque en una fuente para hornear. Hornee dando vuelta una vez hasta que estén bien doradas por ambos lados, 20 minutos aprox. Retire y deje enfriar.

4. Corte la piña en dados de ¼ de pulgada. Mezcle suavemente la piña, el cangrejo, el jalapeño, el cilantro y el jugo de limón en un recipiente hasta que estén bien mezclados. Sazone con sal y pimienta al gusto.

5. Desenvuelva la pasta filo (ver notas para manipular la pasta filo en la página 313), y coloque las hojas en una superficie para cortar con uno de los extremos más pequeños hacia usted. Corte las hojas a lo largo en tres partes. Cubra las tiras de filo con papel de plástico y encima coloque una tela ligeramente húmeda. Saque 2 hojas de filo y coloque en la superficie de trabajo. Unte la mantequilla derretida en la parte superior de la hoja. Sirva una cucharadita abundante de mezcla de cangrejo en el borde de la franja más cercana a usted. Doble el borde inferior sobre el relleno, de tal forma que quede igual al del lado izquierdo, y siga doblando hasta formar un paquete triangular bien definido. Introduzca los bordes que cuelguen debajo del triángulo. Repita el procedimiento con la pasta filo, el relleno y la mantequilla restantes, colocando los triángulos en una fuente para hornear cubierta con papel pergamino o parafinado. Unte mantequilla en la parte superior de los triángulos. Si no va a hornearlos de inmediato, es mejor congelar los triángulos después de prepararlos. Congele la fuente para hornear y vierta suavemente en bolsas plásticas resellables o en recipientes herméticos cuando estén completamente congelados (pueden congelarse hasta 2 meses).

6. Precaliente el horno a 375°F poco antes de servir. Coloque los triángulos recién preparados o congelados en una fuente para hornear antiadherente o engrasada y deje reposar a temperatura ambiente mientras el horno se calienta.

7. Hornee hasta que la pasta filo esté crujiente y dorada, y el relleno caliente, 15 minutos aprox., si los triángulos están recién preparados, o 20 minutos si están congelados. Deje reposar 5 minutos antes de servir.

NOTA: Puede reemplazar la piña fresca por piña enlatada en rodajas de medio litro. Engrase y hornee la piña siguiendo las instrucciones de arriba, adaptando el tiempo de cocción según el tamaño de los pedazos de piña.

La Boquería

Marc y David prueban un poco de esto y de aquello.

Muchas veces escucho a mis huéspedes decir que cuando los invito a cenar, dejan de desayunar y de almorzar, a fin de prepararse para el banquete, lo que me parece el mejor de los cumplidos. Las comidas en mi casa pueden durar hasta cinco horas, y no estoy exagerando.

Sin embargo, en nuestro primer viaje "culinario" en familia, cuando fuimos a Barcelona, me enamoré de las tapas y de lo divertido que era probar tantos bocados diferentes, en vez de la cena tradicional a la que estábamos acostumbrados. No hay un evento que encaje tan maravillosamente con esta idea como una fiesta de cóctel.

Cuando visitamos esa maravilla de Barcelona conocida como La Boquería, pasamos de un pasillo al otro, extasiados ante la belleza de los mariscos, los vegetales, los productos de charcutería, los quesos y dulces. Caminamos por todo el mercado, probando pequeños bocados de jamón o un pedazo de queso, una copa de sidra, unos deliciosos pimientos piquillos asados y una gran variedad de croquetas celestiales. Jerry me dio media croqueta de jamón y queso mientras yo le daba una taza de sidra, y me dijo bromeando: "¡Esto es como una fiesta de cóctel!". Ese comentario encendió un bombillo en mi mente, y tomé nota para recrear aquella tarde lluviosa en La Boquería con nuestros amigos y familiares tan pronto como llegáramos a casa.

Por supuesto que hemos viajado mucho desde aquel entonces, y he escogido muchas recetas de mis viajes que funcionan excepcionalmente bien en una fiesta de cóctel. Las botanas mexicanas (un plato de bocados) con tostadas y mini ceviches que prácticamente son una comida completa, se adaptan muy bien al tema de las tapas, pero siempre que tenemos amigos o invitados a comer unos pocos bocados y tomar una bebida en casa, Jerry me guiña el ojo y recordamos aquellos maravillosos momentos en La Boquería de Barcelona.

Ángela disfruta el delicioso aroma de hongos y trufas.

Tostones fritos dos veces

Los tostones son un alimento básico del Caribe latino. Al igual que las mejores papas a la francesa, se preparan friendo 2 veces los plátanos; la primera vez a temperatura más baja para que se cocinen por completo, y la segunda a temperatura más alta para que tengan una textura más crujiente (ver la variación que sigue para más información sobre la forma de preparar tostones). Si utiliza la misma técnica, las rodajas gruesas de plátano y un utensilio llamado "tostonera", podrá hacer unos plátanos fritos que son el complemento perfecto para todo tipo de rellenos. Sobra decir que son ideales para una fiesta de cóctel: son fáciles de manipular y tan satisfactorios que pueden considerarse como una "verdadera" comida.

RINDE 16 TOSTONES FRITOS APROX. (DEPENDIENDO DEL TAMAÑO DE LOS PLÁTANOS) • TIEMPO DE PREPARACIÓN: 45 MINUTOS • TIEMPO DE COCCIÓN: 15 MINUTOS

PARA LOS TOSTONES
4 plátanos verdes
Aceite vegetal para freír

PARA EL RELLENO (UNO O TODOS)
Relleno de cangrejo (página 259)
Relleno para Tacos de cerdo desmechado
  (página 208)

Salsa "Xni Pec" (página 69)
Relleno para bacalao salado y napoleones
  de berenjena japonesa (página 206)
Cualquiera de los rellenos para empanada
  que aparecen de la página 59 a la 65

1. Pele los plátanos (ver página 315). Corte los plátanos en sentido diagonal en 4 pedazos más o menos iguales (de ½ pulgada de largos). Si no va a freír los plátanos de inmediato, coloque en un recipiente con agua fría y salada y remoje 2 horas. Escurra y seque bien antes de continuar.

2. Vierta 3 pulgadas de aceite en una olla grande y caliente hasta que la punta de una cuchara de madera sumergida en el aceite produzca una corriente débil de burbujas (325°F aprox.). Suavemente, vierta los plátanos en el aceite para que quepan cómodamente. Fríalos dando vuelta ocasionalmente hasta que estén tiernos al contacto con la punta de un cuchillo de cocina, por 5 minutos aprox. Retire con una espumadera de alambre (ver foto, página 154) o convencional y seque con toallas de papel. Repita el procedimiento con los plátanos restantes.

3. Comience a hacer los tostonesnes cuando fría todos los plátanos (y estén lo suficientemente fríos para manipularlos). Coloque un plátano en el orificio de una tostonera y cierre bien la tapa. Saque de la tostonera y repita el procedimiento con el resto de los plátanos (puede

prepararlos hasta este punto con una hora de anticipación. Reserve a un lado a temperatura ambiente).

4. Antes de servir, caliente de nuevo el aceite hasta que la punta de una cuchara de madera sumergida en el aceite produzca un flujo considerable de burbujas (360°F aprox.). Vierta cuidadosamente tantos tostones en el aceite como quepan sin amontonarse y fría hasta que estén crujientes y bien dorados, 4 minutos aprox. Retire con espumadera de alambre o convencional y seque en toallas de papel. Fría los plátanos restantes. Sirva en 5 minutos a más tardar con el relleno de su elección encima.

VARIACIÓN:

TOSTONES: Pele los plátanos verdes que quiera (ver página 315). Un plátano verde mediano alcanza para 2 de tostones aprox. Corte en rodajas diagonales de ½ pulgada de grosor. Fríalos en aceite a 325°F, como se describe arriba, y aplaste cuando todavía estén calientes con un martillo para carnes, o con el fondo de una sartén sólida y pequeña hasta que tengan ¼ de pulgada de grosor aprox. Puede preparar los tostones hasta este punto con una hora de anticipación antes de servir. Fríalos de nuevo a una temperatura más alta hasta que estén dorados y crujientes, 2 minutos aprox. por cada lado. Sirva calientes.

Fría los plátanos verdes en aceite ligeramente caliente hasta que estén suaves.

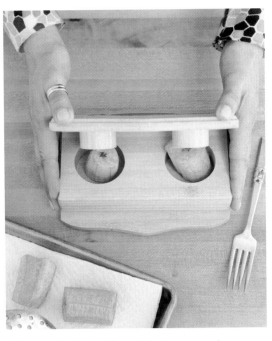

Coloque cada plátano frito en la tostonera y presione firmemente hacia abajo.

Retire el plátano de la tostonera.

Fría los plátanos en aceite caliente hasta que estén crujientes.

Hongos rellenos con chorizo

Siempre, y quiero decir siempre, que sirvo estos hongos, mis familiares y amigos me piden más y más. Los hongos que se encuentran en España —entre ellos los roellos, trozos y llenguas— son carnosos y terrosos, y desafortunadamente no se consiguen en los Estados Unidos. Sin embargo, los hongos blancos o cremini son una opción excelente. La fragancia de chorizo se combina con la textura almendrada de las migas tostadas y la frescura de los hongos para producir una increíble explosión de sabor.

RINDE 6 PORCIONES • TIEMPO DE PREPARACIÓN: 30 MINUTOS • TIEMPO DE COCCIÓN: 25 MINUTOS

1 chorizo español (de 4 onzas aprox.), sin la envoltura

18 hongos blancos o cremini grandes (son ideales de 2½ a 3 pulgadas de ancho)

⅓ taza de aceite de oliva, más 1 cucharada

⅓ taza de cebolla finamente picada

½ taza de migas de pan, más 2 cucharadas

¼ taza de Caldo de pollo casero (página 303) o comprado

2 cucharadas de perejil fresco picado

⅓ taza de queso manchego rallado grueso

1. Precaliente el horno a 400°F.

2. Corte el chorizo en pedazos de una pulgada y coloque en un procesador de alimentos. Pulse hasta que el chorizo esté bien triturado. Pase a un recipiente pequeño y reserve a un lado.

3. Retire los tallos de los hongos y coloque la mitad de éstos en el procesador. Reserve la parte restante para otro uso o descarte. Vierta una cucharada de aceite de oliva en los sombreros de los champiñones y coloque hacia abajo en una fuente para hornear. Reserve a un lado.

4. Vierta ⅓ de taza de aceite de oliva en una sartén grande y caliente a fuego medio alto. Agregue la cebolla y los tallos picados de hongos. Cocine revolviendo hasta que estén blandos, de 2 a 3 minutos. Agregue la miga de pan y revuelva hasta que esté tostada y dorada. Sirva la mezcla en un recipiente y reserve a un lado.

5. Limpie la sartén con toallas de papel y agregue el chorizo picado. Cocine a fuego alto, revolviendo hasta que esté fragante y brillante, por 3 minutos aprox. Agregue la mezcla con las migas de pan. Añada el caldo de pollo y el perejil y revuelva con un tenedor. Incorpore el queso manchego.

6. Utilice una cuchara para rellenar los sombreritos de los champiñones de una forma atractiva (pueda hacerlo un día antes. Coloque en una fuente para hornear, cubra bien con papel plástico y refrigere).

7. Hornee los hongos hasta que el relleno esté ligeramente dorado, de 20 a 25 minutos. Sirva caliente o tibio.

Wontón de camarones con puré de plátano, boniato y salsa de piña con ron

Los boniatos o las batatas no son tan dulces como la "papa dulce" (*sweet potato*) que se come siempre en el día de Acción de Gracias. Pero una vez cocinadas, tienen una textura cremosa y un sabor que se encuentra a mitad de camino entre la papa y el ñame. Los plátanos verdes son firmes, con un encanto suave y almidonado. Juntos, hacen un puré delicioso que funciona maravillosamente como plato de acompañamiento, y que es inesperado al encontrarlo en la envoltura de un wontón que contiene un jugoso camarón.

La salsa agridulce de piña es el acompañamiento perfecto, y el conjunto es un éxito seguro en cualquier fiesta de cóctel.

RINDE 36 WONTÓNS APROX., MÁS SUFICIENTE PURÉ DE PLÁTANO Y BONIATO PARA SERVIR DE 4 A 6 • TIEMPO DE PREPARACIÓN: 1 HORA • TIEMPO DE COCCIÓN: 40 MINUTOS (10 PARA LOS CAMARONES, 30 PARA LA SALSA)

PARA LA SALSA

½ taza de piña cortada en dados de ¼ de
   pulgada
1½ tazas de jugo de naranja
1 cucharada de azúcar
1 anís estrella
¼ taza de ron blanco

PARA EL PURÉ DE PLÁTANO Y BONIATO

3 plátanos verdes

2 batatas o boniatos medianos, aprox.
   1½ libras
3 dientes de ajo picados
Sal marina o kosher y pimienta fresca molida

1 paquete de pieles de wontón
3 libras de camarones jumbo (12 a 15
   por libra), pelados (con la cola) y
   desvenados
Aceite de canola, para freír

1. Para la salsa: Ponga a hervir la piña, el jugo de naranja, el azúcar y el anís estrella en una olla mediana a fuego alto. Ajuste el fuego para que el líquido hierva a fuego lento y se cocine hasta que se vuelva como un sirope y se reduzca a un cuarto de su volumen original, aprox. ½ taza. Agregue el ron y cocine por 2 a 3 minutos. Retire del fuego y deje enfriar. La salsa se puede hacer hasta una semana antes. Recalentar suavemente antes de servir.

2. Para el puré de plátano y boniato: Pele los plátanos (ver página 315) y los boniatos. Córtelos todos en dados de 1 pulgada. Vierta en una olla lo suficientemente grande para que quepa todo confortablemente. Agregue suficiente agua fría para cubrir todo generosamente, y añada

el ajo y ponga a hervir. Cocine hasta que los plátanos y los boniatos se hayan ablandado, aprox. 20 minutos. Escurra con abundante agua.

3. Transfiera la mezcla de plátanos, boniatos y ajo a una bandeja grande donde le pueda agregar la sal y la pimienta y triturar para hacer un puré bastante suave. Si piensa servir parte del puré como plato de acompañamiento, puede servirlo de inmediato o dejarlo enfriar hasta 1 día. Para recalentar, ponga a hervir ½ pulgada de agua y 1 cucharada de aceite de oliva o aceite vegetal en una olla pesada. Agregue el puré refrigerado y revuelva hasta que se suavice y se caliente por completo. Ajuste la sal y pimienta antes de servir.

4. Envuelva los camarones: Coloque un papel wontón en el área de trabajo, con una de las puntas dirigida hacia usted. Centre un camarón sobre el papel wontón, con la cola sobrepasando ligeramente la punta que esté más cerca de usted. Humedezca los bordes del papel con un dedo ligeramente mojado con agua. Deposite una cucharada del puré sobre el camarón, cubriéndolo de manera uniforme. Doble la esquina más alejada de usted por encima del camarón y luego doble los dos lados laterales para cubrirlo casi todo, dejando sólo el lado más cercano a usted abierto y con la cola del camarón colgando por fuera. Oprima todos los bordes con suavidad para sellar los camarones de manera segura. Disponga los wontóns de camarón sobre un papel pergamino a medida que los vaya haciendo. Repita el procedimiento con todos los papeles de wontón que le quedan. Congele los wontóns sobre el papel pergamino y luego transfiéralos a recipientes para el congelador. Descongele en el refrigerador unas horas antes de ponerlos a freír.

5. Freír los wontóns: Vierta ½ pulgada de aceite de canola en una sartén grande. Caliente sobre fuego mediano hasta que la punta del mango de una cuchara de madera sumergida en el aceite produzca un chisporroteo continuo (350°F aprox.). Deposite cuantos wontóns quepan en la sartén sin tocarse unos con otros. Deles la vuelta cuando sea necesario, hasta que estén dorados de todos los lados, aproximadamente 4 minutos. Si los papeles de wontóns empiezan a cambiar de color demasiado rápidamente, baje el fuego; si no el papel se dorará antes que los camarones se hayan cocinado por completo. Escurra sobre toallas de papel. Los wontóns se pueden guardar calientes en un horno puesto en 200°F o "tibio", mientras fríe los demás. Sirva caliente con la salsa en una taza por separado.

UNA PUNTADA EN EL TIEMPO: Esta receta viene con el valor agregado de contener un plato de acompañamiento, aproximadamente 4 tazas (4 a 6 porciones) de un pure de plátanos y boniato. O véalo desde otra perspectiva: Haga el puré como acompañamiento para amigos y familia, y luego utilice lo que sobre para crear estos deliciosos pasabocas y guárdelos en el congelador. Ahorro perfecto.

Arepitas de almejas

Definitivamente la jícama no es un producto tradicional, pero estas arepitas tienen una textura crujiente parecida al apio o a la cebolla cruda.

RINDE 24 AREPITAS APROX. • TIEMPO DE PREPARACIÓN: 30 MINUTOS (INCLUIDA LA COCCIÓN DE LAS ALMEJAS) • TIEMPO DE COCCIÓN: 4 MINUTOS POR TANDA

2 docenas de almejas cherrystone o de concha dura, cepilladas
1 taza de harina
1 cucharadita de polvo para hornear
½ cucharadita de pimienta roja en hojuelas
2 huevos extra grandes

½ taza de jícama rallada en pedazos grandes o apio en cubos pequeños (o también castañas de agua)
3 cucharadas de cilantro fresco picado
Aceite de canola para freír

1. Cubra bien el fondo de una olla grande con agua. Hierva, agregue las almejas y tape la olla. Cocine hasta que las almejas se abran, de 6 a 7 minutos. Escurra las almejas y reserve el líquido. Retire la concha y descarte cuando las almejas se enfríen un poco y pueda manipularlas. Corte las almejas.

2. Vierta la harina, el polvo para hornear y la pimienta roja en hojuelas en un recipiente mediano. Bata los huevos y ⅔ de taza del líquido de cocción de las almejas en otro recipiente. Añada la mezcla de huevo a los ingredientes secos y luego agregue las almejas picadas, la jícama y el cilantro. Revuelva hasta que las almejas estén bien distribuidas y los ingredientes secos se hayan humedecido. Deje reposar mientras calienta el aceite.

3. Caliente 2 pulgadas de aceite en una sartén profunda o en una olla grande a fuego medio hasta que la punta del mango de una cuchara de madera sumergida en el aceite produzca un chisporroteo continuo (350°F aprox.). Utilice una cucharada para cada arepita y vierta en el aceite cucharadas abundantes de la mezcla de modo que quepan sin amontonarse. Cocine dando vueltas si es necesario hasta que estén bien doradas por todos los lados y calientes, 4 minutos aprox. Si es necesario ajuste el fuego para que el aceite conserve una temperatura de 350°F aprox. Retire las frituras y seque en un plato cubierto con toallas de papel. Repita el procedimiento con las arepitas restantes.

CONSEJO: Congele el líquido de cocción de las almejas que haya sobrado. ¡Una pequeña botella de ese jugo vale 3 dólares en el supermercado!

Mejillones rellenos tradicionales

Este es un plato que se puede encontrar prácticamente en cualquier restaurante español tradicional, como El Quijote, al lado del Hotel Chelsea en Manhattan. El relleno es cremoso y contiene pedazos de jamón y hongos. La costra crujiente y dorada tiene un aspecto atractivo y una textura adorable. Hay que prestarles un poco de atención en el último momento para que queden crujientes, pero todo lo demás puede (y debe) hacerse con varias horas de anticipación.

RINDE 40 MEJILLONES RELLENOS APROX. • TIEMPO DE
PREPARACIÓN: 30 MINUTOS • TIEMPO DE COCCIÓN: 10 MINUTOS

PARA LA SALSA BECHAMEL
3 cucharadas de mantequilla
3 cucharadas de harina
1 taza de leche

PARA LOS MEJILLONES
1 libra de mejillones pequeños (20 aprox.;
    ver Nota, página 214), cepillados y sin
    barba
2 cucharadas de aceite de oliva
1/3 taza de cebolla amarilla finamente
    picada
2 dientes de ajo picados
1 cucharada de hongos blancos o cremini
    finamente picados

3 onzas de jamón serrano o prosciutto
    en rodajas (cortado en pedazos
    de 1/8 de pulgada de grosor), y en
    dados (1/3 de taza aprox.)
2 cucharadas de perejil fresco picado
1 cucharada de jerez seco
Sal marina o kosher
1 huevo
1 taza de migas de pan secas, o la
    cantidad necesaria
Aceite de canola para freír

1. Para preparar la salsa bechamel: Derrita la mantequilla en una olla mediana a fuego medio bajo. Agregue la harina y cocine hasta que la mezcla esté suave y burbujeante pero sin color, 3 minutos aprox. Añada la leche y bata constantemente hasta que esté suave. Hierva y cocine revolviendo hasta que la mezcla esté espesa y brillante, 4 minutos aprox. Retire del fuego y reserve a un lado.

2. Vierta 1/2 pulgada de agua en una sartén amplia. Hierva, agregue los mejillones y tape la sartén. Hierva al vapor, revolviendo constantemente, hasta que los mejillones se abran, de 3 a 4 minutos. Escurra los mejillones y descarte el líquido de cocción. Retire las conchas de los

mejillones y separe las 2 mitades. Coloque las conchas en una fuente para hornear. Corte los mejillones en pedazos grandes y coloque en un recipiente pequeño; reserve a un lado.

3. Caliente el aceite de oliva en una sartén pequeña a fuego medio. Agregue la cebolla y el ajo y cocine revolviendo hasta que la cebolla esté suave pero no dorada, 4 minutos aprox. Añada los hongos y cocine revolviendo hasta que el líquido que suelten se haya evaporado. Agregue el jamón y el perejil y cocine por 1 minuto. Agregue el jerez y cocine hasta que se evapore. Sirva la mezcla de cebolla en el recipiente con los mejillones y sazone ligeramente con sal. Añada 2 cucharadas de salsa bechamel. Puede preparar el relleno un día antes. Cubra bien y refrigere.

4. Sirva el relleno en tantas conchas como pueda, asegurándose de cubrir bien y formar un promontorio muy pequeño. Utilice la salsa bechamel restante y vierta sobre cada concha con una cuchara pequeña, formando una capa uniforme hasta cubrir por completo. Refrigere por un mínimo de 15 minutos o durante algunas horas para que la salsa bechamel adquiera una consistencia firme.

5. Para cubrir los mejillones: Bata bien el huevo en un recipiente. Vierta las migas de pan en un plato. Sostenga cada concha por los bordes y agregue solo la mezcla cubierta con bechamel al huevo batido, sosteniendo el mejillón por un segundo o dos sobre el huevo para retirar el exceso y luego sumerja las migas untadas de huevo hasta cubrir el relleno por completo. Regrese a la fuente para hornear, con las migas hacia arriba. Cuando empanice todos los mejillones, deberían tardar un máximo de 30 minutos en estar listos.

6. Caliente ¾ de pulgada de aceite vegetal en una sartén amplia a fuego medio hasta que la punta del mango de una cuchara de madera sumergida en aceite produzca una corriente firme de burbujas (350°F aprox.). Agregue los mejillones que quepan cómodamente en el aceite con la concha hacia arriba y fría hasta que el empanizado esté bien dorado y el relleno caliente, 4 minutos aprox. Si el empanizado se oscurece muy rápido, reduzca el fuego y espere algunos minutos antes de freír el resto. Escurra brevemente en toallas de papel y fría los mejillones restantes. Sirva caliente.

Croquetas de arroz

Las croquetas transforman las sobras en pequeños manjares que pueden disfrutarse como tapas, refrigerios después de la escuela o incluso como un plato de acompañamiento para cualquier receta con pesto, como el Rabos de buey estofado (página 221) o el Pollo estofado con leche de coco y curry (página 139).

RINDE 24 CROQUETAS APROX. • TIEMPO DE PREPARACIÓN: 30 MINUTOS (MÁS TIEMPO PARA ENFRIAR EL ARROZ) • TIEMPO DE COCCIÓN: 4 MINUTOS POR TANDA

1 cucharada de aceite vegetal (si el arroz está crudo)

1 taza de arroz de grano mediano (¡que no sea de grano largo!), o 2½ tazas de arroz de grano mediano preparado y a temperatura ambiente

3 huevos extra grandes

1 taza de queso de cabra borracho, rallado grueso (ver Nota)

½ taza de arvejas congeladas, a temperatura ambiente

1½ cucharaditas de cebollino fresco picado

2 cucharadas de harina

2 tazas de migas de pan casero, sazonado, común o como usted prefiera

Aceite de canola para freír

1. Si no ha preparado el arroz: Caliente el aceite en una olla de medio galón a fuego medio. Agregue el arroz y revuelva hasta que se ponga lechoso, 2 minutos aprox. Cubra el arroz con agua por una pulgada y hierva. Cocine hasta que el nivel del agua sea igual al del arroz. Tape la olla, reduzca a fuego muy lento y cocine hasta que el arroz esté tierno pero firme, 20 minutos aprox. Retire del fuego, revuelva con un tenedor y pase a un recipiente. Enfríe a temperatura ambiente.

2. Bata uno de los huevos en un recipiente pequeño. Revuelva el queso, las arvejas, el cebollino y la harina con el arroz hasta mezclar bien. Enfríe hasta que un poco de la mezcla mantenga la forma al pincharla, por un mínimo de 1 hora. Puede preparar con 2 horas de anticipación y refrigerar.

3. Saque un poco de masa con una cuchara y forme croquetas suaves y redondas enrollando la mezcla entre sus manos. Coloque las croquetas en una fuente para hornear.

4. Bata los 2 huevos restantes en un recipiente poco profundo. Esparza las migas en un plato. Sumerja una croqueta en el huevo hasta que esté bien cubierta, sostenga sobre el plato durante unos segundos para escurrir el exceso, y luego coloque la croqueta sobre la miga de pan. Sacuda para que las croquetas queden bien cubiertas. Aplique las migas a las croquetas con golpecitos para que se adhieran y sacuda el exceso. Repita el procedimiento con las croquetas restantes y coloque en una fuente para hornear.

5. Para freír las croquetas: Caliente 2 cucharadas de aceite en una sartén sólida y profunda a fuego medio hasta que la punta del mango de una cuchara de madera sumergido en el aceite produzca un chisporroteo continuo (350°F aprox.). Vierta sólo las croquetas que quepan cómodamente en el aceite. Deles vuelta si es necesario hasta que estén bien doradas por todos los lados, 4 minutos aprox. Retire y escurra en un plato cubierto con toallas de papel. Repita el procedimiento con las croquetas restantes.

NOTA: El queso de cabra borracho es un queso español semi suave y remojado de 2 a 3 días en vino tinto. El resultado es un queso cremoso y considerablemente suave, ligeramente fuerte y con una corteza color vino tinto pálido. Es un poco difícil de encontrar, pero puede reemplazarlo por cualquier queso bueno y semi suave. El gouda ahumado es una buena alternativa, aunque no muy tradicional.

Arepitas de yuca

RINDE 18 AREPITAS APROX. • TIEMPO DE PREPARACIÓN: 15 MINUTOS • TIEMPO DE COCCIÓN: 4 MINUTOS POR TANDA

1 yuca pequeña (1¼ libras aprox.; ver Nota, página 85)

2 cucharadas de cebolla rayada

2 huevos grandes, batidos

4 cucharadas de mantequilla sin sal derretida

2 cucharadas de anisete, o de cualquier licor de anís

2 cucharaditas de polvo para hornear

¼ cucharadita de azúcar

Sal marina o kosher y pimienta fresca molida

1 cucharada de cilantro fresco picado

Aceite de canola para freír

1. Pele la yuca y ralle 2 tazas. Coloque la yuca rallada en un recipiente y agregue primero la cebolla, luego los huevos, después la mantequilla y mezcle después de cada adición. Añada el anisete, el polvo para hornear y el azúcar. Sazone con sal y pimienta. Vierta el cilantro.

2. Caliente ½ pulgada de aceite en una sartén a fuego medio alto hasta que la punta del mango de una cuchara de madera sumergida en el aceite produzca un flujo lento de pequeñas burbujas (340°F aprox.). Utilice una cuchara grande para cada arepita. Vierta con cuidado las arepitas que quepan en el aceite sin amontonarlas, y fríalas hasta que estén doradas por un lado, 2 minutos aprox. Deles vueltas con suavidad para evitar que se quiebren, y cocine hasta que el otro lado esté dorado, 1 minuto aprox. Seque en toallas de papel. Repita el procedimiento con la siguiente tanda y sirva calientes.

Coca de almejas, tocino y pimiento piquillo

RINDE 30 CANAPÉS APROX., O 6 PORCIONES PARA PLATO PRINCIPAL • TIEMPO DE PREPARACIÓN: 30 MINUTOS • TIEMPO DE COCCIÓN: 20 MINUTOS.

3 docenas de almejas cherrystone o de concha pequeña y dura, como Manila, cepilladas

Aceite de oliva

Harina de maíz amarilla gruesa

1 libra de masa para pizza comprada

¾ libra de tocino en rodajas

½ frasco de 10 onzas de pimientos piquillos (6 aprox.), cortados en pedazos de 1 pulgada aprox.

3 dientes de ajo finamente picados

1 taza de queso ricota entero

1. Precaliente el horno a 425°F.

2. Cubra bien el fondo de una olla grande con agua. Hierva, agregue las almejas y tape la olla. Cocine hasta que las almejas se abran, de 6 a 7 minutos. Escurra las almejas y descarte las conchas cuando estén frías y pueda manipularlas.

3. Mientras las almejas se enfrían, engrase una fuente para hornear de 13 × 18 (ver Consejo) con aceite de oliva y espolvoree una cantidad generosa de harina de maíz sobre el aceite. Amase en una superficie con un poco de harina hasta formar un rectángulo de 12 × 14 pulgadas aprox. No se preocupe si queda un poco más pequeña: Coloque en la fuente para hornear. Pinche toda la superficie con un tenedor a intervalos de ½ pulgada.

4. Cocine el tocino en una sartén o en un microondas hasta que esté ligeramente dorado y crujiente. No cocine hasta que toda la grasa se haya evaporado o hasta que el tocino se haya cocinado por completo: La grasa restante le dará sabor a la masa y el tocino quedará crocante una vez horneado. Seque con toallas de papel y corte en sentido diagonal en trozos de 1½ pulgadas.

5. Coloque las almejas, el tocino y los pimientos sobre la masa, repartiendo de manera uniforme y dejando un borde de ½ pulgada. Esparza el ajo encima. Vierta el queso ricota en los pedazos de la masa que quedaron sin cubrir. Hornee hasta que la masa esté bien dorada por los bordes, cuando se haya inflado y el tocino esté crujiente, 15 minutos aprox. Enfríe durante 5 minutos, pase a una tabla para cortar y corte en pedazos.

CONSEJO: Las bandejas rectangulares son muy útiles en el hogar. No son muy bonitas, pero son resistentes, económicas y un poco más grandes (13 × 18 pulgadas) que las fuentes para hornear más grandes disponibles en tiendas de artículos de cocina para el hogar. Es probable que encuentre las bandejas rectangulares allí, pero seguramente son más baratas en tiendas de artículos de cocina para restaurantes.

Coca de alcachofas, espárrago y queso de cabra

RINDE 30 BOCADOS APROX. O PARA 6 PORCIONES DE PLATO PRINCIPAL • TIEMPO
DE PREPARACIÓN: 20 MINUTOS • TIEMPO DE COCCIÓN: 20 MINUTOS

1 cebolla amarilla, cortada a lo largo por la mitad, y luego en rodajas delgadas (2 tazas aprox.)

2 cucharadas de aceite de oliva, y un poco más para engrasar la sartén

1 caja de corazones de alcachofas congelados de 9 onzas, a temperatura ambiente

1 cucharada de semillas de hinojo

1 cucharadita de tomillo fresco finamente picado

Sal marina o kosher y pimienta fresca molida

½ libra de espárragos (ver Nota)

Harina de maíz amarillo

1 libra de masa para pizza comprada

¼ de queso de cabra, cortada en rodajas de ½ pulgada

1. Vierta las cebollas, el aceite de oliva y ¼ de agua en una sartén grande y profunda y caliente a fuego alto. Cubra la sartén y cocine revolviendo ocasionalmente hasta que las cebollas estén translúcidas y suaves y el líquido se haya evaporado casi por completo, 10 minutos aprox. Retire la tapa y cocine hasta que todo el líquido se haya evaporado y las cebollas comiencen a oscurecerse, 5 minutos aprox. Reduzca a fuego bajo y cocine revolviendo ocasionalmente hasta que las cebollas estén muy tiernas y bien doradas, 10 minutos aprox. Pase a un recipiente y deje enfriar.

2. Escurra bien las alcachofas y agregue a las cebollas, junto con las semillas de hinojo, el tomillo, la sal y pimienta al gusto.

3. Caliente ½ pulgada de agua salada y hierva en una sartén amplia a fuego alto. Agregue los espárragos y cocine dándoles vuelta unas pocas veces hasta que estén tiernos pero firmes y completamente brillantes, 2 minutos aprox. para espárragos muy delgados, y hasta 6 minutos para espárragos gruesos. Pase los espárragos por un colador, enjuague brevemente con agua fría y seque con toallas de papel.

4. Precaliente el horno a 400°F. Engrase una bandeja rectangular (ver Consejo en la página 200) con un poco de aceite de oliva y espolvoree generosamente con harina de maíz.

5. Amase en una superficie con un poco de harina hasta formar un rectángulo de 12 × 16 pulgadas y coloque en la bandeja engrasada. Esparza la mezcla de cebolla de manera uniforme sobre la masa, dejando bordes de ½ pulgada aprox. Reparta los espárragos de manera

(continúa)

uniforme sobre la mezcla de cebolla, entrecruzándolos en fila o como usted prefiera, dependiendo del tamaño y de la forma en que los haya cortado. Rocíe queso de cabra sobre los vegetales.

6. Hornee hasta que los bordes de la masa estén bien dorados y el queso de cabra se haya oscurecido ligeramente, 20 minutos aprox. Deje enfriar 5 minutos, pase a una tabla para cortar y corte en pedazos.

NOTA: La coca puede prepararse con espárragos de cualquier grosor. Sin embargo, y para efectos de estética, corte los espárragos tan delgados como dedos, o más anchos por la mitad. También puede cortar los tallos de espárrago en pedazos más pequeños si prefiere.

Cocas: La respuesta española a la pizza

Si les dijera el número de cocas que comí en Barcelona, tendría que dedicar todo un capítulo, o tal vez incluso un libro, sólo a eso. El día que llegamos a Barcelona, desorientados y con *jet lag*, fuimos al Paseo de Gracia en busca de comida. Encontramos un lugar de tapas y pedimos prácticamente todo lo que había en el menú. Coincidimos en que una coca con la combinación estelar de almejas baby, tocino y pimientos piquillos era el ganador absoluto en nuestro viaje virginal al mundo de las tapas. La segunda coca que probamos, con queso de cabra, espárragos y cebolla acaramelada, está ligeramente basada en otro de mis platos favoritos de España. La original contenía sólo espárragos delgados y semillas de hinojo, pero pensé que el toque fuerte del queso de cabra y las cebollas dulces y suaves amalgaría todos los sabores. Hizo esto y mucho más, y quedó demostrado que cuando se trata de cocas, el cielo es el límite.

Coca de almejas, tocino y pimientos piquillos (página 200)

INVITACIONES A CENAR

No debe ser ninguna sorpresa que me guste invitar a cenar a las personas. Cuando yo era niña, mi abuela siempre tenía mucha gente en su casa. Le encantaba el ajetreo y el alboroto y se enorgullecía mucho de preparar platos que les gustaban a tantas personas. Yo no veía la hora de ser grande para hacer lo mismo.

Cuando Jerry y yo nos casamos, él estaba haciendo su residencia médica. Sus horarios eran largos y nuestra situación económica no era la mejor, pero sin embargo recibíamos a muchos invitados: nuevos amigos, viejos amigos y siempre a nuestra familia. Cuando mi madre y mi padre se mudaron a Florida, los días de fiesta también se trasladaron a nuestra casa. A veces era nuestra creciente familia la que se reunía, pero más a menudo, y especialmente durante las festividades más importantes como el día de Acción de Gracias o en ocasiones especiales como el compromiso matrimonial de mi hermana, yo preparaba comida para 30 ó 40 personas. Tuve todo lo que quise cuando era niña: una casa llena de personas que amo, mucha emoción, y no menos importante, mucho bullicio.

A medida que obtuve mayor experiencia en la cocina y aprendí a valorar las bondades de reunirme con nuestros amigos en la mesa de nuestra casa, y no en la de un restaurante, comencé a organizar más fiestas con cena. Las invitaciones a cenar son mucho más calmadas que las reuniones en los días festivos importantes, pero de cierta forma, requieren más planeación que un bufete para veinticinco personas. Esa es una de las cosas que me gustan. Para mí, lo mejor que tienen estas fiestas es la expectativa que generan. No es extraño que Jerry baje las escaleras en los días que anteceden a estos eventos y me encuentre leyendo libros de cocina o revisando las notas de mis viajes para tener una idea de lo que quiero preparar.

Algunas de estas recetas pueden parecer muy abundantes para 6 personas. De hecho, todas alcanzarán para 8 personas si usted piensa servir un plato de entrada, un plato principal, uno o dos de acompañamiento y un postre. Dados mis orígenes, cocinar para una gran multitud es un hábito difícil de romper, y tampoco tengo la intención de hacerlo. Me gustan las sobras: ¿Qué más puedo decir?

Mejillones con maíz y tomate (página 214)

Bacalao salado y napoleones de berenjena japonesa

Por extraño que pueda parecer, la combinación de bacalao salado y de berenjena es muy tradicional en el Caribe. Aunque no les gusten estos ingredientes, sucumbirán a mi versión de este plato, que tiene capas de bacalao bien sazonado, emparedado entre rodajas delgadas o salteadas de berenjena japonesa.

RINDE 6 PORCIONES • TIEMPO DE PREPARACIÓN: 10 MINUTOS (MÁS UN DÍA PARA REMOJAR EL BACALAO SALADO) • TIEMPO DE COCCIÓN: 30 MINUTOS

¾ libra de filetes de bacalao salado, remojados (ver página 261)

2 cucharadas de aceite de oliva, y más para lubricar la berenjena

½ taza de Sofrito (página 305)

¼ taza de alcaparrado o aceitunas rellenas con pimientos cortadas gruesas

½ taza de salsa de tomates estilo español

½ cucharadita de comino en polvo

Sal marina o kosher y pimienta fresca molida

3 berenjenas japonesas medianas (1 libra aprox.), cortadas diagonalmente en rodajas de ½ pulgada (ver Nota)

1. Para preparar el bacalao salado: Escurra el bacalao remojado en agua salada y cubra con agua abundante en una olla grande. Hierva, y luego reduzca a fuego lento, cocinando hasta que el pescado se deshaga con facilidad, de 6 a 10 minutos dependiendo del grosor de los filetes. Escurra con cuidado.

2. Corte en pedazos grandes tan pronto esté frío y pueda manipularlo. Se deshace con mayor facilidad si se cocina con los demás ingredientes. Se recomienda que el relleno tenga un poco de textura.

3. Caliente el aceite en una sartén mediana a fuego medio. Agregue el sofrito y el alcaparrado y revuelva hasta que el líquido se haya evaporado y el sofrito comience a burbujear. Añada el bacalao, la salsa de tomates, el comino y hierva. Pruebe y sazone con sal y pimienta al gusto.

4. Precaliente una parrilla a fuego medio, en caso de utilizar.

5. Sazone las rodajas de berenjena con un poco de sal. Unte la berenjena con aceite de oliva y cocine a fuego medio, dando vuelta una vez, hasta que estén bien marcadas y tiernas, por 8 minutos aprox. También puede calentar una sartén grande a fuego medio y cocinar las berenjenas, dándoles vuelta una vez, hasta que estén bien doradas y tiernas, 8 minutos aprox.

(La berenjena y el relleno pueden prepararse con 2 horas de anticipación y mantener a temperatura ambiente).

6. Para servir, caliente un poco el relleno de bacalao. Coloque una rodaja de berenjena en un plato pequeño y sirva unas 3 cucharadas del relleno de bacalao. Repita el procedimiento y agregue una tercera rodaja de berenjena para terminar el napoleón. Repita el procedimiento con las berenjenas y el relleno restante. Sirva de inmediato.

NOTA: Para 6 porciones se necesitan 6 rodajas de cada berenjena. No importa si las rodajas quedan un poco más gruesas o delgadas.

Tacos de cerdo desmechado

Esta receta rinde más comida de la que se necesita para una cena. La *tinga* que sobra sabe mejor después de guardarla un par de días en el refrigerador, es excelente para un plato principal (especialmente si se acompaña con arvejas congeladas y dados de zanahoria) con Arroz mexicano (página 158) o Papas fritas con comino (página 153) o para rellenar empanadas (ver página 61) y luego congelarlas.

**RINDE 18 TACOS (6 PORCIONES ABUNDANTES PARA UNA ENTRADA O 6 PORCIONES PARA PLATO PRINCIPAL) •
TIEMPO DE PREPARACIÓN: 10 MINUTOS (MÁS 2 A 24 HORAS PARA MARINAR) • TIEMPO DE COCCIÓN: 2½ HORAS**

PARA LA TINGA DE CERDO

2 cucharadas de adobo seco, casero (página 307) o comprado

1 espaldilla de cerdo sin hueso de 4 libras, asada y cortada en 5 a 6 pedazos, de 2 pulgadas de ancho cada uno aprox.

Jugo de 1 toronja

Jugo de 2 limones amarillos

2 cucharadas de aceite vegetal, o la cantidad necesaria

4 chorizos mexicanos (1 libra aprox.), sin la envoltura

2 cebollas amarillas medianas, finamente picadas

4 dientes de ajo picados

1 cucharadita de orégano seco

1 cucharadita de comino en polvo

1 cucharadita de canela en polvo

1 cucharadita de pimienta de Jamaica

¼ cucharadita de clavos en polvo

2 hojas de laurel

1 lata de tomates triturados de 28 onzas

Sal marina o kosher y pimienta molida

——————

18 tortillas de maíz

1. **Para marinar el cerdo:** Unte el adobo seco en las rodajas de cerdo y sazone bien por todos lados. Coloque en una fuente para hornear donde quepa en una sola capa. Vierta los jugos cítricos sobre el cerdo y dele vuelta para cubrir por todos los lados. Refrigere 2 horas o durante toda la noche, dándole vuelta al cerdo ocasionalmente para marinar bien.

2. **Para el relleno:** Retire el cerdo de la marinada y seque bien; descarte el líquido. Caliente el aceite vegetal en una olla o cacerola grande a fuego medio alto. Coloque las rodajas de cerdo que quepan cómodamente y cocine dando vuelta a la carne hasta que esté oscura por todos lados, teniendo cuidado de no quemar el fondo de la olla. Reduzca el fuego si es necesario. Pase la carne a un plato cuando esté oscura y agregue las rodajas restantes a la olla, agregando más aceite si es necesario.

3. Vierta el chorizo a la olla y cocine, revolviendo para deshacer los pedazos grandes, hasta que estén bien dorados, 5 minutos aprox. Añada las cebollas y el ajo, revolviendo para retirar los

grumos que se adhieran al fondo de la olla. Agregue el orégano, el comino, la canela, la pimienta de Jamaica, los clavos y las hojas de laurel. Incorpore los tomates enlatados y sazone con sal y pimienta al gusto. Vierta el cerdo a la olla y cubra bien con la salsa. Hierva y cocine a fuego lento con la olla cubierta, hasta que el cerdo se deshaga fácilmente al contacto con un tenedor, de 1½ a 2 horas. Retire ocasionalmente la grasa de la superficie de la salsa mientras cocina el cerdo.

4. Pase el cerdo a un plato grande. Desmenuce con 2 tenedores y vierta de nuevo a la salsa. Rectifique la sazón y agregue sal y pimienta si es necesario. (El cerdo puede prepararse con 2 días de anticipación. Enfríe por completo y refrigere. Recaliente el cerdo a fuego bajo, agregando un poco de agua si es necesario.)

5. Para servir, envuelva las tortillas en papel aluminio y coloque en un horno precalentado a 350°F hasta que las tortillas estén calientes y suaves, 15 minutos aprox. Sirva una cucharada abundante del relleno en cada tortilla y enrolle. Sirva caliente.

Ñoquis Nuevo Andino

En Perú, el tren que nos llevó a las ruinas de Macchu Pichu se detuvo en la noche en un hermoso resort construido al lado de las montañas. En Casa Andina, el restaurante del resort, el chef Teddy Bouroncle nos mimó mucho y entre muchas otras cosas nos preparó esta maravillosa pasta.

La mezcla de ingredientes locales como la pasta de ají amarillo y los frijoles blancos con platos no tradicionales como los ñoquis, refleja una tendencia que he visto en mis viajes por Centro y Suramérica. Los chefs latinos jóvenes están viajando a los Estados Unidos o a Europa para entrenarse y aprender las técnicas y los platos clásicos. Cuando regresan a sus países, incorporan estos conocimientos a la cocina de su región, de un modo muy semejante al que Douglas Rodríguez y otros chefs revitalizaron la cocina latina en Estados Unidos. En Perú, Ecuador y Chile, este estilo gastronómico se conoce como Nuevo Andino.

RINDE 12 PLATOS DE ENTRADA O 6 PORCIONES PARA PLATO PRINCIPAL (VER UNA PUNTADA EN EL TIEMPO) • TIEMPO DE PREPARACIÓN: 1 HORA • TIEMPO DE COCCIÓN: 30 MINUTOS

PARA LA SALSA

2 cucharadas de aceite de oliva

2 dientes de ajo en rodajas muy delgadas

Un paquete de hongos cremini de 10 onzas, en rodajas delgadas (2 tazas aprox.)

4 tomates pelados, sin semillas (ver página 38), y cortados en dados de ½ pulgada (3 tazas aprox.)

1 taza de frijoles blancos congelados

¼ taza de cilantro fresco picado

PARA LOS ÑOQUIS

3 papas grandes Yukon Gold (2 libras aprox.), cepilladas

¼ taza de queso cotija o parmesano

1 huevo extra grande, batido

1 cucharada de pasta de ají amarillo, o de mi versión improvisada (ver página 37)

1 cucharadita de sal

½ cucharadita de nuez moscada en polvo o molida

1¾ taza de harina, o la cantidad necesaria

1 taza de queso de cabra desmenuzado (4 onzas aprox.)

1. Para preparar la salsa (si va a cocinar los ñoquis inmediatamente después de armarlos; haga el relleno un día antes de servirlos en caso de congelar): Caliente el aceite de oliva en una sartén grande a fuego medio. Agregue el ajo y mueva la sartén hasta que el ajo comience a

chisporrotear. Añada los hongos y cocine hasta que estén ligeramente dorados, 4 minutos aprox. Agregue los tomates y los frijoles blancos, y revuelva hasta que los tomates y los hongos comiencen a soltar su líquido. Aumente a fuego alto hasta que hierva la salsa. Cocine hasta que el líquido cubra ligeramente los vegetales. (Puede preparar la salsa hasta este punto y mantener 2 horas a temperatura ambiente, o refrigerar desde la noche anterior. Recaliente a fuego bajo mientras cocina los ñoquis).

2. Para preparar los ñoquis: Coloque las papas en una olla grande y cubra bien con agua. Hierva y luego reduzca a fuego lento hasta que las papas estén tiernas en el centro al contacto con un cuchillo de cocina, 35 minutos aprox.

3. Escurra las papas y pele tan pronto como pueda hacerlo. Corte las papas en cuartos y procese en una prensa para puré o molino de alimentos con un disco fino y pase a una fuente para hornear. Esparza una capa uniforme hasta eliminar la mayor cantidad de vapor posible. Enfríe a temperatura ambiente.

4. Forme un montículo con las papas. Haga un orificio en el centro y agregue el queso, el huevo, el ají amarillo, la sal y la nuez moscada. Mezcle bien e incorpore las papas a la mezcla de huevo hasta distribuir de manera casi uniforme; la masa quedará bien mezclada cuando agregue la harina. Añada la harina y amase suavemente hasta que esté ligeramente mezclada. La masa deberá estar suave pero no pegajosa. Si es necesario, agregue 1 cucharada de harina hasta que la masa deje de estar pegajosa.

5. Corte la masa en 6 pedazos. Haga una trenza de ½ pulgada de grosor con cada pedazo formando tronquitos. Luego vaya del centro hacia los lados, amasando con las palmas y las yemas de los dedos. Coloque sus dedos en direcciones opuestas para llevar la masa en la dirección correcta. Corte en pedazos de ½ pulgada. Puede cocinar los ñoquis así, o hacerles pequeñas crestas. Vierta harina sobre la masa y enrolle cada pedazo con las palmas de las manos hasta formar una pequeña bola. Coloque un tenedor en ángulo hacia la superficie de trabajo, ensarte una bolita de masa con la punta de su dedo gordo y lleve hacia los dientes del tenedor. La masa se enrollará alrededor de su dedo, mientras que los dientes del tenedor forman una cresta en la superficie exterior. Pase los ñoquis a una fuente para hornear a medida que los forma. (Puede refrigerarlos hasta por 20 minutos o congelarlos varias semanas). Congele los ñoquis en la fuente para hornear y pase a una bolsa plástica resellable cuando estén completamente sólidos.

6. Caliente en una olla muy grande (de 3 galones aprox.) agua salada. Si no tiene una olla tan grande, cocine los ñoquis en tandas, hasta que floten y estén tiernos pero firmes, 1 minuto aprox., para ñoquis acabados de preparar, o 2 minutos si están congelados. Si los ñoquis y la

salsa caben en la olla, retire con una espumadera de alambre (ver foto, página 154) o convencional y transfiera a la salsa. En caso contrario, escurra en un colador, vierta de nuevo a la olla y agregue la salsa. En ambos casos, agregue el queso de cabra y cocine a fuego bajo hasta que se haya derretido, revolviendo suavemente para mezclarlo con la salsa. Sirva en platos calientes y poco profundos.

CONSEJO: Revuelva el agua hirviendo antes de agregar los ñoquis, y durante la cocción, para evitar que se peguen. Haga lo mismo cuando cocine pasta.

UNA PUNTADA EN EL TIEMPO: Esta receta rinde para 12 personas como plato de entrada (el doble de la cantidad que la mayoría de las recetas de este capítulo). Realmente no se tarda mucho más tiempo en preparar 12 porciones de ñoquis que 6, así que prepárela de una vez. Y como también se pueden congelar es mejor preparar una tanda completa aunque vayan a comer pocas personas. La salsa también se congela bien; congele la mitad si hace lo mismo con los ñoquis. Es un plato de entrada completamente fácil e impactante, ¡y por eso me encanta!

Sopa mexicana de pollo y limón

Esta sopa es sencilla, y por lo tanto encantadora. Prepare con ingredientes de calidad y no intente ahorrar tiempo: La recompensa será una sopa deliciosa y satisfactoria. La probamos en un almuerzo que disfrutamos en una destilería de mezcal en México (ver página 11). El almuerzo estuvo rematado con duraznos escalfados en un sirope de agave aromatizado con clavos, otro triunfo delicioso de la tendencia culinaria donde "menos es más". Si no han descubierto el efecto que pueda producir un simple chorro de limón prácticamente en cualquier comida, déjenme ser la primera en pasarles un casco de limón. No es sólo para su cerveza Corona.

RINDE DE 8 A 10 PORCIONES DE PLATO DE ENTRADA • TIEMPO DE PREPARACIÓN: 2 HORAS (CASI SIN PRESTARLE ATENCIÓN; 20 MINUTOS SI TIENE CALDO PREPARADO) • TIEMPO DE COCCIÓN: 30 MINUTOS

Caldo de pollo casero (ver página 303)

1 raíz pequeña de apio (8 onzas aprox.), pelada y cortada en dados de ½ pulgada (1½ tazas aprox.)

2 mazorcas de maíz sin las hojas y cortadas en rodajas de 1½ pulgadas

2 tomates grandes, sin corazón, en dados de ¼ de pulgada (3 tazas aprox.)

4 cebollines, sin las puntas y cortados en rodajas delgadas (¼ de taza aprox.)

Jugo de 2 limones verdes

1 a 2 chipotles en adobo finamente picados (ver Nota)

1. Prepare el caldo.

2. Cuando se haya enfriado, cuele, retire los huesos, desmenuce la carne e incorpore el caldo. (Puede preparar el caldo y el pollo con anticipación y refrigerar hasta 2 días o congelar hasta 2 meses).

3. Añada la raíz de apio y el maíz, y caliente a fuego medio. Reduzca a fuego bajo y cocine hasta que el apio esté tierno al contacto con un tenedor, por 10 minutos aprox.

4. Agregue los tomates, los cebollines y el jugo de limón. Añada los chipotles a la sopa si a sus invitados les gusta el picante, o sírvalos aparte en un recipiente pequeño.

NOTA: El sabor picante y ahumado de los chipotles se controla fácilmente agregando la cantidad que usted desee. Si cree haber picado muchos chipotles, simplemente agregue un poco al caldo. La salsa de tomates es picante de por sí.

Choros a la chalaca ∽ MEJILLONES CON MAÍZ

Y TOMATE (ver foto, página 204)

Nuestro viaje a Lima fue tan corto como memorable. Después de hacer un tour por todo la ciudad, nuestro guía nos llevó al restaurante La Rosa Náutica. El sabor de los mejillones que probamos aquella noche permaneció en mi memoria, y ahora puedo prepararlos cuando quiera.

RINDE 8 PORCIONES • TIEMPO DE PREPARACIÓN: 25 MINUTOS • TIEMPO DE COCCIÓN: 10 MINUTOS.

3 libras de mejillones (ver Nota), cepillados y sin barba

1 taza de granos de maíz frescos o congelados

2 tomates grandes (una libra a aprox.), sin corazón y cortados en dados pequeños (3 tazas aprox.)

1 cebolla roja pequeña, cortada en dados pequeños (½ taza aprox.)

½ pimiento amarillo, sin corazón ni semillas, y cortado en dados pequeños (½ taza aprox.)

¼ taza de cilantro fresco picado

2 dientes grandes de ajo finamente picados

½ chile serrano, finamente picado

2 cucharadas de aceite de oliva

Jugo de 1 limón

Sal marina o kosher y pimienta molida

1. Coloque los mejillones, el maíz y ½ taza de agua en una sartén profunda y ancha o en una olla grande. Tape y hierva. Cocine hasta que los mejillones se abran, de 3 a 5 minutos.

2. Mientras tanto, mezcle los tomates, la cebolla roja, el pimiento amarillo, el cilantro, el ajo, el chile, el aceite y el jugo de limón en un recipiente. Sazone con sal y pimienta al gusto.

3. Saque los mejillones y las mazorcas y vierta en un plato grande con una espumadera de alambre o convencional (ver página 154). Incorpore la mezcla de tomate al caldo. Caliente a fuego bajo, agitando hasta que los vegetales estén calientes. Sirva sobre los mejillones y revuelva suavemente para mezclar bien. Sirva caliente o a temperatura ambiente.

NOTA: Hay ciertas cosas que debe tener en cuenta al comprar mejillones. Las conchas deben estar firmemente cerradas y tener un color negro y brillante. Si están abiertas, deberían cerrarse y permanecer así luego de darles un golpecito contra el mostrador. Los mejillones deben tener un olor dulce y salobre. Ya sean de cultivo o silvestres, es probable que tengan un hilo áspero, llamado barba, que sobresale del borde más delgado de la concha. Retírelo halando firmemente antes de cocinar los mejillones.

Crema de castañas con pozole

"¿Castañas? ¿Acaso son latinas? ¿Daisy está bromeando?" En Puerto Rico, las castañas son conocidas como "pan en grano", en referencia a su sabor terroso. A quienes les gustan las castañas, quedarán adictos.

RINDE 8 PORCIONES • TIEMPO DE PREPARACIÓN: 15 MINUTOS • TIEMPO DE COCCIÓN: 35 MINUTOS

3 cucharadas de aceite de oliva

2 puerros pequeños (sólo las partes blancas), lavados y cortados en rodajas de ½ pulgada

3 tallos de apio, del corazón, picados

4 dientes de ajo picado o exprimido

2 ramitos de tomillo fresco

Sal marina o kosher y pimienta fresca molida

1 paquete de castañas empacadas de 8,75 onzas (1 taza abundante; ver Nota)

1 paquete de hongos blancos de 10 onzas, en rodajas delgadas

3 cucharadas de jerez dulce

4 tazas de caldo de pollo casero (página 303) o comprado

2 hojas de laurel

1 codillo de jamón ahumado

1½ tazas de doble crema

1 lata de pozoles de 29 onzas, escurridos y lavados

1. Caliente el aceite en una olla grande de 1 galón a fuego medio. Añada los puerros, el apio, el ajo, el tomillo y sazone ligeramente con sal y pimienta. Cocine revolviendo hasta que los vegetales estén blandos, 4 minutos aprox. Agregue las castañas y los hongos, aumente a fuego alto y cocine hasta que los hongos comiencen a desprender su líquido. Añada el jerez, hierva y cocine hasta que se evapore casi por completo. Vierta 3 tazas de caldo de pollo, el laurel y el jamón y hierva. Cocine a fuego lento por 20 minutos con la olla tapada.

2. Retire las hojas de laurel. Reserve el jamón para otro uso, como para los Frijoles refritos de la página 162. Pase los vegetales y las castañas a un procesador de alimentos con una espumadera. Vierta la otra taza de caldo. (Si la taza del procesador no es muy grande, procese los alimentos por tandas.) Triture bien e incorpore los ingredientes adheridos a las paredes del recipiente. Vierta de nuevo en la olla (puede preparar la sopa hasta este punto con 2 días de anticipación).

3. Hierva la sopa a fuego lento. Agregue la crema, el pozole y siga cocinando a fuego lento hasta que esté caliente. Sazone con sal y pimienta al gusto.

NOTA: Las castañas empacadas al vacío se encuentran en tiendas de alimentos chinos, italianos y otras tiendas especializadas. Si otros hacen el "trabajo sucio" por usted, se ahorrará un tiempo increíble.

Lomo saltado

RINDE 8 PORCIONES • TIEMPO DE PREPARACIÓN: 30 MINUTOS
(MÁS 2 HORAS A 1 DÍA PARA MARINAR) • TIEMPO DE COCCIÓN: 1½ HORAS

1 lomo de cerdo de 4 libras sin hueso, asado

1 cucharada de adobo seco, casero (página 307) o comprado

1 cucharadita de humo líquido

2 tazas de caldo de res, casero o comprado

2 cucharadas de aceite de semilla de uvas

1 pimiento rojo, otro amarillo y otro naranjado, sin corazón ni semillas, y cortados en julianas de ¼ ancho

1 cebolla española grande, cortada a lo largo en dos, luego en tiras de ¼ de pulgadar de ancho

1½ cucharadas de harina

Sal marina o kosher y pimienta fresca molida

Cilantro fresco picado para adornar

1. Frote toda la superficie del lomo con el adobo y el humo líquido. Amarre con cordel de cocina a intervalos de 2 pulgadas. Coloque el lomo con la grasa hacia abajo en la rejilla de una fuente para hornear y refrigere por un mínimo de 2 horas, o hasta 1 día. Deje a temperatura ambiente antes de continuar.

2. Precaliente el horno a 400°F.

3. Hornee el lomo con la grasa hacia abajo por 30 minutos. Dele vuelta y cocine hasta que un termómetro de lectura instantánea marque 150°F al insertarlo en la parte más gruesa, por unos 30 minutos más. Pase a una superficie para cortar, cubra con papel aluminio y deje reposar.

4. Vierta el caldo de res en la fuente para hornear y retire los pedazos oscuros adheridos al fondo con una cuchara de madera. Si no puede sacarlos todos, reduzca a fuego bajo y siga revolviendo. Escurra el líquido de la fuente y reserve a un lado.

5. Caliente el aceite en una sartén grande hasta que comience a humear. Añada los vegetales y cocine revolviendo hasta que estén tiernos y crujientes, 3 minutos aprox. Espolvoree con la harina y revuelva durante algunos minutos hasta eliminar el sabor crudo de la harina. Agregue el líquido escurrido de la fuente, reduzca a fuego lento y sazone con sal y pimienta al gusto. Cocine de 1 a 2 minutos. Retire del fuego.

6. Corte el lomo en rodajas de ½ pulgada y acomode superponiendo en un plato. Sirva un poco de salsa de cebolla y pimiento sobre el cerdo y adorne con un poco de cilantro picado.

Pimientos rellenos con queso y arroz

Mi abuela preparaba los mejores pimientos rellenos. (¡Sé que todo el mundo dice eso, pero yo estoy completamente segura!) Ella tenía un truco excelente que compartiré con ustedes: En lugar de cubrir el relleno con la parte superior de los pimientos, remojaba tajadas de pan en huevo sazonado y las utilizaba como cobertura. No sólo se doran maravillosamente, sino que tienen un bono adicional: son un delicioso pudín de pan en miniatura para comer con los pimientos.

Carbonizar y pelar los pimientos puede parecer algo muy dispendioso si están acostumbradas a rellenar pimientos crudos, pero si se toman el trabajo de carbonizar los pimientos a fuego alto, la piel saldrá con mucha facilidad. Además, le da un sabor y una textura increíble al plato. La salsa penetra mejor los pimientos y el sabor asado y tostado del pimiento permea el arroz. ¡Mi misión es que todas las personas preparen pimiento relleno con esta receta!

RINDE 6 PORCIONES, (CON SOBRAS, PROBABLEMENTE) • TIEMPO DE PREPARACIÓN: 45 MINUTOS • TIEMPO DE COCCIÓN: 35 MINUTOS (SIN PRESTARLE ATENCIÓN)

10 pimientos amarillos, naranjas o rojos, o una mezcla de los tres

PARA EL RELLENO

1 zucchini pequeño

2 cucharadas de aceite de oliva

1 cebolla amarilla pequeña, finamente picada (1 taza aprox.)

½ libra de hongos cremini en rodajas delgadas (2 tazas aprox.)

1¼ tazas de arroz de grano largo

1 cucharada de sal

6 onzas de queso gouda ahumado y desmenuzado (1¾ tazas aprox.)

5 huevos extra grandes

½ cucharadita de cebolla en polvo

Sal marina o kosher y pimienta fresca molida

5 tajadas de pan blanco

1½ tazas de jugo de tomate

1. Ase los pimientos hasta que estén negros por todos lados (ver página 274). Envuelva cada uno en 2 toallas de papel húmedas. Deje enfriar a temperatura ambiente.
2. Retire las puntas del zucchini y corte a lo largo en cuartos. Retire las semillas y corte el zucchini en pedazos gruesos.
3. Para el relleno: Caliente el aceite de oliva en una cacerola mediana a fuego medio alto. Agregue la cebolla y los hongos y cocine revolviendo hasta que estén suaves, 4 minutos aprox.

4. Vierta el arroz en la olla y revuelva para cubrir el aceite; luego agregue la sal. Cubra el arroz con 1 pulgada de agua (2 tazas aprox.) y hierva. Cocine hasta que el agua esté al mismo nivel del arroz. Revuelva brevemente el arroz, tape la olla y cocine a fuego muy bajo, sin destapar la olla ni revolver, hasta que el arroz esté tierno pero no deshecho y el agua se haya absorbido, 20 minutos aprox. Revuelva con un tenedor y deje enfriar un momento.

5. Precaliente el horno a 350°F.

6. Agregue el zucchini y el gouda al arroz tibio.

7. Retire la toalla de papel de los pimientos y tanta piel negra como pueda. Limpie el resto de la piel negra con toallas de papel. Corte un círculo alrededor de los tallos y retírelos, al igual que las venas interiores. También puede retirar las semillas con una cuchara. Coloque los pimientos en una fuente para hornear de 13 × 9 × 2 pulgadas. Rellene los pimientos con la mezcla de arroz utilizando una cuchara, y dejando aprox. ½ pulgada de espacio para la cobertura. Reserve a un lado.

8. Bata los huevos, la cebolla en polvo y una cantidad abundante de sal y pimienta en un recipiente grande hasta mezclar bien. Corte las tajadas de pan por la mitad y agregue al huevo batido. Remoje dándoles vuelta ocasionalmente y con suavidad hasta que estén bien impregnadas.

9. Cubra el relleno de cada pimiento con una tajada de pan, envolviendo e introduciendo la cantidad necesaria para cubrir totalmente el relleno. Vierta el jugo de tomate alrededor de los pimientos. Cubra con papel aluminio y hornee 20 minutos. Destape y hornee hasta que las tajadas de pan estén bien doradas, 10 minutos aprox. Sirva, vertiendo los jugos de la cocción alrededor de cada pimiento.

CONSEJO: Es importante asar los pimientos a fuego alto, ya que la piel quedará completamente negra, pero estarán lo suficientemente firmes para no desbaratarse.

Rabos de buey estofados

Me encantan los platos como éste, que tiene muchas influencias. Nosotros comíamos rabos de buey cuando yo estaba pequeña, pero créanme, ¡nunca como este! En este estofado clásico (una de mis herencias del Instituto Francés de Culinaria), fortifico el suculento sabor de los rabos con vino Malbec argentino, y un toque sutil de chipotles mexicanos. Los rabos de buey son lo suficientemente fuertes para asimilar ambos sabores. Lo mejor de este plato para una fiesta con cena es que sabe mejor si se prepara con anticipación. Simplemente basta con recalentarlo unos minutos antes.

Prepare este plato para personas que no teman ensuciarse un poco. Sin importar cuánto nos esforcemos en comer un rabo con cuchillo y tenedor —Jerry lo hace muy bien— terminaremos agarrando los huesos con las manos para terminar la labor. Algunas servilletas de más son de mucha utilidad.

RINDE 6 PORCIONES • TIEMPO DE PREPARACIÓN: 20 MINUTOS • TIEMPO DE COCCIÓN: 5 HORAS (CASI SIN PRESTARLE ATENCIÓN)

12 rabos grandes (4½ tazas aprox.; ver Nota)

Sal marina o kosher y pimienta fresca molida

Aceite de oliva para cocinar los rabos

2 cucharadas de harina, y un poco más para rebozar los rabos

1 cebolla amarilla grande, cortada en pedazos gruesos

5 tallos de apio cortados en pedazos gruesos

3 zanahorias, peladas y cortadas en pedazos gruesos

2 dientes de ajo picados

1 cucharada de pasta de tomate

2 tazas de vino Malbec o de vino tinto seco y robusto

2 tazas de caldo de res, casero o comprado

½ cucharadita de clavos enteros

1 cucharada de chipotles en adobo triturados

1. Seque los rabos con toallas de papel. Sazone bien por todos lados con sal y pimienta. Caliente ½ pulgada de aceite en una olla o sartén grande a fuego medio. Reboce en harina los rabos que quepan en la olla, cubriendo de manera uniforme, y sacuda el exceso de harina. Vierta a la olla y cocine dando vuelta hasta que estén bien dorados por todos los lados, 8 minutos aprox. Saque y reserve en un plato. Reboce más rabos con harina y cocine, hasta que todos los rabos estén dorados. Ajuste el fuego durante la cocción para que los pequeños pedazos que se adhieran al fondo de la olla no se quemen, y vierta más aceite si es necesario.

2. Deje 3 cucharadas de grasa en la olla y descarte el resto. Agregue la cebolla, el apio, la zanahoria y el ajo, y cocine revolviendo hasta que los vegetales estén suaves y hayan absorbido los pedazos oscuros del fondo de la olla, 5 minutos aprox. Añada la pasta de tomate y revuelva hasta que los vegetales estén cubiertos. Espolvoree 2 cucharadas de harina sobre los vegetales y cocine hasta que ésta se disuelva, por un minuto o dos. Vierta el vino, hierva y cocine revolviendo hasta que se reduzca casi a la mitad.

3. Incorpore los rabos de nuevo a la olla, vierta el caldo de res y agregue los clavos y los chipotles. Hierva a fuego lento, tape la olla y cocine hasta que la carne esté a un paso de desprenderse del hueso, por 4 horas aprox. Dele vuelta a la carne algunas veces para que se cocine de manera uniforme.

4. Pase los rabos a un plato y cuele el líquido de cocción en un recipiente. Descarte los vegetales y regrese los rabos a la olla. Retire la grasa de la superficie del líquido colado y vierta de nuevo sobre los rabos. Puede calentarlos ligeramente y servir de inmediato, pero saben mejor si los prepara con anticipación y los recalienta después de enfriar por completo; puede refrigerar hasta 2 días. La grasa que haya quedado flotará y se solidificará, y usted podrá retirarla fácilmente.

5. Para servir, caliente los rabos a fuego lento hasta que estén calientes.

NOTA: En términos ideales, prepare este plato con 12 pedazos (de 4 pulgadas de ancho aprox.) de los extremos más grandes de los rabos. Sin embargo, su carnicero (o supermercado) podría venderle un rabo entero, que contiene pedazos de ½ pulgada de ancho. Si no puede conseguir los pedazos que necesita, intente lo siguiente: Compre 3 rabos enteros y estófelos. Seleccione los 12 pedazos más grandes (agregue más pedazos si las porciones se ven un poco pequeñas) y reserve los más pequeños a un lado. Desmenuce estos pedazos y agregue a la salsa que le haya sobrado. Sabe delicioso con pasta, puré de papa, o con Polenta de quinua (página 229).

Rabos de buey estofados y Hojas de col picantes (página 230)

Halibut al horno con tapenade de aceitunas negras

Acompañe esta receta con el "arroz" amarillo y jamón serrano de la página 230, y tendrá una cena inolvidable. Los colores —orzo amarillo naranja, los pimientos rojos brillantes, la tapenade completamente negra y el pescado color de perla— son sólo el comienzo de la historia. El final feliz es la forma en que los sabores dulces, salados, terrestres y salobres se integran de una forma tan maravillosa.

RINDE 6 PORCIONES • TIEMPO DE PREPARACIÓN: 20 MINUTOS • TIEMPO DE COCCIÓN: 10 MINUTOS

PARA LA TAPENADE

1½ tazas de aceitunas Gaeta, despepitadas

1½ tazas de aceitunas sicilianas o griegas, despepitadas

2 filetes de anchoas

½ cucharadita de comino en polvo

3 cucharadas de alcaparras escurridas, preferiblemente "nonpareil"

¼ taza de perejil liso picado

PARA EL HALIBUT

6 filetes de halibut de 7 a 8 onzas, con la piel

Sal marina o kosher y pimienta fresca molida

2 cucharadas de aceite de canola

3 pimientos rojos grandes, asados, pelados y sin semillas (ver página 274), o 3 tazas de pimientos rojos asados y embotellados (en julianas de ¼ de pulgada de ancho). Asegúrese que la etiqueta diga "asados" o "asados al fuego".

1. Coloque todos los ingredientes de la tapenade en un procesador de alimentos. Pulse, apagando ocasionalmente para incorporar los ingredientes adheridos a las paredes hasta que estén suaves. Pase la tapenade a un recipiente, cubra con papel plástico y refrigere. (Puede preparar la tapenade con 3 días de anticipación).

2. Precaliente el horno a 375°F.

3. Seque los filetes con toallas de papel. Sazone generosamente con sal y pimienta. Caliente el aceite de canola en una sartén grande y refractaria (que no tenga agarraderas de plástico) a fuego medio alto hasta que esté caliente, pero sin echar humo. Coloque los filetes con la piel

Halibut al horno con tapenade de aceitunas negras y "Arroz" amarillo con jamón serrano (página 230)

hacia abajo y cocine hasta que la piel esté oscura y con burbujas, y los bordes del pescado comiencen a verse opacos, por 3 minutos aprox. Dele vuelta al pescado y hornee de 2 a 3 minutos o hasta que los filetes estén opacos en el centro.

4. Mientras tanto, caliente los pimientos rojos en una sartén a fuego bajo.

5. Sirva una porción de pimientos rojos en cada plato y el halibut encima. Utilice 2 cucharas para formar un óvalo con la tapenade y sirva sobre cada filete.

NOTA: La receta de la tapenade será más de lo que usted necesita para este plato, pero dura mucho tiempo en el refrigerador. Puede utilizarla para agregarle a cualquier pescado o pollo a la plancha, para resaltar el aderezo de una ensalada o para untar en un sándwich.

Bacalao sellado con lentejas y chorizo

(ver foto, página 125)

El cerdo y los mariscos pueden parecer una pareja extraña, pero en todo el mundo hay matrimonios felices entre ellos, desde los *chowders* de mariscos de Nueva Inglaterra que contienen cerdo magro salado, a los calamares italianos rellenos con salchichas de hinojo. Los pedazos picantes y fuertes de chorizo que complementan estas lentejas caseras contrastan muy bien con los filetes ligeramente dulces. Aquí tiene todo lo necesario para una cena. Bueno… y una barra de pan crujiente junto con una ensalada no vendrían nada mal.

RINDE 6 PORCIONES • TIEMPO DE PREPARACIÓN: 20 MINUTOS • TIEMPO DE COCCIÓN: 40 MINUTOS

PARA LAS LENTEJAS

1 libra de lentejas marrones

1 cebolla sin pelar, partida en 4 por la raíz

2 tallos de apio, partidos por la mitad

2 zanahorias, peladas y partidas por la mitad

2 hojas de laurel

1 cucharadita de pimienta fresca molida

6 tazas de caldo de res casero o comprado

PARA EL CHORIZO

2 cucharadas de aceite de oliva

2 chalotes finamente picados

2 chorizos mexicanos (de 7 onzas aprox.), sin la envoltura

2 tallos de apio finamente picados (1 taza aprox.)

2 zanahorias, peladas y ralladas en pedazos gruesos (½ taza aprox.; puede hacerlo con el lado grueso de un rallador)

2 ramitos de tomillo fresco

Sal marina o kosher y pimienta fresca molida

———

6 filetes gruesos de bacalao o pescado de carne blanca y firme, como corvina chilena o halibut (1½ pulgadas de grosor y de 8 onzas cada uno)

Harina para rebosar

Aceite de oliva

1. Para cocinar las lentejas: Seleccione y lávelas en un colador con agua fría y escurra bien. Vierta en una olla grande. Agregue los vegetales (ver Consejo), las hojas de laurel y la pimienta, y vierta el caldo de res. Hierva, reduzca a fuego lento y cocine hasta que las lentejas estén tiernas, 25 minutos aprox.

2. Mientras tanto, prepare el chorizo: Caliente el aceite de oliva en una olla grande o cacerola ancha a fuego medio. Agregue los chalotes y cocine revolviendo hasta que estén suaves, 3 minutos aprox. Añada el chorizo y cocine desmenuzando la carne con una cuchara, hasta que dejen de verse crudos, 4 minutos aprox. Agregue el apio, la zanahoria, el tomillo y cocine revolviendo hasta que los vegetales estén suaves y el chorizo esté ligeramente dorado, 10 minutos aprox. Retire del fuego.

3. Saque los vegetales y las hojas de laurel de las lentejas. Agregue las lentejas cocinadas al chorizo con una espumadera convencional y revuelva suavemente hasta mezclar bien. Reserve el líquido de cocción. Sazone con sal y pimienta al gusto si es necesario. (Puede preparar las lentejas con una hora de anticipación y mantener en un lugar tibio.)

4. Precaliente el horno a 400°F.

5. Utilice una sartén refractaria grande donde quepan todos los filetes. (Si no tiene una, selle el pescado por tandas y pase a una fuente para hornear). Seque los filetes con toallas de papel y sazone generosamente con sal y pimienta por todos los lados. Reboce los filetes con harina y cubra ligeramente, sacudiendo el exceso de harina. Vierta ¼ de pulgada de aceite en la sartén y caliente a fuego medio alto. Agregue los filetes sin amontonar y cocine hasta que el lado inferior esté bien dorado, 4 minutos aprox. Deles vuelta y repita el procedimiento. Lleve la fuente al horno y cocine hasta que los filetes estén bien opacos, 5 minutos aprox.

6. Mientras tanto, recaliente las lentejas a fuego bajo, añadiendo un poco de líquido de la cocción si necesita humedecerlas.

7. Sirva lentejas en cada plato y coloque un filete encima. (O prepare un plato y lleve a la mesa). Sirva las lentejas restantes en la mesa.

CONSEJO: Si tiene una estopilla para el queso, corte un cuadrado lo suficientemente grande para que quepan todos los vegetales. Colóquelos en el centro de la tela, amarre las puntas y vierta a la olla. Retire y descarte la tela y los vegetales al final de la cocción.

Risotto con gandules

Disfruté mucho de un maravilloso risotto con habas que comí en Buenos Aires, y se me ocurrió que una legumbre no muy delicada —como mis amados gandules— podría ser una variación interesante. El jamón serrano le da un sabor ahumado y salado al toque terroso de los gandules, y el vino y el arroz le confieren una ligera nota ácida que equilibra el almidón y la cremosidad del risotto.

RINDE 6 PORCIONES • TIEMPO DE PREPARACIÓN: 15 MINUTOS • TIEMPO DE COCCIÓN: 30 MINUTOS

2 cucharadas de aceite de oliva

2 cebollas amarillas medianas, cortadas en dados de ½ pulgada (2 tazas aprox.)

½ libra de jamón serrano en una rodaja gruesa, cortada en dados de ¼ de pulgada, o prosciutto

1 bolsa de gandules congelados de 14 onzas

2 tazas de arroz arborio

¼ cucharadita de azafrán en polvo

Sal marina o kosher y pimienta fresca molida

2 a 3 tazas de vino blanco seco

2 hojas de laurel

3½ a 4½ taza de caldo de pollo casero (página 303) o comprado, o la cantidad necesaria

½ taza de crema doble

½ taza de queso parmesano recién rallado

1. Caliente el aceite de oliva en una olla grande de 1 galón a fuego medio alto. Agregue las cebollas y cocine revolviendo hasta que comiencen a ablandarse, 2 minutos aprox. Añada el jamón y cocine revolviendo hasta que las cebollas estén suaves pero no doradas, 4 minutos aprox. Agregue los gandules, luego el arroz y el azafrán y cocine revolviendo hasta que el arroz se ponga lechoso, de 2 a 3 minutos.

2. Sazone el arroz con un poco de sal y pimienta. Vierta el vino —2 tazas para un sabor más suave, o 3 para un sabor más robusto. Agregue las hojas de laurel y cocine revolviendo constantemente hasta que el vino se haya absorbido y pueda ver el fondo de la olla mientras revuelve. Añada 2 tazas del caldo y cocine revolviendo hasta que todo se integre. Agregue otra porción de caldo: 1½ tazas si utilizó 3 tazas de vino; 2½ tazas si utilizó una menor cantidad, y repita el procedimiento descrito arriba.

3. Cuando el arroz haya absorbido la mayor parte de la última adición de caldo, debería estar tierno pero con un poco de textura, acompañado de una salsa cremosa. Si no está muy tierno, agregue ½ taza más de caldo y siga revolviendo.

4. Retire del fuego y agregue la crema doble y el queso rallado. Sazone con sal y pimienta al gusto y sirva de inmediato.

PLATOS DE ACOMPAÑAMIENTO

Polenta de quinua

Al igual que los ñoquis que aparecen en la página 210, esta es una receta de estilo Nuevo Andino que probamos en el restaurante Casa Andina. El sabor terroso pero sutil de la quinua y la textura cremosa de la polenta hacen que sea una combinación perfecta con cualquier carne jugosa y llena de sabor, como los Rabos en la página 221 o las Costillas en la página 88.

RINDE 6 PORCIONES • TIEMPO DE COCCIÓN: 10 MINUTOS

2 cucharaditas de sal marina o kosher

1 taza de harina de quinua (disponible en algunas supermercados y tiendas de alimentos naturales)

2 tazas de mitad crema mitad leche

Una pizca de pimienta de cayena

Hierva 2 tazas de agua con la sal en una olla de medio galón a fuego medio alto. Agregue la harina de quinua, la mezcla de crema y leche y la pimienta hasta que hierva. Reduzca a fuego lento y cocine revolviendo constantemente, teniendo mucho cuidado con los bordes de la olla, hasta que la polenta se espese y haga burbujas, 4 minutos aprox. Sirva caliente.

VARIACIONES:

POLENTA DE QUINUA Y HONGOS: Remoje ½ taza de hongos secos, como pancini o una mezcla seca, en 2 tazas de agua caliente hasta que estén suaves. Retire los hongos y reserve el líquido. Corte en rodajas delgadas. Pase el líquido por un tamiz con un filtro de café o una estopilla. Agregue agua al líquido del remojo hasta tener 2 tazas y utilice en lugar del agua descrita en la receta anterior.

POLENTA DE QUINUA Y QUESO: Reduzca la sal a una cucharadita y siga el procedimiento anterior. Agregue ½ taza de queso parmesano rallado a la polenta.

POLENTA DE QUINUA AL DESAYUNO: Reduzca la sal a ½ cucharadita y agregue una barra de canela al agua antes de hervirla. Retire del fuego y deje 10 minutos en infusión. Retire la canela y proceda como se describe arriba. Vierta jarabe de arce o sirope de agave en la polenta.

INVITACIONES A CENAR

Hojas de col picantes (ver foto, página 223)

Probablemente hayan escuchado leyendas de cocineros sureños que cocinan las hojas de col durante varias horas y les agregan un poco de azúcar y manteca de tocino o aceite a la sartén donde fríen el pollo. El resultado es delicioso. No hace mucho, se me ocurrió intentar justamente lo opuesto, y darles un rápido baño en mantequilla con un poco de pimienta roja en hojuelas. Los resultados son sorprendentes, por no decir adictivos.

RINDE 4 PORCIONES • TIEMPO DE PREPARACIÓN: 15 MINUTOS • TIEMPO DE COCCIÓN: 5 MINUTOS

2 libras de hojas de col

4 cucharadas de mantequilla sin sal o aceite vegetal

1 cucharadita de pimienta roja en hojuelas

Sal marina o kosher

1. Retire los tallos gruesos y las hojas marchitas o amarillas. Corte las hojas de col a lo ancho, en tiras de ½ pulgada (ver Consejo, página 135). Lave bien con agua fría y escurra bien. Tendrá 12 de tazas aprox.

2. Caliente la mantequilla en una sartén grande y profunda a fuego medio alto hasta que haga espuma. Agregue el chile y revuelva hasta que esté fragante. Añada las hojas de col y cocine revolviendo y mezclando hasta que estén cubiertas con mantequilla y se ablanden pero conserven su color vibrante, 4 minutos aprox. Sazone con sal y sirva.

"Arroz" amarillo con jamón serrano (ver foto, página 225)

Esta es la receta perfecta para una persona que pueda sentirse intimidada al preparar arroz (¡a pesar de mi receta a prueba de tontos!). Está inspirada en la *fideuá*, el plato español donde se mezclan los mariscos y los fideos delgados con un mínimo de agua, obteniendo como resultado una especie de paella de fideos con una textura maravillosamente cremosa. La técnica del risotto que utilizo aquí, añadiendo pequeñas cantidades de agua de tanto en tanto y esperando a que la pasta la absorba, elimina lentamente el almidón de la pasta. Así como el risotto, este plato ofrece posibilidades ilimitadas de variaciones, como por ejemplo, la adición de hongos, camarones, habas, etcétera.

RINDE 6 PORCIONES • TIEMPO DE PREPARACIÓN: 10 MINUTOS • TIEMPO DE COCCIÓN: 15 MINUTOS

Tres botellas de jugo de almejas de 8 onzas	1 libra de orzo
3 cucharadas de Aceite con achiote (página 306)	Sal marina o kosher y pimienta fresca molida
4 dientes de ajo en rodajas delgadas	Perejil liso fresco y picado para adornar
⅓ taza de jamón serrano o prosciutto en cubos pequeños	

1. Vierta el jugo de almejas en una olla pequeña y caliente a fuego lento. Mantenga caliente a fuego muy bajo.

2. Caliente el aceite con achiote en una olla mediana a fuego medio alto. Agregue el ajo y cocine revolviendo hasta que esté ligeramente dorado, 2 minutos aprox. Añada el jamón y cocine hasta que esté fragante, de 1 a 2 minutos. Incorpore el orzo y revuelva hasta que esté ligeramente tostado, 2 minutos aprox.

3. Cubra la sartén con ½ pulgada de jugo de almejas. Hierva y cocine a fuego medio, añadiendo pequeñas cantidades del líquido caliente de almejas hasta cubrir el orzo y la pasta esté tierna pero firme, de 6 a 8 minutos. La pasta deberá tener una consistencia cremosa, pero no debe haber líquido al final de la cocción. Si tiene una consistencia muy húmeda, deje reposar un minuto o dos; si está un poco seca, agregue un poco del líquido de las almejas o de agua caliente. Sazone con sal y pimienta al gusto. Sirva en un plato y decore con el perejil picado.

Espárragos con pecanas y mantequilla morena

(ver foto, página vi)

En España, esta receta se prepararía con espárragos grandes y gruesos, y seguramente con avellanas. En Perú, verían algo preparado con espárragos blancos. Yo la preparo con pecanas porque me gusta más así (y también a mi hija Ángela). Éste es otro ejemplo de un plato extremadamente simple y que depende totalmente de la utilización de ingredientes de la mejor calidad.

RINDE 6 PORCIONES • TIEMPO DE PREPARACIÓN: 10 MINUTOS • TIEMPO DE COCCIÓN: 10 MINUTOS

1½ libras de espárragos medianos (ver Nota)	6 cucharadas de mantequilla
Sal marina o kosher	¾ taza de pecanas en mitades

1. Para preparar los espárragos: Tome cada espárrago por la punta y doble el tallo con la otra mano. El extremo más duro se quebrará, dejando la parte y la punta más tierna del tallo.

2. Vierta ½ pulgada de agua en una sartén grande y sazone bien con sal. Añada los espárragos y hierva a fuego alto, cocinando hasta que estén tiernos pero no marchitos, de 2 a 5 minutos dependiendo del grosor. Rote los espárragos una o dos veces mientras los cocina.

3. Escurra bien los espárragos y coloque en un plato tibio. Limpie la sartén.

4. Agregue la mantequilla y las pecanas a la sartén y cocine a fuego medio bajo hasta que la mantequilla deje de hacer espuma y adquiera un color ligeramente oscuro y las pecanas estén ligeramente tostadas, por 4 minutos aprox. Revuelva las pecanas para que se tuesten de manera uniforme. Vierta de inmediato la mantequilla sobre los espárragos y sirva caliente.

NOTA: Puede utilizar espárragos delgados o gruesos para esta receta. Si el espárrago es más grueso que su dedo, pele la base de los tallos después de partirlos para asegurarse de que las puntas gruesas y las puntas se cocinarán en el mismo lapso de tiempo.

Berenjenas en leche de coco

Esta receta, que es mi versión de un plato que se encuentra de una forma o de otra en todo el Caribe, está inspirada en Doña Corina Castro, directora de la Villa Shantal en República Dominicana. Ella prepara las berenjenas —y muchas otras cosas— en un fogón rodeado de piedras. Las piedras calientes funcionan como un apoyo para la parte inferior de la gran paila que ella utilizó para este plato y para otro muy semejante al Cabrito estofado de leche de coco, que aparece en la página 267. Doña Corina jura que el aroma de la madera ahumada permea todo lo que ella cocina en el fogón y le da un sabor especial a sus platos.

Esta receta puede prepararse fácilmente como entrada en una comida vegetariana, tal como sucede con frecuencia en Puerto Rico, especialmente durante la Semana Santa, cuando la textura carnosa de la berenjena es bienvenida en días de vigilia. Un poco de arroz blanco y unos lindos vegetales verdes, y quedarán completamente listos.

RINDE 6 PORCIONES • TIEMPO DE PREPARACIÓN: 30 MINUTOS
(INCLUYENDO EL TIEMPO PARA FREÍR) • TIEMPO DE COCCIÓN: 25 MINUTOS

PARA LA BERENJENA

Mezcla de niñitos de banana (página 83)

2 berenjenas grandes (1³/₄ aprox.)

Sal marina o kosher y pimienta fresca
    molida

Aceite vegetal para freír

PARA LA SALSA DE COCO

2 cucharadas de aceite de oliva

1 taza de Sofrito (página 305)

1 cucharada de pasta de tomate

½ cucharadita de comino en polvo

1 hoja de laurel

2 latas de leche de coco sin endulzar de
    13½ onzas

1. Prepare la mezcla y deje reposar mientras prepara la berenjena.

2. Corte las puntas de la berenjena y deje la piel. Corte a lo largo en rodajas de ½ pulgada. Espolvoree sal y pimienta por ambos lados de las rodajas.

3. Vierta 1 pulgada de aceite en una sartén grande. Caliente a fuego medio hasta que el mango de una cuchara de madera sumergida en el aceite produzca un chisporroteo considerable (360°F aprox.). Vierta sólo las rodajas de berenjena que quepan ampliamente en la sartén, y sumerja cada una en la mezcla. Cubra por ambos lados, y luego levante y sostenga arriba del recipiente para que el exceso de la mezcla caiga de nuevo al plato. Vierta cuidadosamente la berenjena al aceite caliente. Cocine dando vuelta una vez hasta que ambos lados estén bien dorados, 5 minutos aprox. Seque en una fuente para hornear cubierta con toallas de papel y repita con la berenjena y la mezcla restantes.

4. Cuando haya freído todas las rodajas, coloque superponiendo en una sola capa en una fuente para hornear grande (de 11 × 15 pulgadas aprox.). Puede freír las berenjenas con 2 horas de anticipación y mantener a temperatura ambiente.

5. Precaliente el horno a 375°F.

6. Para la salsa de coco: Caliente el aceite a fuego medio en una sartén mediana. Agregue el sofrito y cocine hasta que el líquido se haya evaporado y el sofrito esté burbujeando. Añada la pasta de tomate, el comino y la hoja de laurel y revuelva hasta que la pasta de tomate cambie de color. Incorpore la leche de coco y hierva, revolviendo. Reduzca a fuego lento y cocine hasta que la salsa esté ligeramente espesa, 10 minutos aprox. Retire del fuego. (Puede preparar la salsa con 2 horas de anticipación y mantener a temperatura ambiente. Caliente a fuego bajo antes de continuar.)

7. Retire la hola de laurel y vierta la salsa sobre la berenjena y hornee hasta que la salsa haga burbujas en los bordes del plato y la berenjena esté bien caliente, 20 minutos aprox. Sirva caliente o a temperatura ambiente.

Habas con jamón serrano y crema

España: allí es donde me lleva este plato. Mi viaje a España fue el despertar de mi pasión por todo lo que tenga que ver con las habas, que comenzó al probar este plato en Madrid durante la cena de Año Nuevo. Acompañado con los celestiales hongos españoles (¡me vuelvo poética cada vez que hablo de ellos!) y el sabor ligeramente salado del jamón serrano, la dulzura delicada de las habas se resalta con el toque de crema que une todos los sabores.

RINDE 6 PORCIONES • TIEMPO DE PREPARACIÓN: 45 MINUTOS • TIEMPO DE COCCIÓN: 15 MINUTOS

5 libras de habas en la vaina (ver Consejo)

2 cucharadas de mantequilla sin sal

3 chalotes grandes, picados (¼ de taza aprox.)

1 rodaja de jamón serrano o de prosciutto en dados de ¼ de pulgada (⅓ de taza aprox.)

½ taza de doble crema

3 ramitos de tomillo fresco

Sal marina o kosher y pimienta fresca molida

1. Retire las habas de las vainas, lávelas y blanquee (ver Nota, página 109). Tendrá 3 tazas aprox.

2. Caliente la mantequilla en una sartén grande a fuego medio hasta que haga burbujas. Agregue los chalotes y cocine revolviendo hasta que estén blandos, por 2 minutos. Añada el jamón y revuelva hasta que desprenda su aroma. Agregue las habas y revuelva suavemente hasta cubrir con la mantequilla. Vierta la crema y el tomillo, y caliente hasta hervir. Reduzca a fuego muy bajo, cubra la sartén y cocine hasta que las habas estén tiernas y la crema se haya absorbido, 5 minutos aprox. Sazone con una pizca de sal si es necesario (el jamón es salado) y con pimienta al gusto.

CONSEJO: Si está en el supermercado, lo mejor es abrir un par de vainas de habas y darles una mirada. Si las habas son muy pequeñas, tal vez necesite una libra o más para 6 porciones. Si son muy grandes, 4 libras serán suficientes.

Mousse de chocolate ∽ TIERRITA DULCE

Estos deliciosos postres, que parecen pequeñas plantas sembradas, hacen furor en Puerto Rico. La "tierrita" es un mousse de chocolate con pedacitos de galletas de chocolate. La flor de azúcar comestible que sale de la tierra, completa la ilusión.

RINDE 6 A 8 PORCIONES (DEPENDIENDO DEL TAMAÑO) • TIEMPO DE PREPARACIÓN: 45 MINUTOS (MÁS 2 A 24 HORAS PARA REFRIGERAR)

1 bolsa de chips de chocolate amargo de 12 onzas

2 cucharadas de ron oscuro

1½ cucharadas de café espresso instantáneo en polvo

1 cucharadita de extracto de vainilla

Una pizca de sal

3 huevos extra grandes, separados

¾ taza de azúcar

1 taza de crema doble bien fría

2 paquetes de galletas de chocolate Oreo Crisp, trituradas

6 a 8 flores comestibles, de ser posible con los tallos, o flores de azúcar

1. Mezcle los chips de chocolate, el ron, el café, la vainilla, la sal y ½ taza de agua en un molde grande y refractario. Coloque sobre una olla con agua hirviendo y revuelva hasta que el chocolate se derrita. Reserve a un lado.

2. Con una batidora manual, bata las yemas de huevo con ½ taza de azúcar en un recipiente mediano hasta que tengan un color amarillo pálido, estén esponjosas y pueda ver el fondo del recipiente mientras bate, 2 minutos aprox. Agregue un tercio de la mezcla de chocolate a las yemas con una espátula de caucho, y vierta la mezcla de huevo al chocolate que está en la olla. Reserve a un lado.

3. Lave los utensilios utilizados y seque bien. Bata las yemas de huevo con la ½ taza de azúcar restante en un recipiente mediano hasta que se formen puntas suaves cuando levante la mezcla batida. Agregue la tercera parte de las claras a la mezcla de chocolate con una espátula de caucho. Añada las claras restantes cuando todo esté bien mezclado.

4. Bata la crema en un recipiente limpio hasta que las puntas se mantengan en su lugar. Utilice una espátula de caucho y vaya mezclando la crema con la mezcla de chocolate en 3 tandas. Sirva el mousse en 8 macetas de flores para cocina (ver Nota) o en moldes para postres. Enfríe un mínimo de 2 horas o hasta 1 día.

5. Introduzca las galletas en una bolsa plástica resellable. Golpee con un rodillo para amasar hasta quebrar las galletas y luego pase el rodillo para triturarlas. Vierta las galletas trituradas en cada plato de manera que parezcan tierra. Termine con las flores comestibles, insertando el tallo en el mousse.

NOTA: Las macetas de cocina se consiguen en tiendas especializadas en productos para hornear y en línea en www.kingarthur.com.

Cleriquot

El cleriquot es el primo argentino de la sangría blanca. Puedo decirles que mi receta de sangría blanca en mi libro anterior fue todo un éxito, y realmente me siento orgullosa de ello, pero después de probar una jarra particularmente deliciosa de cleriquot en la Pizzería Meriole en Buenos Aires, llegué inspirada para apartarme de mi receta habitual, y creo que ustedes estarán de acuerdo en que es casi demasiado deliciosa. Me gusta que todos los ingredientes estén bien fríos para no diluirlos con hielo. Por supuesto que pueden añadirle hielo si así lo desean: es una forma excelente de romper el hielo en una fiesta con cena donde algunos de los invitados no se conocen entre sí.

RINDE 8 PORCIONES • TIEMPO DE PREPARACIÓN: 10 MINUTOS

1/4 taza de azúcar superfina

1 botella de brut rosado burbujeante, de 750 ml, fría

1 taza de vodka Absolut de durazno, fría

1 1/2 tazas de agua mineral con gas, fría

1 mango pelado, despepitado y cortado en dados de 1/2 pulgada

1 durazno pelado, despepitado y cortado en dados de 1/2 pulgada

1 taza de frambuesas

Jugo de 1 limón verde

1. Disuelva el azúcar en 1/4 de taza de agua y refrigere hasta que esté helada.

2. Vierta el sirope de azúcar en una jarra grande y agregue el brut, el vodka y el agua mineral. Mezcle las frutas y el jugo de limón y añada a la jarra. Sirva helado en copas de vino, ¡y brinden por mí!

Panna cotta de coco con frutas tropicales

A Mami le encanta el coco en todas sus manifestaciones, ya sea en dulces como los Besos de coco en la página 169 o platos salados como la Berenjena en leche de coco en la página 232. Le gusta tanto que cuando me visita, siempre me aseguro de prepararle algo con coco para recibirla. Esta es la receta perfecta para este tipo de ocasiones, porque puedo prepararla desde la noche anterior. Coloco una olla grande en la estufa y la dejo cocinar a fuego lento mientras voy por ella al aeropuerto, y después de que ella haya disfrutado su almuerzo, saco mi sorpresa de coco, y ella se siente menos culpable.

RINDE 6 PORCIONES • TIEMPO DE PREPARACIÓN: 30 MINUTOS (MÁS 4 HORAS O MÁS PARA ENFRIAR)

1 cucharada de gelatina en polvo

1 lata de crema de coco de 15 onzas (preferiblemente Coco López)

1 lata de leche de coco sin azúcar de 13½ onzas

2 tazas de crema doble bien fría

¼ taza de azúcar en polvo

Diversas frutas tropicales como kiwi, mango y papaya, peladas y cortadas en dados de ½ pulgada (1½ tazas aprox.) para decorar

1. Vierta la gelatina de manera uniforme en 3 cucharadas de agua fría en un recipiente pequeño. Reserve a un lado durante 10 minutos.

2. Caliente la crema y la leche de coco en una olla mediana hasta que se formen burbujas por los bordes. Reduzca a fuego lento y agregue la gelatina, revolviendo hasta que esté completamente disuelta. Retire del fuego.

3. Llene un recipiente grande con agua fría. Vierta la mezcla de coco en un recipiente más pequeño que el del agua y deje que se enfríe, revolviendo cada pocos minutos con una espátula de caucho hasta que la mezcla comience a espesarse. Retire la mezcla de coco del recipiente con agua.

4. Mezcle la crema y el azúcar en un recipiente hasta que ésta se disuelva. Agregue a la mezcla de coco y dividida de manera uniforme en seis moldes o recipientes para postres de 7 a 8 onzas. Enfríe hasta que esté firme, un mínimo de 4 horas o desde la noche anterior.

5. Para servir, pase un cuchillo por los bordes de los moldes e invierta cada uno sobre un plato. Agregue un poco de fruta en cada uno, dejando que se derrame sobre el plato.

Cascos de guayaba rellenos con mousse de queso crema

Esta es otra típica combinación latina entre la guayaba y el queso (ver Facturas de guayaba y queso crema en la página 168). Los cascos de guayaba van rellenos con un mousse elaborado con queso crema dulce, y diluidos con crema batida. Es un postre hermoso y económico; la salsa para decorar el plato se hace con el delicioso sirope de las guayabas enlatadas.

RINDE 6 PORCIONES • TIEMPO DE PREPARACIÓN: 25 MINUTOS (MÁS 2 A 8 HORAS PARA ENFRIAR)

1 sobre de gelatina sin sabor

1 envase de queso crema batido de 8 onzas

1/3 taza de azúcar

1 cucharadita de extracto de vainilla

1 cucharadita de extracto de almendras

3/4 taza de crema doble bien fría

1 lata de guayaba en cascos de 17 onzas (24 aprox.)

1. Vierta ½ taza de agua fría en una olla pequeña, agregue la gelatina y deje reposar por 10 minutos. Caliente a fuego lento hasta que la gelatina se haya disuelto. Reserve a un lado.

2. Vierta el queso crema en un recipiente mediano. Añada el azúcar y los extractos de vainilla y almendra; bata hasta que esté esponjoso. Agregue la gelatina.

3. Bata la crema en otro recipiente hasta formar picos suaves. Pase la crema batida a la mezcla del queso crema con una espátula de caucho. Refrigere hasta que esté firme, por un mínimo de 2 horas o desde la noche anterior.

4. Escurra los cascos de guayaba con suavidad y reserve el líquido. Coloque con el lado suave hacia abajo en una fuente para hornear pequeña cubierta con toalla de papel. Sirva el mousse sobre los cascos, formando montículos (o si prefiere, vierta el mousse en una bolsa de repostería con una punta grande de estrella y agregue a los cascos).

5. Añada los cascos partidos o los pedazos pequeños de guayaba al líquido escurrido. Pase a una licuadora y licúe hasta que la mezcla esté suave. Reserve la salsa a un lado. (Puede preparar la salsa y los cascos varias horas antes de servir. Mantenga refrigerado.)

6. Sirva 3 cascos en cada plato. Rocíe un poco de salsa encima y alrededor de cada uno.

Strudel de banana y dulce de leche

María *Grande,* la hermana de mi amiga Paula, organizó un almuerzo en un restaurante llamado Social Paraíso, en Buenos Aires. El postre era *delicia tibia de banana* y parecía un "cigarro" con pasta filo, una banana caliente en el centro y un chorro de dulce de leche.

RINDE 12 PORCIONES • TIEMPO DE PREPARACIÓN: 30 MINUTOS • TIEMPO DE COCCIÓN: 30 MINUTOS

6 bananas maduras

Jugo de 1 limón

1¼ tazas de azúcar

½ taza de crema doble, más 2 cucharadas

4 cucharadas de mantequilla sin sal

¼ cucharadita de canela en polvo

1 taza de pecanas en pedazos grandes

16 hojas de pasta filo (ver página 312)

6 cucharadas de mantequilla derretida

1 taza de galletas de almendras finamente triduradas (como Stella D'oro, amaretti, o tostadas de anís)

1. Corte las bananas a lo largo en 4 pedazos, y luego a lo ancho en pedazos de ½ pulgada. Revuelva en un recipiente con jugo de limón y reserve a un lado.

2. Prepare el caramelo con el azúcar y ¼ de taza de agua (ver Caramelicioso, página 124). Cuando haya preparado, retire la olla del fuego y vierta cuidadosamente la crema. Inicialmente echará burbujas, pero luego dejará de hacerlo. Bata el caramelo hasta que esté suave y cremoso. Regrese la olla a fuego bajo y agregue 1 cucharada de mantequilla. Añada la canela y deje enfriar un poco.

3. Agregue el caramelo y las pecanas a las bananas y revuelva bien pero con suavidad. Reserve a un lado.

4. Precaliente el horno a 375°F. Cubra una fuente para hornear con papel pergamino.

5. Coloque las hojas de pasta filo en una superficie de trabajo y cubra con una toalla de cocina húmeda (ver notas sobre la pasta filo en la página 312). Saque 2 hojas, coloque en una toalla seca y aplique mantequilla derretida en la parte superior de la hoja. Vierta 2 cucharadas de galletas trituradas en la mantequilla. Repita 3 veces más para preparar 4 capas de pasta filo, mantequilla y galletas. Vierta la mitad de la mezcla de banana sobre el centro de la pasta filo, dejando al menos 1 pulgada de espacio en los extremos más cortos, y unas 2 pulgadas en los largos. Utilice la toalla y enrolle los lados largos de la pasta sobre el relleno, y luego presionen las puntas para sellar. Coloque en la fuente para hornear y meta las puntas por debajo. Repita el procedimiento para preparar otro strudel.

6. Hornee hasta que esté dorado y crujiente por encima, de 25 a 30 minutos. Sirva tibio o a temperatura ambiente, y corte a lo ancho en rodajas.

BUFETES

A todo el mundo le gusta las fiestas, y a nadie más que a mí, así que lo último que quiero hacer cuando mi casa está llena de gente, es permanecer sola en la cocina. No me malinterpreten, me gusta que mis invitados coman y beban a gusto, sólo que quiero hacer casi todo mi trabajo antes de que lleguen, pues no quiero perderme ni un solo brindis. Con el paso de los años he desarrollado una estrategia para organizar bufetes. Es muy simple y nada revolucionaria, pero me ha funcionado. Y también les funciona a mis invitados. En primer lugar, invite sólo al número de personas con el que se sienta cómoda para cocinar. Es cierto que un bufete no requiere mucha atención por los detalles ni un cálculo del tiempo cuidadoso como se requiere en una cena, pero de todos modos hay que preparar los platos principales y los de acompañamiento, hay que surtir el bar y organizar la casa. Haga todo a su propio ritmo. Lo bueno de los bufetes es que dan una sensación de abundancia que no significa necesariamente esclavizarse y preparar doce platos para 10 personas, sino que sugiere abundancia: platos coloridos rebosantes de ensaladas y vegetales, cacerolas llenas de delicias burbujeantes y una linda base con el cerdo asado más fragante y espléndido que hayan visto.

Yo me limito a comenzar de manera muy simple, seleccionando platos que no requieren de mucho esfuerzo (salvo ir a la tienda o al supermercado). Resulta que la mayoría de ellos provienen de España y hacen parte de casi todos los menús de tapas de ese país. Y los jamones, quesos, aceitunas y otras delicias (ver la Mesa de tapas sin cocinar, página 244) saben mejor a temperatura ambiente, lo que significa que comparten una maravillosa cualidad: Pueden servirse justo antes de que el primer invitado toque el timbre. Mis invitados se encuentran con un vaso en la mano y unos cuantos bocados prácticamente antes de que mis hijos les hayan recibido los abrigos. Así es como me gusta atenderlos.

Por esta razón es que ustedes no encontrarán ninguna receta de aperitivos en este capítulo. Si desean, pueden ver varias recetas en el capítulo de Fiestas de cóctel (página 170) y utilizarlas aquí. O tomar una (o ambas) de las tortillas que aparecen al comienzo de la sección de recetas en la página 248, y partirla en pedazos pequeños como aperitivos, que son perfectos para comer con la mano. Al igual que todas las tortillas, estas dos son deliciosas a temperatura ambiente, lo que significa que pueden prepararse antes de la fiesta.

En cuanto al evento principal, este capítulo contiene platos que pueden terminarse casi por completo antes de comenzar el bufete. Muchos de ellos pueden prepararse hasta cierto punto con un día (o varios) de anticipación. Algunos pueden llevarse al horno tan pronto lleguen los primeros invitados, y hornearse mientras conversan y se conocen. Otros pueden servirse a temperatura ambiente o calentarse unos pocos minutos antes de servir. Ustedes encontrarán algunos menús para bufete en la páginas 301 y 302.

Una vez dicho esto, no me importa servir uno o dos platos que necesiten un toque final. Cuando siento que se está acercando la hora del cóctel, me voy a la cocina a organizar mis pensamientos y tener listos los platos principales. Si hay que cortar algo, como en el "Pavochón" (página 269) o el Pernil (página 268), le paso el cuchillo a Jerry para que haga lo suyo en la mesa del bufete con un par de excepciones, usted preparará sola el resto de las recetas de este capítulo. Si los invitados necesitan ayuda para servirse, como con el Pastelón (página 255) o el Pastel de vegetales (página 251), siempre estoy ahí para darles una mano. Los invitados sólo tienen que preocuparse por sostener sus vasos y platos, mientras Jerry y yo nos aseguramos de atenderlos bien a todos.

Y por último, un comentario sobre el tamaño de las porciones para las recetas de este capítulo. Están basadas en la suposición de que usted servirá dos entradas y 3 platos de acompañamiento. Si sólo va a servir un plato principal con los 2 de acompañamiento, obviamente alcanzarán para menos personas. Mientras más comida prepare, para más personas alcanzarán los platos.

La mesa de tapas sin cocinar

Aquí tienen algunas de mis tapas favoritas: son compradas y totalmente descomplicadas. Recurro a ellas para dispersar las multitudes que se reúnen en torno al bufete, desde las más informales hasta las más elegantes. Sirva al número de personas que quiera, sirviendo cada ingrediente en un plato o fuente. Colóquelos en la mesa o distribúyalos. Asegúrese de que cada uno tenga el cubierto adecuado: un tenedor para las rodajas de jamón, un cuchillo para el queso, una cuchara para la aceituna y una canasta de pan crujiente partido o cortado en pedazos.

Cuando la gente piensa en un queso azul de España, generalmente se les pasa por la mente el **CABRALES**, un buen complemento para tapas que no necesitan cocinarse. Pero si encuentran **VALDEÓN**, un queso azul español elaborado con una mezcla de leche de cabra y de vaca, utilícenlo. Su sabor es intenso y fuerte (algo que me encanta), y su textura cremosa. Viene envuelto en hojas (algunos dicen que de roble, otros que de castaño y otros más que de sicomoro; yo digo "¿Qué importa? ¡Desempaquémoslo y disfrutémoslo!"), lo que le da un sabor terroso.

EL QUESO MANCHEGO se ha vuelto popular en los Estados Unidos y puede conseguirse casi en cualquier supermercado bien surtido. Se trata de un queso de leche de oveja que puede ser suave cuando está joven (unos 60 días de añejamiento), o fuerte cuando se ha añejado por 1 ó 2 años. Cerciórese de que tenga un grabado de color gris semejante al tejido de una canasta en la envoltura —ese es el sello distintivo de un verdadero manchego— y que los huecos del queso estén distribuidos de manera uniforme.

La mesa de tapas sin cocinar (desde arriba a la izquierda): pan crujiente en rodajas, queso Valdeón, jamón serrano, pan de nueces, aceitunas (en el centro), pimientos piquillo embotellados, anchoas blancas y corazones marinados de alcachofas

TETILLA es un queso de leche de vaca suave y de sabor fresco, y su forma es semejante a la de un *Hershey's Kiss* grande. Es delicioso para comer solo o en cacerolas, pues se derrite bien.

Hay muchos tipos de **PIMIENTOS ASADOS Y EN CONSERVA**, y son una tapa deliciosa simplemente escurridos, secos y cortados en pedazos pequeños. También puede rociarles un poco de oliva, una cantidad generosa de hierbas frescas, y dejarlo reposar a temperatura ambiente por una hora aprox. No dude en comprar **PIMIENTOS PIQUILLOS** asados, en lata o en frasco. Son dulces, con carácter y saben deliciosos solos, pero su pequeña forma triangular (1 a 2 pulgadas) hace que sean perfectos para hacer rellenos. Puede hacerlo con mariscos (carne de cangrejo con aceite y limón) o queso (queso suave de cabra batido con aceite de oliva y la hierba fresca de su elección). Si tiene Migas de pan tostado (ver página 73) a mano, reboce la parte expuesta del relleno antes de servir. La textura crujiente es una buena combinación con la textura suave del pimiento.

Las **ANCHOAS BLANCAS**, también conocidas como **BOQUERONES**, generalmente son más suaves, menos saladas y más "carnosas" que las anchoas "normales". Están preparadas en una salmuera con vinagre y sal, lo que les da un sabor limpio y fresco. Escurra bien y sirva como están, o aderece con el mejor aceite de oliva que tenga. Una buena idea es acompañar con rodajas delgadas de pan crujiente, para que los invitados hagan pequeños canapés si lo desean.

Si va a un supermercado con una sección decente de alimentos preparados, o a la tienda de alimentos preparados de su predilección, compre **CORAZONES MARINADOS DE ALCACHOFAS**: le ahorrarán mucho tiempo. Si vienen acompañados con un pedazo del tallo, le darán un toque elegante a las tapas. Generalmente vienen en recipientes empacados al vacío. Sirva en platos pequeños con tenedores para ensalada y una canasta de buen pan.

No sólo Italia y Francia han elevado los jamones curados a un nivel artístico. España tiene dos que son irresistibles: **EL JAMÓN SERRANO Y EL IBÉRICO**. El primero es un nombre genérico (que significa "de las montañas") para los jamones que han sido curados por un mínimo de 12 meses (los mejores son curados hasta 18 meses) según procedimientos muy específicos. La mejor comparación es un prosciutto de Parma realmente suave. Por otra parte, el jamón ibérico es el nombre que reciben los jamones elaborados con la carne de una raza especial de cerdos de patas negras, los cuales son alimentados con bellotas, cereales y/o alimentos silvestres y de forraje. Este jamón es curado y añejado con un cuidado excepcional. Su carne es fragante, mantequillosa, dulce y fuerte al mismo tiempo, e increíblemente deliciosa. El jamón ibérico es costoso, pero vale cada centavo de su peso. Cualquiera de estos jamones debe servirse en rodajas delgadas y sin ningún tipo de adornos.

Otros productos de **CHARCUTERÍA**, como el chorizo español (ver página 312), el **SALCHI-CHÓN** (ver Nota, página 285), y el **LOMO** —un corte curado, maduro y de sabor intenso— siempre son bienvenidos. Parta el chorizo, picante o dulce, y el salchichón con la mano, y pídale al carnicero que le corte el lomo en rodajas muy delgadas para apreciar plenamente su textura y sabor.

Jamón ibérico

Hace varios años, durante un viaje que hicimos a España, nos propusimos comer tantas tapas como fuera posible. Y cada vez que nos sentábamos en un bar, lo primero que ordenábamos era un plato de jamón ibérico. Este jamón, elaborado siguiendo parámetros muy estrictos con cerdos alimentados con una dieta especial, es etéreo, delicado y diferente a cualquier plato que habíamos comido antes. Lo comimos al desayuno, al almuerzo y a la cena. Para no ir muy lejos, creo que Ángela lo comió una vez a manera de postre.

En la Taberna del Cura en Barcelona —donde los chefs trabajan en una cocina abierta y la sidra está en un barril enorme empotrado en la pared del restaurante— el jamón ibérico venía custodiado por otras dos obras maestras de la charcutería española: rodajas delgadas de chorizo y lomo ahumado de cerdo (ver página 246). Aunque estaban completamente deliciosos, lo primero que devoramos —como siempre— fue el jamón ibérico. En De Tapa Madre, otra joya de restaurante en Barcelona y propiedad de dos hermanas, una hilera tras otra de hermosos jamones colgaba para deleite de los clientes (y para que se les hiciera agua la boca). Marc se inspiró tanto durante una de las muchas comidas que disfrutamos en De Tapa Madre, que fue al lugar de los jamones y fingió estar colgado al lado de estas exquisiteces: fue su pequeño homenaje, aunque algo descabellado, a ese jamón que todos habíamos llegado a amar.

La presentación del jamón ibérico siempre fue muy impactante en todos los restaurantes. Los camareros lo llevaban en un carrito y lo cortaban con destreza, mientras nosotros hacíamos todo lo posible para contenernos en anticipación al primer bocado celestial. Tuve que decirle a mi pequeña Ángela que sería imposible llevarnos un jamón entero a casa, pues la aduana no lo dejaría pasar, y puedo decirles que no recibió bien mi noticia.

No hace mucho, me emocioné al saber que el jamón ibérico ya está disponible en los Estados Unidos. Me dio tanta felicidad que inmediatamente compré uno entero (sé que es un lujo, pero también sé que a toda mi familia le encanta). Ahora puedo ver la expresión de Ángela cuando llevo el jamón a la mesa y lo sirvo.

La familia se prepara para disfrutar un festín en De Tapa Madre.

¡Marc, el jamón más grande de todos!

Tortilla de bacalao salado

Este plato es absolutamente celestial y la oportunidad perfecta para utilizar los trocitos de bacalao salado que le hayan sobrado de otra receta. Con frecuencia, los vegetales aromáticos de la tortilla se cocinan primero para ablandarlos un poco, pero a mí me gusta la textura crujiente de la cebolla y la pimienta en esta tortilla, así que vierto los vegetales junto a los huevos.

RINDE 8 PORCIONES PARA PLATO PRINCIPAL DE BUFETE, O AL MENOS 12 PORCIONES COMO APERITIVO • TIEMPO DE PREPARACIÓN: 15 MINUTOS (MÁS 1 DÍA PARA REMOJAR EL BACALAO) • TIEMPO DE COCCIÓN: 15 MINUTOS

2 tazas de bacalao remojado, cocinado y desmenuzado (ver la página 261)
1 pimiento rojo sin corazón ni semillas, cortado en dados de ¼ de pulgada (1¼ tazas aprox.)

1 cebolla española mediana, cortada en dados de ¼ pulgada (1¼ tazas aprox.)
¼ taza de perejil liso picado
8 huevos extra grandes batidos
2 cucharadas de mantequilla suave, sin sal

1. Coloque la rejilla a 6 pulgadas del fuego y precaliente.
2. Revuelva el bacalao, el pimiento, la cebolla y el perejil en un recipiente. Vierta los huevos batidos sobre la mezcla y revuelva bien.
3. Engrase bien el fondo y los lados de una sartén refractaria de 10 pulgadas (ideal si es de hierro forjado) con mantequilla, y cocine a fuego medio alto hasta que la mantequilla haga burbujas pero no se haya oscurecido. Incline la sartén para que el fondo y los lados queden cubiertos. Vierta los huevos. Revuelva con una cuchara de madera o espátula refractaria mientras agita la sartén. Levante los bordes de la tortilla cuando estén firmes para que el huevo líquido se filtre por debajo. Deje de revolver cuando los huevos estén medianamente firmes. Reduzca a fuego bajo y cocine hasta que el fondo de la tortilla esté firme (con suavidad, levante un borde para cerciorarse).
4. Coloque la sartén en el asador y cocine hasta que la parte superior esté ligeramente oscura y el centro esté firme, por 4 minutos aprox. (Puede preparar la tortilla con 4 horas de anticipación). Sirva a temperatura ambiente o recaliente en un horno a 250°F por 10 minutos aprox.

CONSEJO: La tortilla puede cortarse en cascos y servirse directamente de la sartén, pero para un bufete, sería bueno invertir la tortilla en una superficie para cortar y partirla en cascos delgados o en cuadros pequeños. (Cuando la tortilla se enfríe, estará lo suficientemente firme para tomarla y comerla con los dedos.) Coloque una superficie para cortar sobre la tortilla fría, dele vuelta rápidamente y pase la tortilla. También puede ensayar este método: Pase una espátula de metal o de caucho por los bordes de la tortilla para despegarla. Sostenga la sartén en un ángulo de 45 grados, coloque un plato plano al lado de la sartén y sirva la tortilla con la espátula. Córtela y sírvala en el plato, o pásela a una tabla para cortar.

Tortillas

Déjenme aclarar un malentendido sobre la palabra "tortilla". En México, las tortillas son una especie de panes redondos y muy delgados, elaborados con harina de trigo o de maíz. Pero en España, son omelettes gruesas y de cocción lenta, muy semejantes a la frittata italiana. Se encuentran en todos los bares de tapas, desde la muy simple tortilla española elaborada con papas y cebolla, hasta creaciones complejas que contienen pimientos piquillos, cangrejos, almejas y tocino.

Las tortillas son perfectas para un bufete. Son deliciosas a temperatura ambiente, y puede prepararlas antes de que lleguen sus invitados. Cualquier tortilla puede cortarse en cuadros pequeños y servirse con una gran variedad de aperitivos (ver páginas 244 a 246), o cortarse en pedazos más grandes para complementar los numerosos platos principales.

Las tortillas también son ideales para comer cualquier día. Haga una para una cena de semana y acompañe con una ensalada. Sin importar los ingredientes, el procedimiento es básicamente el mismo, así que son perfectas para utilizar las sobras y porciones de vegetales que tenga en el refrigerador. Quienes lleguen a tiempo a la cena pueden comerla tibia; quienes lo hagan más tarde pueden disfrutarla a temperatura ambiente, ya que es igualmente deliciosa (¡algunos piensan que es mejor!) con una ensalada o entre dos pedazos de pan.

El mejor recipiente para preparar una tortilla es una sartén de hierro forjado bien temperada. Es pesada, lo que garantiza una cocción lenta, continua y uniforme, justamente lo que se necesita para una buena tortilla. La superficie temperada significa que la tortilla no se pegará, y su construcción metálica hace que sea ideal para terminar la tortilla bajo la parrilla o en el horno. Si no tiene una sartén de hierro forjado, aprender a hacer tortillas es la excusa perfecta para comprar una. Las sartenes de hierro forjado de nueva generación (y especialmente la línea "Logic", manufacturada por Lodge) vienen temperadas: todo un sueño para el cocinero perezoso.

Tortilla de alcachofa, papas y jamón serrano

Esta tortilla exótica es la clásica tortilla española llevada a otro nivel con la adición de las alcachofas sa-lobres y la riqueza del jamón serrano. Si tiene una buena relación con la tienda donde compra el jamón serrano, podrían guardarle el hueso (pídalo con amabilidad). No puedo siquiera decirles el efecto que tiene uno de esos huesos en una sopa o unos frijoles.

RINDE 8 PORCIONES PARA PLATO PRINCIPAL DE BUFETE, O AL MENOS 12 PORCIONES DE APERITIVO • TIEMPO DE PREPARACIÓN: 15 MINUTOS • TIEMPO DE COCCIÓN: 15 MINUTOS

1 papa Idaho grande (de 12 onzas aprox.), pelada y cortada en cubos de ½ pulgada (2 tazas aprox.)

2 cucharadas de aceite de oliva

1 caja de corazones de alcachofa congelados de 9 onzas, a temperatura ambiente

2 chalotes picados

½ cucharadita de tomillo fresco picado

¼ libra de jamón serrano o prosciutto en rodajas delgadas, cortados a lo ancho en tiras de ¼ de pulgada

3 pimientos piquillos embotellados, cortados en tiras de ½ pulgada de ancho

2 cucharadas de mantequilla sin sal

12 huevos extra grandes, batidos

Sal marina o kosher y pimienta fresca molida

1 taza de queso tetilla desmenuzado (ver página 246) o gouda

1. Vierta las papas cortadas en una olla y cubra bien con agua fría y salada; hierva a fuego alto. Escurra las papas de inmediato y vierta en una fuente para hornear para que se sequen bien.
2. Coloque una parrilla a unas 6 pulgadas de la parrilla y precaliente.
3. Caliente el aceite de oliva en una sartén refractaria de 10 pulgadas (ideal si es de hierro forjado) a fuego medio alto. Añada los corazones de alcachofa y cocine revolviendo hasta que estén ligeramente dorados, por 5 minutos aprox. Agregue las papas, luego los chalotes y el tomillo, reduzca a fuego lento y cocine hasta que el tomillo suelte su aroma y los chalotes estén blandos, por 2 minutos aprox.; las papas no deben estar oscuras. Vierta el jamón serrano y cocine otro minuto hasta que comience a achicharrarse. Sirva en un recipiente junto con los pimientos piquillos y limpie la sartén con toallas de papel.
4. Caliente la mantequilla en la sartén a fuego medio alto hasta que deje de hacer burbujas. Incline la sartén para que el fondo y los lados se lubriquen bien, y vierta los huevos. Mueva la

sartén mientras revuelve los huevos con una cuchara de madera o una espátula resistente al calor. Levante los bordes de la tortilla cuando esté firme, para que el huevo crudo se filtre por debajo. Cuando los huevos estén firmes, esparza los vegetales y el jamón de manera uniforme sobre la tortilla y sazone con sal y pimienta. Reduzca el fuego, espolvoree el queso y cocine hasta que los bordes de la tortilla estén firmes, por 5 minutos aprox.

5. Coloque la tortilla debajo de la parrilla hasta que esté bien dorada y burbujeante, de 3 a 4 minutos. Saque la tortilla de la sartén (ver Consejo, página 249). Sirva caliente o a temperatura ambiente.

Pastel de vegetales

En un reciente viaje a República Dominicana, mi amiga Walewska Estevez Christine me invitó a la casa de su familia, donde me presentó a su padre, el doctor Uvaldo, a su madre "Mignon" y al resto de su encantadora familia. Su hermana Ninotchska es una cocinera entusiasta y nos preparó una cena. El plato principal era este pastel de vegetales. A mí me encanta el pastel pero pienso en carne de res o pollo, e incluso mariscos como el ingrediente principal. Si a esto se agrega el hecho de que en términos generales los platos vegetarianos no abundan en el Caribe, esta fue una sorpresa inesperada. El pastel de vegetales de Ninotchska es perfecto para un bufete: el relleno y la masa pueden prepararse un día antes, y el plato entero puede armarse y llevar al horno antes de que lleguen sus invitados. Cuando toquen el timbre, su casa tendrá un olor sublime, y usted podrá quitarse el delantal y vestirse para la fiesta.

RINDE 12 PORCIONES DE BUFETE • TIEMPO DE PREPARACIÓN: 40 MINUTOS (MÁS TIEMPO PARA ENFRIAR LA MASA) • TIEMPO DE COCCIÓN: 1 HORA Y 40 MINUTOS (BÁSICAMENTE SIN PRESTARLE ATENCIÓN)

PARA LA MASA

4 tazas de harina

1 cucharada de polvo para hornear

1 cucharada de azúcar

1 cucharadita de sal

2 yemas de huevos extra grandes

½ taza de leche

12 cucharadas (1½ barras) de mantequilla bien fría, cortada en 12 pedazos

¼ taza de manteca vegetal fría

4 cucharadas de mantequilla sin sal

2 cebollas españolas medianas (1 libra aprox.), en dados pequeños (3 tazas aprox.)

1 pimiento cubanelle grande o 2 medianos, cortados, sin semillas y finamente picados (1½ tazas aprox.)

1 tallo de apio picado (⅓ de taza aprox.)

1 col verde pequeña (2½ libras aprox.), sin corazón y finamente picada (en pedazos de ½ pulgada aprox.; ver Consejos)

2 zanahorias medianas, peladas y rayadas (½ taza aprox.)

1 taza de granos de maíz congelados

Una lata de sopa de queso cheddar de 10¾ onzas

1 taza de crema doble

Sal marina o kosher y pimienta fresca molida

PARA EL GLASEADO

1 yema de huevo

1 cucharadita de azúcar

1. Para la masa: Mezcle la harina, el polvo para hornear, el azúcar y la sal en un recipiente grande. Vierta en un procesador de alimentos. Bata las yemas de huevo y la leche en un recipiente pequeño. Agregue la mantequilla fría a la mezcla de harina y pulse varias veces hasta que la mezcla tenga la consistencia de la harina de maíz. Agregue la manteca vegetal y repita. Añada la mezcla de la leche y pulse una o dos veces, hasta que la mezcla forme una masa. Colóquela en una superficie con harina y amase un poco, hasta que se aglutine. Envuelva la masa en papel pergamino y luego en papel aluminio. Enfríe un mínimo de 30 minutos, o por un día.

2. Para el relleno: Caliente la mantequilla en una olla o cacerola grande a fuego medio. Añada la cebolla, los pimientos, el apio y cocine revolviendo ocasionalmente hasta que estén blandos, por 5 minutos aprox. Agregue la col y las zanahorias y siga revolviendo hasta que la col esté blanda y suave, por 10 minutos aprox. Incorpore el maíz, luego añada la sopa de queso y la crema y revuelva hasta mezclar bien. Sazone con sal y pimienta al gusto. Enfríe a temperatura ambiente antes de utilizar. (Puede preparar el relleno un día antes).

3. Precaliente el horno a 350°F. Prepare una fuente para hornear de vidrio de 13 × 11 pulgadas (ver Consejos).

4. Para armar el pastel: Espolvoree harina en la superficie de trabajo. Corte un poco más de la tercera parte de la masa y deje a un lado. Amase el pedazo más grande hasta formar un rectángulo de 17 × 15 pulgadas, agregando harina a la superficie y al rodillo si es necesario para evitar que la masa se pegue. No se preocupe si la masa se parte o si el rectángulo no es perfecto; podrá arreglarlo después. Enrolle la masa alrededor del rodillo y desenrolle de tal manera que quede más o menos centrada en la fuente para hornear. Coloque suavemente la

masa en el plato, asegurándose de apretar los bordes y deje una ½ pulgada de masa colgando por todos los lados de la fuente. Es probable que quede masa en forma de lágrimas y que cuelgue más en unos lados que en otros. Apriete en esas partes, corte los pedazos que cuelguen más de ½ pulgada y utilícelos para pegar en los lugares donde no hay tanta.

5. Vierta el relleno frío a la masa y esparza en una capa uniforme. Amase el pedazo más pequeño de masa hasta formar un rectángulo de 13 × 11 pulgadas. Enrolle alrededor del rodillo y luego desenrolle sobre el relleno. Doble la masa que cuelga en la parte superior de la masa y haga un reborde en las puntas para sellarlas (o utilice los dientes de un tenedor para sellar los 2 pedazos de masa).

6. Para el glaseado: Bata la yema de huevo, 1 cucharada de agua y el azúcar en un recipiente mediano hasta mezclar bien. Unte sobre el pastel y los bordes. Haga 2 incisiones en la parte superior de la masa, de 3 pulgadas de largo y a 3 pulgadas de distancia.

7. Hornee hasta que la masa de arriba y abajo estén bien doradas y vea burbujas en el relleno a través de los cortes en la masa de arriba, de 50 minutos a 1 hora. Deje reposar 10 minutos antes de servir. El relleno es bastante firme, así que puede cortar el pastel y servirlo fácilmente con una espátula.

CONSEJOS: Para partir una col en pedazos de ½ pulgada, ensaye este método: Retire las hojas amarillas o marchitas de la parte exterior. Corte la col en 4 partes y retíreles el corazón. Corte el repollo a lo largo, en tiras de ½ pulgada de ancho. No se preocupe si unas quedan más grandes que otras; se emparejarán durante la cocción. Una col de 2½ libras rendirá unas 12 tazas picadas.

El recipiente perfecto para este pastel es una fuente para hornear de vidrio, de tres cuartos de galón de capacidad y que mida 13 × 11 pulgadas (ambas medidas deben estar en el fondo de la fuente). No sólo la masa y el relleno cabrán perfectamente, sino que el vidrio es un excelente conductor del calor y la parte inferior de la masa se dorará tan bien como la superior, algo que no es fácil de hacer con un pastel de vegetales.

Pastelón ∞ CACEROLA DE PLÁTANO Y PICADILLO

A este plato se le llama algunas veces lasaña puertorriqueña, pero creo que el nombre se queda corto. Realmente se parece más a una tortilla española (ver página 249). En todo Puerto Rico y República Dominicana existen versiones del pastelón. Es un plato de fiesta que funciona perfectamente para un bufete en la noche o un brunch en la tarde.

Esta es una versión muy tradicional del pastelón. Hay versiones más sencillas que contienen plátanos cocinados y triturados en vez de las rodajas doradas de plátano, pero creo que si va a prepararla, es mejor que la prepare bien. Sólo hay un atajo que encontré y que no afecta la calidad: hornear las rodajas hasta que estén bien doradas, en vez de saltearlas en la sartén, que es lo que suele hacerse. Puede preparar el picadillo y dejarlo enfriar mientras los plátanos se están horneando. El pastelón es un plato para ocasiones muy especiales.

Una nota final: Debido a la dulzura de los plátanos, el picadillo deberá estar bien sazonado.

RINDE 12 PORCIONES PARA BUFETE • TIEMPO DE PREPARACIÓN: 2 HORAS • TIEMPO DE COCCIÓN: 1 HORA

Aceite vegetal en aerosol
9 plátanos bien maduros (ver Nota)

PARA EL PICADILLO (RINDE 4 TAZAS)
1½ tazas de carne de res, cerdo o pavo molida
1 taza de Sofrito (página 305)
¼ taza de alcaparrado o de aceitunas rellenas con pimientos en pedazos grandes
2 cucharadas de pasta de tomate

1 cucharadita de comino en polvo
Una pizca de clavo en polvo (en caso de utilizar carne de res o de cerdo)
Sal marina o kosher y pimienta fresca molida
2 cucharadas de harina
½ taza de pasas (opcional)

1 cucharada de mantequilla suave, sin sal
1 cucharada de aceite vegetal
12 huevos extra grandes y bien batidos

1. Precaliente el horno a 375°F. Cubra 2 fuentes para hornear con papel pergamino y rocíe con aceite en aerosol.

2. Pele los plátanos y corte en rodajas de ½ pulgada en sentido diagonal. Las rodajas deberían tener 3 pulgadas de largas (serán más cortas en los extremos). Coloque las rodajas de plátano preparadas que quepan en una sola capa sobre las fuentes para hornear y rocíe con aceite en aerosol. Hornee hasta que estén bien doradas en la parte inferior, por 20 minutos aprox. Pase las rodajas a un plato para que se enfríen. Repita el procedimiento con los plátanos restantes.

(continúa en la página 257)

Forme una capa superpuesta de plátanos horneados de forma que cubran el fondo de una sartén engrasada.

Sirva el picadillo sobre la capa de los plátanos.

Cubra el picadillo con una segunda capa de plátanos.

El pastel ensamblado está listo para cocinarse.

3. Prepare el picadillo mientras los plátanos se hornean: Rocíe una sartén grande y profunda con aceite en aerosol. Caliente a fuego alto, vierta la carne molida y cocine revolviendo hasta que desaparezca todo rastro de color rosado, por 4 minutos aprox. Añada el sofrito y cocine revolviendo hasta que el líquido de la carne y del sofrito se hayan evaporado y la mezcla esté burbujeando, por 6 minutos aprox. Agregue el alcaparrado, la pasta de tomate, el comino, los clavos, sal y pimienta al gusto. Reduzca el fuego para que la pasta de tomate no se pegue a la sartén ni se queme; cocinar revolviendo hasta que la pasta de tomate cambie de color, por un minuto o dos.

4. Si es necesario, retire la grasa de la sartén y deje 1 cucharada. Agregue la harina y cocine revolviendo 2 minutos. Añada ¼ de taza de agua y caliente a fuego medio. Incorpore las pasas si va a utilizar, y sazone con sal y pimienta si considera necesario. Recuerde que usted querrá tener un picadillo bien sazonado para balancear la dulzura de los plátanos. Deje enfriar a un lado.

5. Para ensamblar el pastelón: Engrase el fondo y los lados de una sartén de hierro forjado de 12 pulgadas con la mantequilla, y luego vierta el aceite. Utilice la mitad de los plátanos y cubra el fondo de la cacerola con círculos concéntricos de rodajas de plátano, superponiéndolos (ver fotos, página 256). Vierta el picadillo sobre los plátanos hasta formar una capa uniforme. Cubra el picadillo con los plátanos restantes del mismo modo que cubrió el fondo de la sartén. (Puede ensamblar el pastelón con una hora de anticipación y mantener cubierto a temperatura ambiente con una toalla de cocina húmeda o con varias toallas de papel húmedas.)

6. Caliente la sartén a fuego medio bajo hasta que comience a chisporrotear. Reduzca a fuego bajo y vierta lentamente los huevos batidos por los bordes de la sartén y sobre el pastelón; tenga cuidado de no rebosar la cacerola con los huevos. Introduzca una espátula resistente al fuego en los bordes, separando los plátanos y el picadillo de la sartén y dejando que los huevos que están arriba se cocinen, dejando espacio para más huevos. Añada los huevos restantes mientras sigue introduciendo la espátula por los bordes de la sartén hasta que el pastelón haya absorbido el resto de los huevos.

7. Hornee el pastelón hasta que aparezcan burbujas por los bordes y el centro esté firme, por 25 minutos aprox. Enfríe 15 minutos antes de servir. (Si lo deja en la sartén, el pastelón permanecerá caliente y podrá servirlo una hora después. Retire de la sartén poco antes de servir.)

8. Para servirlo, introduzca un cuchillo en los bordes de la sartén para asegurarse de que el pastelón no esté adherido. Puede servirlo directamente de la sartén con una espátula. Si quiere una presentación más impactante, invierta el pastelón en un plato grande y redondo: Si tiene bordes en forma de anillo, la base del plato debería ser al menos una o dos pulgadas más ancha que la sartén. Coloque el plato hacia abajo sobre el pastelón. Agarre el mango de la sartén con guantes de cocina con una mano y utilice la otra para colocar el plato sobre el pastelón. Invierta la sartén y el plato: Hágalo con decisión y con un solo movimiento rápido.

Deje la sartén por unos minutos y luego levante con suavidad. Si han quedado plátanos pegados, simplemente retírelos y coloque sobre el pastelón. Corte en cascos con un cuchillo bien afilado, aserrando con suavidad.

NOTA: Los plátanos ideales para esta versión del pastelón deben estar completamente negros pero no muy blandos. Si va a freír las rodajas de plátano (tal como se hace tradicionalmente) en vez de hornearlas, sería ideal que utilizara una cantidad más pequeña, pues quedarán mucho más blandos fritos que horneados. Si no sabe si los plátanos están suficientemente maduros, es mejor utilizar unos que estén más maduros y no otros que estén más verdes. El sabor dulce de los plátanos maduros es fundamental en este plato.

VARIACIONES:

- Agregue un poco de picante al picadillo utilizando chile en polvo o pimiento rojo en hojuelas.
- Realce el relleno remojando las pasas en ron o brandy por una hora aprox. y escurra antes de añadir al picadillo.
- Reemplace la carne molida de res por carne de pollo o de pavo.
- Para darle un toque terroso, remoje un puñado de hongos secos en agua caliente. Escurra y enjuague bien; luego parta en pedazos grandes. Agréguelos al sofrito.

Relleno de cangrejo para el pastelón

No recuerdo la primera vez que probé el pastelón, pero sí recuerdo todos los pastelones que comí durante mi infancia, rellenos como el picadillo tradicional, como el de arriba. Esa combinación de sal y dulce fue suficiente para hacerme bailar un mambo. Y sólo fue hasta que probé el salmorejo de cangrejo en Puerto Rico (muy semejante a este relleno), cuando decidí hacer una versión con esta combinación de plátanos y carne de cangrejo. Me inspiré en las alcapurrias de cangrejo de mi abuela (empanadas pequeñas) y el resultado es un plato acogedor y familiar, engalanado con sus mejores atuendos dominicales para sus familiares y amigos. El relleno es delicioso con arroz blanco y plátanos maduros fritos.

RINDE 2½ TAZAS, SUFICIENTE PARA UN PASTELÓN DE 10 PULGADAS • TIEMPO DE PREPARACIÓN: 15 MINUTOS • TIEMPO DE COCCIÓN: 5 MINUTOS

2 cucharadas de aceite de oliva

½ taza de Sofrito (página 305)

½ taza de salsa de tomates en lata estilo español

½ cucharadita de pimiento rojo en hojuelas, o al gusto

½ taza de alcaparrado o de aceitunas rellenas con pimientos en pedazos grandes

1 libra de carne de cangrejo, sin caparazón ni cartílagos

1. Caliente el aceite de oliva en una sartén grande a fuego medio. Agregue el sofrito y cocine hasta que el líquido se haya evaporado y el sofrito esté chisporroteando. Añada la salsa de tomates, el pimiento en hojuelas, el alcaparrado y caliente a fuego lento. Incorpore lentamente el cangrejo para evitar que la carne se deshaga, y cocine hasta que el cangrejo esté cubierto con la salsa. Deje enfriar antes de utilizar.

2. Ensamble y cocine el pastelón siguiendo el procedimiento anterior, con las siguientes modificaciones:

- Reduzca el número de plátanos a 8.
- Reduzca el número de huevos a 9.
- Utilice una sartén de hierro forjado de 10 pulgadas.

CONSEJOS: Utilice las rodajas de los extremos de los plátanos para rellenar los pequeños huecos en la capa superior e inferior del pastelón.

Una sartén de hierro forjado bien temperada es el mejor recipiente para este plato. La parte inferior del pastelón se cocinará de manera suave y uniforme, y la superficie temperada reduce la posibilidad de que el pastelón se pegue al momento de invertirlo.

Arroz amarillo con bacalao y gandules

Nada dice Cuaresma en Puerto Rico como este satisfactorio plato de bacalao salado, gandules completamente verdes y arroz amarillo. Crecí comiendo esto y nunca he dejado de hacerlo.

RINDE 8 PORCIONES ABUNDANTES PARA BUFETE • TIEMPO DE PREPARACIÓN: 15 MINUTOS (MÁS UN DÍA PARA REMOJAR EL BACALAO SALADO) • TIEMPO DE COCCIÓN: 45 MINUTOS (INCLUYENDO EL BACALAO SALADO)

½ taza de Aceite con achiote (página 306)

1 taza de Sofrito (página 305)

¼ taza de alcaparrado o de aceitunas rellenas con pimientos en pedazos grandes

2 cucharadas de sal fina o kosher, o al gusto

1 cucharadita de pimienta fresca molida

1 cucharadita de comino en polvo

2 hojas de laurel

3 tazas de arroz blanco de grano largo

2 tazas de bacalao salado remojado, cocinado y en hojuelas (ver página 261)

5 botellas de jugo de almejas de 8 onzas, o la cantidad necesaria

2 tazas de arvejas congeladas, a temperatura ambiente

Pimientos rojos asados y envasados, cortados en tiras delgadas para adornar

1. Caliente el aceite con achiote en una olla grande o en una sartén grande y profunda con tapa a fuego medio alto. Agregue el sofrito, luego el alcaparrado y cocine hasta que el líquido se haya evaporado y el alcaparrado esté chisporroteando. Sazone con la sal, pimienta y el comino, e incorpore las hojas de laurel.

2. Vierta el arroz, caliente a fuego alto, agregue el bacalao desmenuzado y revuelva hasta que el arroz y el pescado estén cubiertos con el sofrito. Cuando el arroz comience a ponerse lechoso, vierta el jugo de almejas y cubra el arroz con 1 pulgada del líquido. Hierva y cocine hasta que el nivel del líquido sea igual al del arroz.

3. Agregue las arvejas, reduzca a fuego muy bajo, revuelva bien el arroz y tape. Cocine hasta que el arroz esté tierno pero con un poco de textura y el líquido se haya absorbido, por 20 minutos aprox. (Puede preparar el arroz con 45 minutos de anticipación. Mantenga cubierto en un lugar tibio hasta el momento de servir.) Revuelva el arroz con un tenedor antes de servir y adorne con el pimiento.

CONSEJO: Si va a preparar recetas de este libro (o sus favoritas) que contengan una buena cantidad de caldo de almejas, como por ejemplo ésta, debe saber que su precio aumentará rápidamente, y vale la pena buscar latas grandes (de 48 onzas) cuando vaya a una tienda al por mayor.

Cómo remojar y cocinar el bacalao salado

Cada vez es más difícil encontrar filetes de bacalao salado o "lados" enteros de bacalao salado de buena calidad. En la medida de lo posible, absténgase de comprar pescados semejantes al bacalao como el hake o abadejo, que vienen salados y empacados en paquetes de 1 a 2 libras. Estos pescados son más delgados y no tienen el verdadero sabor de un bacalao bien salado. Busque filetes gruesos de bacalao que se consiguen sueltos (y no empacados) en mercados italianos, latinos o griegos. La superficie debe sentirse áspera y los filetes deben ser firmes pero un poco maleables.

Remoje el bacalao un día antes de cocinarlo. Abra espacio en el refrigerador para un recipiente grande. Lave bien el pescado con agua fría en circulación y luego vierta al plato. Cubra con agua fría abundante y refrigere de 12 a 24 horas, dependiendo del grosor y de la sal del pescado. (Mientras más grueso y salado sea, más tiempo necesitará remojarlo.) Cambie el agua algunas veces mientras remoja el pescado. Este truco es la única forma que me permite saber cuándo está listo el bacalao para cocinarse: sáquele un pedazo pequeño al bacalao y pruébelo. Debe estar agradablemente salado (y no en exceso). Recuerde que el bacalao pierde más sal al escalfarlo.

Para cocinar el bacalao salado, coloque en una olla grande. Vierta agua fría para cubrirlo bien y caliente a fuego medio alto. Reduzca a fuego lento cuando hierva, y cocine hasta que el pescado se deshaga fácilmente con un tenedor, unos 8 minutos para un filete de 1 pulgada de grosor. Escurra bien el bacalao y deje enfriar por completo. Ya está listo para utilizarlo en cualquier receta.

Ensalada de pulpo a la plancha

En todos los bares de tapas de España se encuentran pulpos pequeños —que a veces pesan sólo 4 onzas— preparados de todas las formas imaginables. Los más grandes, como los utilizados en esta receta, tienen una textura muy diferente. Y sinceramente, son muy difíciles de pelar, así que sólo lo hago después de cocinarlos. (La piel púrpura sale de inmediato.) Al igual que el calamar, el pulpo queda mejor luego de una cocción muy breve —unos pocos minutos— o una cocción muy lenta de una hora o dos, o incluso más, dependiendo del tamaño. De lo contrario, su textura será cauchosa y dura. En Puerto Rico nos gusta que la ensalada de pulpo sea jugosa, así que esta receta lleva una buena cantidad de aderezo, así como de apio, que complementa el sabor fuerte del pulpo y le agrega una agradable textura crujiente.

RINDE 8 PORCIONES DE BUFETE (PUEDE REDUCIRSE FÁCILMENTE A LA MITAD) • TIEMPO DE PREPARACIÓN: 20 MINUTOS • TIEMPO DE COCCIÓN: 2½ HORAS (CASI SIN PRESTARLE ATENCIÓN)

¼ taza de sal kosher o sal marina, más según se necesite

2 hojas de laurel

1 cucharada de granos de pimienta negra

1 pulpo de 7 libras, limpio (ver Nota)

½ taza de aceite de oliva con limón, más 2 cucharadas adicionales, casero (página 155) o comprado, o aceite de oliva extra virgen

¼ taza de vinagre de vino blanco

Cáscara finamente rallada de 2 limones

4 tallos grandes de apio sin las puntas, cortados a lo largo en 3 partes, y luego a lo ancho en pedazos de ½ pulgada

4 cebollanas grandes, sin las puntas y cortadas en pedazos de ½ pulgada

½ taza de perejil liso picado

Jugo de 1 limón

Pimienta fresca molida

1. Caliente un galón de agua, sal, las hojas de laurel y la pimienta en una olla grande que no sea de aluminio. Cuando hierva, vierta el pulpo y deje hervir de nuevo. Cocine a fuego muy lento hasta que el pulpo esté tierno, pero no harinoso ni blando al contacto con un cuchillo de cocina, de 2 a 2½ horas. El pulpo estará listo cuando la piel púrpura de la parte gruesa de los tentáculos comience a desprenderse, y la carne blanca quede al descubierto. Escurra el pulpo en un colador y deje reposar hasta que su temperatura le permita manipularlo. El pulpo se puede cocinar 4 horas antes de asarlo. Mantenga a temperatura ambiente; no refrigere.

(continúa en la página 264)

2. Mientras se enfría el pulpo, vierta ½ taza de aceite oliva con limón (o de aceite de oliva extra virgen), el vinagre y la cáscara de limón en un recipiente grande hasta mezclar bien. Agregue el apio, la cebollana, el perejil y revuelva.

3. Cuando el pulpo esté frío, corte entre los tentáculos para separarlos de la cabeza. Descarte el resto (algunas personas se comen la cabeza, pero yo no). Retire con cuidado la piel púrpura de los tentáculos para que éstos queden intactos. La forma más fácil de hacerlo es sostener la parte gruesa del tentáculo y darle golpecitos en el lado opuesto de los tentáculos. Descarte toda la piel y coloque los tentáculos limpios en una fuente para hornear poco profunda. Rocíe las 2 cucharadas restantes de aceite y el jugo de limón sobre el pulpo. Sazone con una cantidad generosa de sal y pimienta. Deje marinar a temperatura ambiente hasta 2 horas, revolviendo con suavidad de forma ocasional.

4. Caliente una parrilla a fuego alto o encienda un fuego con carbones.

5. Ase el pulpo, dando vuelta una vez, hasta que éste bien oscuro, incluso carbonizado en algunos puntos, por ambos lados, 8 minutos aprox. Corte los tentáculos a lo ancho en pedazos de ½ pulgada aprox., cuando todavía esté caliente. Agregue a los vegetales aderezados. Sirva de inmediato o deje reposar 30 minutos, revolviendo ocasionalmente.

VARIACIONES: Para un sabor vibrante, reemplace el perejil por cilantro y la cáscara de limón por cáscara de naranja.

Para una ensalada absolutamente deliciosa y más sustanciosa, prepare los frijoles en escabeche (página 164), e incorpore a la ensalada de pulpo. Deje reposar 30 minutos para que los sabores se combinen, y sirva a temperatura ambiente.

NOCHE

NOTA: Los pulpos se consiguen en muchas pescaderías (especialmente étnicas: griegas, italianas o latinas). Si no los encuentra en el supermercado, seguramente podrán pedirlo para usted. Si el pulpo está congelado, coloque en un recipiente y descongele desde la noche anterior en el refrigerador. Casi siempre se vende limpio, es decir, sin los ojos ni las vísceras. Asegúrese de que sea así. Seguramente le habrán dejado el "pico" intacto. Para retirarlo antes de cocinar el pulpo, coloque hacia abajo y apriete el pico a través de la abertura del centro de los tentáculos. Corte con tijeras o cuchillo de cocina.

Canelones con mariscos

Estos canelones, que tienen un aspecto de restaurante italiano muy tradicional, están inspirados en una visita a lo que muchos consideran el mejor restaurante de Buenos Aires (¡lo cual es decir algo!): Tomo Uno.

RINDE 12 PORCIONES PARA BUFETE • TIEMPO DE PREPARACIÓN: 1 HORA (INCLUYENDO LA PREPARACIÓN DE LA SALSA Y DEL RELLENO) • TIEMPO DE COCCIÓN: 40 MINUTOS (SIN PRESTARLE ATENCIÓN)

PARA LA SALSA

12 cucharadas de mantequilla sin sal (1½ barras)

1¼ tazas de harina

6 tazas de leche caliente

Sal marina o kosher

Pizca de pimienta cayena

Pizca de nuez moscada recién molida

4 tomates medianos maduros (1¾ libras aprox.), pelados, sin semillas (ver página 38), y cortados en dados de ¼ de pulgada

¼ taza de perejil liso y fresco picado

PARA EL RELLENO

4 cucharadas de mantequilla sin sal

¼ taza de chalotes picados

¼ taza de jerez seco

2 ramitos de tomillo fresco

2 libras de camarones medianos (30 a 40 por libra), pelados y desvenados

1 libra de carne de cangrejo jumbo, sin caparazón ni cartílagos

Cáscara finamente rallada de 1 limón amarillo

Sal marina o kosher y pimienta fresca molida (preferiblemente blanca)

---

12 crepes grandes (7 a 8 pulgadas) o 18 medianos (6 pulgadas), caseros (página 28), o comprados; o 20 envolturas de manicotti (ver Nota)

1 taza aprox. de queso mozzarella rallado

½ taza de queso manchego desmenuzado

1. Para la salsa: Derrita la mantequilla en una olla grande a fuego medio bajo. Agregue la harina y cocine hasta que haga burbujas y esté fragante, 3 minutos aprox. Mantenga a fuego bajo para que la mezcla no se queme. Vierta gradualmente la leche revolviendo constantemente hasta que esté suave y brillante. Reduzca el fuego y continúe revolviendo suavemente, incluyendo los bordes. Sazone con sal al gusto, la pimienta de cayena y la nuez moscada.

2. Sirva la salsa en un recipiente y agregue el tomate y el perejil. Cubra la salsa con papel plástico, presionando la superficie de la salsa para evitar que se formen natas. Reserve a un lado.

(continúa)

3. Para el relleno: Caliente la mantequilla en una sartén grande a fuego medio hasta que haga burbujas. Agregue los chalotes y cocine hasta que estén suaves y fragantes, pero no oscuros, por 3 minutos aprox. Añada el jerez, haga hervir y cocine hasta que se haya evaporado casi por completo. Incorpore el tomillo, aumente a fuego alto y agregue los camarones. Revuelva hasta que los camarones se vuelvan rosados pero no completamente cocinados, 1 minuto aprox. Retire del fuego y vierta el cangrejo con suavidad, para que la carne no se desintegre. Añada 2 tazas de la salsa y revuelva suavemente hasta mezclar bien. Incorpore la cáscara de limón y sazone con sal y pimienta al gusto.

4. Precaliente el horno a 375°F.

5. Ensamble los canelones: Vierta salsa hasta cubrir el fondo de una fuente para hornear de 13 × 11 × 2 pulgadas (o cualquiera de 2 pulgadas de profundidad con capacidad para 16 tazas). Utilice ½ taza de relleno para los crepes grandes, ⅓ para los más pequeños o para las envolturas de manicotti. Coloque el relleno en la parte inferior del crepe o envoltura. Rocíe una cucharadita abundante de queso mozzarella sobre el relleno. Enrolle bien y coloque en la fuente para hornear con la envoltura hacia abajo. Repite el procedimiento con los crepes, el relleno y el mozzarella restantes. Vierta la salsa restante sobre los canelones, y agite la fuente para que la salsa se escurra entre los canelones y forme una capa uniforme arriba. Vierta el queso manchego sobre la salsa y cubra la fuente con papel aluminio. Puede preparar los canelones hasta este punto unas horas antes de cocinarlos. Refrigere y lleve a temperatura ambiente mientras calienta el horno.

6. Hornee hasta que la salsa haga burbujas por los bordes, de 20 a 25 minutos. Destape la fuente, coloque el horno en "Broil" y cocine hasta que la parte superior de los canelones esté oscura y con burbujas.

NOTA: Las envolturas de manicotti son cuadrados de pasta fresca, de aprox. 6 pulgadas por lado. Se consiguen en mercados italianos y en algunos supermercados. Si no las encuentra, busque hojas grandes de pasta fresca que puedan cortarse o haga los canelones utilizando crepes. Las envolturas no necesitan cocinarse antes de armar los canelones.

UNA PUNTADA EN EL TIEMPO: Si va a utilizar crepes y tiene un poco de tiempo, prepare una cantidad doble. Envuelva los que no vaya utilizar para los canelones en papel plástico y papel aluminio, y congele hasta 3 meses. Los tendrá listos para la próxima vez que prepare canelones o para un rapidísimo postre como el Crepe con dulce de leche de la página 291.

Cabrito estofado en leche de coco

Este es otro plato inspirado en mi viaje a República Dominicana. Mi amiga Ninotchska conocía a dos mujeres en la ciudad de San Cristóbal que tenían un negocio de catering llamado Villa Shantal, con excelentes sitios para fiestas y celebraciones al aire libre, uno de los cuales tenía cuatrocientos tipos de orquídeas diferentes. Doña Corina Castro, la propietaria de Villa Shantal, le pidió a sus tres chefs que nos prepararan un banquete. El menú incluía este cabrito cocinado a fuego lento, arroz con gandules (¡no hay nada más dominicano que eso!) y una deliciosa ensalada de aguacate. Este cabrito con leche de coco es un plato excelente para ocasiones especiales y bufetes, porque es fácil de preparar en grandes cantidades y sabe mejor aún si se recalienta al día siguiente.

RINDE 12 PORCIONES DE BUFETE • TIEMPO DE PREPARACIÓN: 30 MINUTOS (INCLUYENDO EL SOFRITO) • TIEMPO DE COCCIÓN: 2½ HORAS (CASI SIN PRESTARLE ATENCIÓN)

4 libras de cabrito con hueso (preferiblemente la espalda), cortado por su carnicero en trozos grandes (de 2 pulgadas aprox.)

Sal marina o kosher y pimienta fresca molida

2 cucharadas de aceite de oliva

1 taza de Sofrito (página 305)

¼ taza de alcaparrado o aceitunas rellenas de pimientos en pedazos grandes

1 cucharadita de comino en polvo

1 lata de leche de coco sin azúcar, de 13½ onzas

1. Seque el cabrito con toallas de papel. Sazone bien con sal y pimienta. Caliente el aceite en una olla o sartén grande a fuego medio alto. Agregue los pedazos de carne que quepan en una sola capa y cocine dando vuelta si es necesario hasta que estén bien oscuros por todos los lados, por 10 minutos aprox. Ajuste el fuego para que el cabrito se dore y los pedazos pequeños que se adhieran a la olla no se quemen. Pase a un plato y repita con los pedazos restantes.

2. Retire la mayoría de la grasa de la olla. Agregue el sofrito, el alcaparrado y el comino, y cocine hasta que el líquido se haya evaporado y el sofrito esté chisporroteando. Vierta la leche de coco, revuelva para desprender los pedazos que se hayan pegado a la olla, y hierva. Incorpore de nuevo el cabrito a la olla, sazone con un poco de sal y pimienta y reduzca a fuego lento. Tape y cocine hasta que la carne esté tierna, por 2 horas aprox. (Puede preparar el estofado un día antes. Enfríe y luego refrigere; caliente antes de continuar.)

3. Pase el cabrito a un plato con una espumadera o pinzas. Retire toda la grasa que pueda de la salsa. Rectifique la sazón y vierta la salsa sobre la carne. Sirva caliente.

Pernil puertorriqueño

No hay nada, absolutamente nada, como un pernil hermoso, fragante y jugoso para una fiesta. Sin importar lo que vaya a celebrar, intente marinar el cerdo 2 días antes del evento. No sólo le dará un sabor absolutamente delicioso, sino que también el plato principal estará preparado con anticipación.

RINDE 12 PORCIONES DE BUFETE, MÁS LAS SOBRAS • TIEMPO DE PREPARACIÓN: 30 MINUTOS (MÁS 1 A 3 DÍAS PARA MARINAR) • TIEMPO DE COCCIÓN: 3 HORAS (SIN PRESTARLE ATENCIÓN)

> Un pernil de cerdo de 6 libras con la piel
> Adobo líquido (página 307)

1. Marine el pernil 3 días antes de cocinarlo: Haga varios cortes con unas 2 pulgadas de distancia, de 1½ pulgadas de largo a través de la piel, y hasta la mitad (a menos que toque el hueso). Introduzca un dedo en los cortes para abrirlos un poco más. (Aunque el adobo no es picante, recomiendo que lo haga con guantes de látex). Llene cada ranura con adobo, introduciendo tanto como pueda con la ayuda de una cuchara pequeña o para espresso. Dele vuelta al pernil y haga lo mismo por todos lados. Si le sobró adobo, frote por toda la parte exterior del pernil. Cubra y refrigere un mínimo de 1 día, o hasta 3 días.

2. Precaliente el horno a 450°F.

3. Coloque el pernil con la piel hacia arriba en una fuente para hornear y hornee 1 hora. Reduzca la temperatura a 400°F y hornee hasta que la piel esté bien dorada y agrietada, y no queden rastros de color rosado cerca del hueso, por 2 horas aprox. Inserte un termómetro de lectura instantánea en la parte más gruesa del pernil: Debe marcar 150°F; mida la temperatura en varios puntos y deje reposar al menos 15 minutos antes de cortar.

4. Retire la piel crujiente ante de servir; saldrá en pedazos grandes. Corte en pedazos pequeños —puede hacerlo fácilmente con tijeras de cocina— y coloque en el centro de un plato. Corte la carne en sentido paralelo al hueso. (Será un poco más difícil de cortar las rodajas a medida que se acerca al hueso; pero no deje que eso lo detenga.)

Pechuga de pavo estilo "pavochón"

"Pavochón" es una palabra puertorriqueña utilizada para describir un pavo sazonado y asado como un lechón. Así es como sazonamos un pavo entero para las fiestas en nuestra casa. Se me ocurrió que una pechuga doble y sin huesos sazonada del mismo modo sería perfecta para un bufete: es mucho más fácil de partir que un pavo entero (y así, Jerry puede tomarse la noche libre). Los Cubanos de pavo (página 80), elaborados con las sobras son sensacionales, así como una cena perfecta y fácil un día o dos después del bufete.

RINDE 12 PORCIONES DE BUFETE • TIEMPO DE PREPARACIÓN: 15 MINUTOS (MÁS 3 A 24 HORAS PARA MARINAR) • TIEMPO DE COCCIÓN: 2 HORAS APROX.

1 pechuga de pavo doble sin hueso
    (5 libras aprox.), con la piel (de pavo
    entero de 6 a 8 libras)
½ taza de adobo líquido (página 307)

1. Comience desde la parte superior de la pechuga de pavo (la redonda, que termina en punta) y separe lentamente la piel introduciendo sus dedos entre ésta y la carne del pavo, dejando que la piel se repliegue a los lados de las pechugas. Tenga cuidado en no arrancar la piel y aplique una cantidad abundante de adobo debajo de ésta, masajeando la carne (recomiendo que hagan esto con guantes de látex). Dele vuelta a la pechuga y unte el adobo restante en la parte sin piel.

2. Corte varios cordeles de cocina de 14 pulgadas de largo. Enrolle la pechuga, sujetando bien todos los pedazos hasta formar un rollo compacto. Amarre bien la pechuga en intervalos de 1½ pulgadas. Envuelva bien la pechuga en papel plástico y refrigere un mínimo de 3 horas, o desde la noche anterior.

3. Coloque una rejilla en la parte más baja del horno y precaliente a 400°F. Coloque el pavo con la piel hacia arriba en una fuente para hornear sobre la rejilla y deje a temperatura ambiente mientras se caliente el horno.

4. Hornee el pavo por 45 minutos. Reduzca la temperatura a 375°F y continúe horneando durante 1 hora y 15 minutos aprox., hasta que un termómetro de lectura instantánea insertado en la parte más gruesa de la pechuga marque 150°F. (La temperatura seguirá aumentando después de sacar el pavo del horno; lo ideal es que la temperatura final sea de 160°F). Retire la fuente del horno y cubra ligeramente con papel aluminio. Deje reposar de 20 a 30 minutos antes de servir.

5. Corte el pavo en un ángulo ligero, en rodajas de ¼ de pulgada.

Arroz con pollo

Cuando yo era pequeña, el arroz con pollo no se tomaba a la ligera: era algo que mi madre preparaba el fin de semana para muchas personas. Comenzaba el sábado, yendo al mercado donde las aves estaban vivas, y terminaba el domingo por la tarde con la casa invadida por un delicioso aroma. La cena del domingo era una ocasión especial, así que no se acompañaba con cualquier postre: una de mis tías llevaba una caja fresca de Dunkin' Donuts. ¡Las donas empacadas de supermercado no eran para nosotros!

Siempre he pensado que el arroz con pollo es "nuestra" cena del domingo, así que me sorprendió descubrir que también es la cena no oficial del día domingo en la República Dominicana.

RINDE 6 PORCIONES DE BUFETE • TIEMPO DE PREPARACIÓN: 30 MINUTOS • TIEMPO DE COCCIÓN: 45 MINUTOS

¼ taza de Aceite con achiote (página 306)

2 pollos pequeños (de 3 libras o poco menos) cada uno cortado en 10 pedazos (ver Nota, página 304; ver Consejo)

Sal marina o kosher y pimienta fresca molida

½ taza de Sofrito (página 305)

¼ taza de alcaparrado o de aceitunas rellenas de pimientos en pedazos grandes

1 cucharadita de comino en polvo

1 pizca de clavo en polvo

4 tazas de arroz de grano largo

6 tazas de caldo de pollo casero (página 303) o comprado, o la cantidad necesaria

2 pimientos rojos grandes asados y envasados, cortados en tiras de ¼ de pulgada de grosor (1½ tazas aprox.)

1. Caliente el aceite con achiote en una paellera o una olla ancha y bajita con tapa hermética a fuego medio alto hasta que el aceite comience a formar ondas. Sazone el pollo con sal y pimienta y vierta en la olla tantos pedazos con la piel hacia abajo como quepan sin tocarse. Cocine dando vueltas si es necesario hasta que esté bien dorado por todos los lados, por 10 minutos aprox. Retire los pedazos cuando estén listos y reserve a un lado. Ajuste el fuego, especialmente cuando saque el pollo, para que éste se dore pero el aceite no. Agrega el pollo restante en tandas si es necesario, y repita el procedimiento.

2. Cuando haya retirado todo el pollo de la olla, añada el sofrito y el alcaparrado. Sazone ligeramente con sal y pimienta, caliente a fuego medio alto y cocine hasta que el líquido se haya evaporado y el sofrito esté chisporroteando.

3. Agregue el comino, los clavos y el arroz, y revuelva hasta que el arroz esté cubierto con el aceite. Vierta de nuevo el pollo en la olla, añada caldo hasta cubrir por 1 pulgada, y hierva. Cocine a fuego alto hasta que el líquido llegue al nivel del arroz. Revuelva suavemente y reduzca a fuego bajo. Tape la olla y cocine hasta que el líquido se haya absorbido, el pollo esté bien cocinado y el arroz esté tierno pero firme, por 20 minutos aprox. Revuelva el arroz con un tenedor.

4. Puede llevar el arroz con pollo a la mesa directamente en la olla o pasarlo a un plato grande. En ambos casos, adorne con los pimientos rojos antes de servir.

CONSEJO: Si va a preparar el caldo de pollo, puede utilizar el pollo cocinado en el caldo en lugar del pollo descrito en esta receta. Siga el procedimiento, pero dore el pollo ligeramente para que el tiempo de cocción sea mínimo y evitar que el pollo quede excesivamente cocinado.

VARIACIÓN: Agregue 1½ tazas de maíz desgranado congelado o gandules antes de tapar la olla.

Ají de gallina

Este es el plato nacional del Perú. Está elaborado con ají amarillo, un tipo de chile que se encuentra en todo Perú. Mi familia, especialmente David, quedó tan encantada con este plato que supe que tenía que recrearlo en cuanto regresáramos a casa. La pasta de ají amarillo embotellada se consigue en algunos mercados latinos, pero creo que mi mezcla de pimientos amarillos, jalapeño y jugo de limón se asemeja más al sabor brillante y al picante que tanto nos encantó en Perú.

RINDE 8 PORCIONES DE BUFETE • TIEMPO DE PREPARACIÓN: 30 MINUTOS (MENOS SI UTILIZA POLLO COCINADO) • TIEMPO DE COCCIÓN: 45 MINUTOS (MENOS SI UTILIZA POLLO COCINADO)

PARA LA SALSA BECHAMEL
2 cucharadas de mantequilla sin sal
2½ cucharadas de harina
1½ tazas de leche
½ taza de cebolla finamente picada
Sal marina o kosher
Una pizca de pimienta cayena, o al gusto

5 tazas de pollo cocido y desmenuzado, preferiblemente la pechuga (ver página 276)

$2/3$ pasta de ají amarillo, o puré improvisado de pimiento amarillo (página 37)
Aceitunas negras
Huevos duros en rodajas
Arroz blanco (página 159)

1. Para la salsa bechamel: Derrita la mantequilla en una olla mediana a fuego medio bajo. Agregue la harina y mezcle hasta que esté suave y burbujeante pero sin color, por 3 minutos aprox. Vierta la leche y revuelva constantemente hasta que esté suave. Hierva a fuego lento, revolviendo, e incorpore la cebolla. Cocine revolviendo constantemente, especialmente en los bordes de la olla, hasta que la salsa esté espesa y brillante, por 4 minutos aprox. Sazone con sal y pimienta cayena al gusto.

2. Vierta el pollo y luego la pasta de ají amarillo a la salsa. Rectifique de nuevo la sazón, añadiendo sal y/o cayena si prefiere. Caliente a fuego bajo, revolviendo suavemente hasta que esté bien caliente y burbujeante.

3. Pase el pollo a un plato y decore encima con las aceitunas y los huevos duros. Acompañe con un plato de arroz.

Ají de gallina y Arroz blanco (página 159)

Pimientos asados

Los pimientos asados deben ser firmes, dulces y ligeramente ahumados. La idea es carbonizarlos a fuego muy alto hasta que la piel se ponga negra tan rápidamente como sea posible, para darles el sabor ahumado sin cocinarlos en exceso. Comience con pimientos en cuadros que sean uniformes. Los pimientos importados, especialmente el tipo Holland, tienen una forma adecuada y la carne gruesa, que los hace ideales para asar. Esta es una adición maravillosa a la lista de tareas del domingo (ver Domingos en la cocina con Daisy, página 127).

PARA ASAR LOS PIMIENTOS EN UNA ESTUFA DE GAS: Encienda a fuego alto. (Utilice una estufa por cada pimiento.) Coloque los pimientos sobre la llama. Deles vuelta cuando sea necesario con pinzas largas, hasta que todos los lados estén negros y agrietados. Si hay una parte que no está así, no se preocupe: es preferible que cocinar en exceso el resto del pimiento.

PARA ASAR LOS PIMIENTOS EN EL ASADOR: Coloque la rejilla del asador de 5 a 6 pulgadas del asador y precaliente a fuego alto. Hornee los pimientos, dando vuelta como sea necesario, hasta que estén negros como se describe arriba.

Envuelva cada pimiento en una hoja doble y húmeda de toalla de papel para enfriar a temperatura ambiente.

Desenvuelva cada pimiento, párelos sobre el tallo y corte en tiras (se dejará cortar naturalmente por las hendiduras). Descarte el tallo de las semillas y retire la piel negra con el respaldo de un cuchillo. Coloque los pimientos asados en un recipiente pequeño (sazone con orégano seco si prefiere) y agregue un poco de aceite de oliva. Se conservarán por una semana en el refrigerador. El aceite de pimiento es delicioso en una vinagreta para acompañar carnes, pescado o aves asadas.

274

NOCHE

UNA PUNTADA EN EL TIEMPO: Usted puede reemplazar los pimientos envasados por pimientos caseros en la mayoría de estas recetas. Cerciórese que digan "asados al fuego" en la etiqueta. Los pequeños puntos negros en los pimientos envasados son una buena señal de que tienen el sabor asado y calcinado que usted busca.

Ají de gallina, Ejotes con romero (página 155) y "Chilindrón" de atún con penne (página 133)

Pollo cocido y desmenuzado (con caldo adicional)

Esta receta muestra la forma de preparar el pollo cocido y desmechado que aparece en varias recetas de este libro, incluyendo las Enchiladas de pollo (página 277) y el Ají de gallina (página 273) de este capítulo. Esta es una buena idea para rotar su "día de preparación" (ver Domingos en la cocina con Daisy, página 127). El bono —unas 8 tazas de delicioso caldo de pollo— puede utilizarse en cualquier receta de este libro.

RINDE 5 TAZAS DE POLLO, MÁS EL CALDO • TIEMPO DE
PREPARACIÓN: 15 MINUTOS • TIEMPO DE COCCIÓN: 40 MINUTOS

1 tallo de apio cortado a la mitad

1 zanahoria pelada

1 cebolla amarilla sin pelar, cortada en 4 pedazos por la raíz

1 pimiento rojo, sin corazón ni semillas, y cortado por la mitad

½ manojo de cilantro

2 hojas de laurel

3 dientes de ajo

8 tazas de caldo de pollo de buena calidad

3½ libras de muslos de pollo sin piel ni huesos

1. Vierta el apio, la zanahoria, la cebolla, el pimiento, el cilantro, las hojas de laurel y el ajo en una olla de un galón y agregue el caldo. Hierva, reduzca a fuego lento y cocine 10 minutos.

2. Añada el pollo al caldo y cocine a fuego lento hasta que el pollo esté bien cocinado, por 25 minutos aprox. Cuele el caldo. Reserve el pollo a un lado y descarte los demás ingredientes.

3. Desmenuce el pollo en trozos grandes cuando esté frío y pueda manipularlo. Retire la grasa, los cartílagos y los huesos. Ya tiene el comienzo de una comida, así como un caldo enriquecido.

Enchiladas de pollo

Durante un viaje a México, disfrutamos de enchiladas (¿quién no?) adonde quiera que fuimos. Casi siempre eran de carne, y no tenga ningún problema con eso, pero en mi cruzada interminable para llevar auténticos sabores latinos a la mesa de una forma un poco más saludable, inventé esta versión, que también ofrece sabores atrevidos, a pesar del contenido reducido de grasa.

Tengo una rivalidad amigable con mi hijo Erik cuando se trata de enchiladas. A él le gusta jugar con las salsas, utilizando ingredientes tradicionales mexicanos como chipotles y chocolate amargo. Mi estrategia es un poco más flexible, y los muslos de pollo hacen que sea un plato económico y fácil de preparar con anticipación. De hecho, siempre preparo una porción doble, congelo la mitad de las enchiladas y la salsa, y la saco cuando estoy ocupada y llego tarde a casa.

RINDE 8 PORCIONES DE BUFETE • TIEMPO DE PREPARACIÓN: UNA HORA (INCLUYENDO LA COCCIÓN Y EL CORTE DEL POLLO) • TIEMPO DE COCCIÓN: 30 MINUTOS

PARA EL RELLENO

2 cucharadas de aceite de oliva

1 taza de Sofrito (página 305)

¼ taza de chipotles en adobado en puré

1 cucharadita de comino en polvo

½ cucharadita de pimienta cayena

Pizca de canela en polvo

5 tazas de pollo cocido y desmechado, preferiblemente la carne del muslo (ver página 276)

Sal marina o kosher y pimienta fresca molida

PARA LA SALSA

2 cucharadas de aceite de oliva

2 cucharadas de cebolla picada

1 diente de ajo finamente picado

1¼ cucharadita de chile en polvo

½ cucharadita de comino en polvo

½ cucharadita de orégano seco

2 latas de salsa de tomates estilo español de 8 onzas

1½ tazas de caldo de pollo casero (página 303), que haya sobrado de la cocción del pollo para esta receta o comprado

Aceite vegetal en aerosol

16 tortillas de maíz

1 queso Monterrey Jack desmenuzado

1. Para el relleno: Caliente el aceite de oliva en una sartén grande a fuego medio alto. Agregue el sofrito y cocine revolviendo hasta que el líquido se haya evaporado y el sofrito esté chisporroteando. Añada el puré de chipotle, el comino, la pimienta y la canela, y cocine revolviendo hasta que su cocina huela sensacional (¡no tardará más de un minuto en hacerlo!). Incorpore el pollo hasta cubrir bien. Retire del fuego, sazone con sal y pimienta al gusto y reserve a un lado.

(continúa)

2. Para la salsa: Caliente el aceite de oliva en una olla mediana a fuego medio alto. Agregue la cebolla, el ajo, el chile en polvo, el comino y el orégano y cocine un minuto, hasta que esté fragante. Vierta la salsa de tomates y luego el caldo de pollo. Hierva y cocine a fuego lento hasta que la salsa esté ligeramente espesa, por 10 minutos aprox. Retire del fuego.

3. Precaliente el horno a 350°F.

4. Rocíe aceite de cocina en aerosol en una fuente para hornear de 13 × 11 × 2 pulgadas (o en cualquier fuente con capacidad para 16 tazas). Cubra el fondo con una capa delgada de salsa. Reserve a un lado.

5. Rocíe aceite de cocina en aerosol en una en una olla o parrilla grande y caliente a fuego medio. Agregue sólo las tortillas que quepan sin amontonarse (tal vez 1 por sartén, y de 1 a 4 en una parrilla grande). Caliente dando vuelta una vez hasta que estén suaves, casi un minuto por cada lado. Cuando las tortillas estén suaves, retire de la olla y reemplace con otra. Sirva 2 cucharadas abundantes del relleno de pollo en el centro de cada tortilla. Enrolle y coloque con la envoltura hacia abajo en la fuente preparada. Repita el procedimiento con el resto de las tortillas.

6. Vierta la mitad de la salsa restante sobre las enchiladas de manera uniforme. Esparza el queso sobre las enchiladas y cubra con papel aluminio. (Puede preparar las enchiladas hasta este punto con varias horas de anticipación y refrigerarlas).

7. Hornee hasta que estén bien calientes y burbujeantes, por 30 minutos si están a temperatura ambiente. (Déjelas 35 a 40 minutos si están refrigeradas). Deje reposar 5 minutos antes de servir.

8. Mientras tanto, caliente la salsa restante en una olla a fuego bajo, y coloque en una salsera para que los invitados se sirvan en el bufete.

PLATOS DE ACOMPAÑAMIENTO

Espinaca cremosa

Mis hijos y yo decidimos pasar la mayor parte de uno de nuestros días en Buenos Aires visitando La Recoleta, el famoso cementerio (que tiene casi doscientos años de antigüedad). Obviamente, no podíamos caminar indefinidamente con el estómago vacío, así que hicimos nuestra primera parada del día en el Café Biela, el más antiguo de Buenos Aires. El desayuno en Argentina es un asunto serio. Esa mañana, el mío incluyó esta deliciosa versión de espinaca cremosa, que iba dentro de un crepe, acompañada de un plato de huevos revueltos con camarones (ver página 18). La visita a La Recoleta fue sorprendente. El cementerio parece una pequeña ciudad, con avenidas amplias, hermosas esculturas y magníficos jardines. Es el lugar donde descansan muchos nombres famosos en las artes, ciencias y la política, particularmente Eva Perón. Si alguna vez visitan esta ciudad, no deberían marcharse sin ir a La Recoleta. Y no se vayan sin antes parar en el Café Biela.

RINDE 8 PORCIONES DE BUFETE (LA CANTIDAD PUEDE DUPLICARSE CON FACILIDAD) • TIEMPO DE PREPARACIÓN: 15 MINUTOS • TIEMPO DE COCCIÓN: 10 MINUTOS

1½ libras de espinaca baby
2 cucharadas de mantequilla sin sal
2 cucharadas de harina
1 taza de leche

Una pizca de pimienta cayena
Una pizca de nuez moscada en polvo
Sal marina o kosher y pimienta fresca
  molida

1. Vierta agua y sal en una olla grande y hierva. Coloque un colador en el lavaplatos y un recipiente grande con agua helada cerca de él. Vierta la espinaca en el agua hirviendo, y cocine revolviendo constantemente, hasta que esté verde brillante y tierna, por 1½ minutos aprox. Escurra de inmediato la espinaca y coloque el colador en el recipiente con agua helada. Escurra de nuevo, y apriete la espinaca con las manos para sacarle toda el agua que pueda. Envuelva la espinaca en una toalla de cocina limpia y repita el procedimiento (es importante que la espinaca quede realmente seca). Corte en pedazos grandes y reserve a un lado.

2. Derrita la mantequilla en una olla mediana a fuego medio. Vierta la harina y cocine hasta que haga burbujas y esté fragante, por 3 minutos aprox. Cocine a fuego bajo para que la mezcla no se oscurezca. Vierta gradualmente la leche y cocine revolviendo constantemente, incluyendo los bordes de la olla, hasta que la salsa esté espesa y brillante, por 5 minutos aprox.

(continúa)

3. Vierta la espinaca a la olla y mezcle bien hasta que desaparezcan los grumos y la espinaca esté completamente cubierta con la salsa. Añada la cayena y la nuez moscada, y sazone con sal y pimienta al gusto. Puede preparar la espinaca un día antes y refrigerar. Recaliente a fuego bajo, y agregue un poco de leche si es necesario. Rectifique la sazón antes de servir.

VARIACIONES:
- Vierta un diente o dos de ajo picado a la olla o 2 chalotes con la mantequilla.
- Reemplace los clavos en polvo por la nuez moscada.
- Agregue un puñado de pasas o de piñones tostados a la espinaca.

Col verde picante con salchicha de pavo

Uno de mis antídotos favoritos para un día frío es el caldo verde portugués, una rica sopa de salchicha, col y papas, que es tan sustancioso como delicioso. Un día, mientras compraba víveres, llevé una col para preparar caldo verde después de escuchar que al día siguiente iba a nevar. Cuando llegué a casa, me di cuenta que no había llevado nada para preparar un plato de vegetales para la cena. Gracias a la salchicha de pavo que tenía en el congelador, este plato fue suficiente para preparar el caldo verde y darle un nuevo sabor a la combinación de col y salchicha. Después de repetir, David dijo, "¡Mami, esto sabría delicioso con pasta!", y yo le respondí que me dejara planear las comidas. Sin embargo, tomé nota mental de su sugerencia, ¿y adivinen qué? Tenía razón.

RINDE 12 PORCIONES DE BUFETE • TIEMPO DE PREPARACIÓN:
20 MINUTOS • TIEMPO DE COCCIÓN: 30 MINUTOS

2 manojos de col (3 libras aprox.) sin los tallos gruesos, y las hojas cortadas en tiras de ½ pulgada

2 cucharadas de aceite de oliva, y un poco más para el final

6 salchichas de pavo (1½ libras aprox.) especiadas, si desea

4 dientes de ajo en rodajas delgadas

½ cebolla mediana finamente picada (¾ de taza aprox.)

2 tomates sin corazón y finamente picados (1½ tazas aprox.)

¼ cucharadita de pimienta roja en hojuelas

Una lata de garbanzos de 15½ onzas, lavados y escurridos

Sal marina o kosher de pimienta fresca molida

1. Vierta agua y sal en una olla grande y hierva. Coloque un colador en el lavaplatos y un recipiente grande con agua helada a un lado. Agregue la col, revuelva y cocine hasta que esté verde brillante, por 3 minutos aprox. Pase la col por el colador y vierta al agua helada. Apriete la col con sus manos para sacarles tanto líquido como pueda y reserve a un lado.

2. Caliente el aceite de oliva en una sartén grande a fuego medio hasta que esté caliente pero sin echar humo. Agregue las salchichas y cocine dando vuelta, hasta que estén bien doradas por todos los lados y cocinadas, por 10 minutos aprox. Retire las salchichas de la sartén y reserve a un lado.

3. Reduzca a fuego medio bajo, añada el ajo a la sartén y revuelva hasta que esté ligeramente dorado y fragante. Agregue la cebolla y cocine 2 minutos, luego incorpore los tomates, el pimiento en hojuelas y los garbanzos. Sazone con sal y pimiento al gusto. Vierta la col a la olla y cubra con la salsa.

4. Corte las salchichas en rodajas de ½ pulgada y vierta de nuevo en la olla. Cocine tapando parcialmente hasta que las salchichas estén bien calientes y la col esté tierna pero conserve su color y textura, por 5 minutos aprox. Rocíe aceite de oliva para darle un poco de brillo plato antes de servir.

VARIACIONES:

- Esta receta también es deliciosa con chorizo mexicano en lugar de las salchichas de pavo.
- La col y las salchichas son una comida maravillosa en un solo plato. Cocine 1 libra de pasta —conchas, rotini o penne, por ejemplo. Guarde un poco del agua donde cocinó la pasta y agregue antes de servir si el plato está un poco seco.
- Para una deliciosa versión vegetariana (con o sin pasta), simplemente omita las salchichas.

Coliflor asada con ajo y anchoas

Si alguien me hubiera dicho cuando yo era niña que llegaría un día en que se me haría agua la boca por un plato que incluyera coliflor, anchoas y ajos asados, le habría respondido que estaba completamente "frío". Sin embargo, ese día llegó cuando estaba cenando en un pequeño bar de tapas en Barcelona, y me trajeron un pequeño plato de esta receta aparentemente humilde. Terminé pidiendo dos porciones más, y tomé apuntes para investigar. (De inmediato prometí que la prepararía en casa.) Es muy fácil de hacer, especialmente si se compran los ajos asados, pues una vez que mezcle los ingredientes, sólo tiene que mirar de vez en cuando o revolver con una cuchara.

RINDE 10 A 12 PORCIONES PARA BUFETE • TIEMPO DE PREPARACIÓN: 15 MINUTOS (SI TIENE AJOS ASADOS) • TIEMPO DE COCCIÓN: 1 HORA (BÁSICAMENTE SIN PRESTARLE ATENCIÓN)

2 coliflores medianas (de 2 libras aprox. cada una)

1/3 taza de aceite de oliva

2 cucharadas de mantequilla

1 lata de filetes de anchoas de 2 onzas, escurrida

1/3 taza de ajos asados y machacados, caseros (página 309) o comprados

Sal marina o kosher y pimienta fresca molida

1. Precaliente el horno a 400°F.
2. Corte las coliflores por la mitad, y luego en cogollos de 1½ pulgadas. (Recuerde que se trata de un bufete, y los cogollos deben ser fáciles de manipular, incluso si los invitados están de pie.) Sirva en un recipiente grande.
3. Caliente el aceite y la mantequilla en una sartén pequeña a fuego medio bajo hasta que la mantequilla haga burbujas. Agregue las anchoas y el ajo asado y cocine partiendo las anchoas con un tenedor, hasta que estén disueltas.
4. Agregue la mezcla de anchoas y ajo a la coliflor y revuelva bien. Sazone ligeramente con sal y pimienta. Pase a una fuente para hornear con capacidad para 1 galón, o a otro plato donde quepa bien. Vierta ½ taza de agua a la fuente, revuelva y agregue la coliflor. Cubra bien con papel aluminio. (Puede preparar la coliflor hasta este punto un día antes.)
5. Hornee hasta que la coliflor esté tierna pero tengo un poco de textura, por 45 minutos aprox. (un poco más si pasa directamente del refrigerador al horno).
6. Retire el papel aluminio y revuelva la coliflor con suavidad. Pruebe y agregue sal y pimienta si cree que es necesario. Continúe asando hasta que la mayor parte del líquido se haya evaporado

y la coliflor esté bien dorada por encima, durante 25 minutos aprox. Revuelva la coliflor con suavidad una vez más para cubrir bien con la salsa. Sirva caliente o a temperatura ambiente.

UNA PUNTADA EN EL TIEMPO: Duplique la cantidad de salsa de anchoas y ajo y reserve la mitad para una salsa rápida que acompañe una pasta para 2 personas. Puede guardar hasta 4 días en el refrigerador.

Alcachofas y pimientos dulces salteados

Este plato, con su combinación de alcachofas terrosas y pimientos dulces y tan brillantes como joyas, siempre evoca visiones de un fabuloso verano, cenando al fresco. Tal vez sea porque este es el plato que llevo cuando visito amigos que ofrecen asados. Sin importar la razón, es tan delicioso como hermoso, y combina los maravillosos sabores de España con un impacto mínimo en el presupuesto. Las sobras son excelentes en una tortilla (ver página 249) para el almuerzo del día siguiente.

RINDE DE 10 A 12 PORCIONES PARA BUFETE APROX • TIEMPO DE PREPARACIÓN: 15 MINUTOS • TIEMPO DE COCCIÓN: 15 MINUTOS

2 cucharadas de aceite de oliva extra virgen

2 cajas de corazones de alcachofa congeladas de 9 onzas, escurridas y a temperatura ambiente

2 pimientos amarillos grandes, sin corazón ni semillas, y cortados en tiras de ½ pulgada de ancho.

2 pimientos rojos, sin corazón ni semillas, y cortados en tiras de ½ pulgada de ancho

3 dientes de ajo picados

Sal marina o kosher y pimienta fresca molida

1. Caliente el aceite de oliva en una sartén grande a fuego medio. Añada los corazones de alcachofa y cocine revolviendo hasta que el poco líquido de las alcachofas se evapore y éstas comiencen a recibir un poco de color, por 5 minutos aprox.

2. Agregue los pimientos amarillos y rojos y el ajo, y cocine revolviendo y mezclando hasta que los pimientos estén blandos, por 3 minutos aprox. Sazone con sal y pimienta, tape la sartén y cocine hasta que los pimientos estén crujientes y tiernos, por 3 minutos aprox. Sazone con sal y pimienta al gusto si es necesario. Sirva caliente o a temperatura ambiente.

Frijoles rojos con salchichón y papas

Mi tía María preparaba los frijoles rojos más deliciosos, y el hecho de que fueran mis preferidos era algo que prácticamente enloquecía de celos a mi mamá. No fue sino hasta que me convertí en una mujer adulta que traté de descifrar el secreto de los frijoles de mi tía, y pasé una tarde observándola detenidamente. El salchichón, que me gusta llamar el "pepperoni puertorriqueño", le da a los frijoles un delicioso toque ahumado y picante, mientras que las papas cocinadas lentamente le añaden un toque almidonado que hace que este plato sea deliciosamente suave. Estos frijoles son tan buenos que me siento feliz de comerlos sin arroz. Mi tía dejó unos zapatos muy grandes por llenar, y me gusta pensar que este es mi pequeño homenaje a ella.

RINDE 10 A 12 PORCIONES DE BUFETE • TIEMPO DE PREPARACIÓN: 15 MINUTOS • TIEMPO DE COCCIÓN: 2 A 2½ HORAS (CASI SIN PRESTAR ATENCIÓN)

1 libra de frijoles rojos secos, seleccionados y lavados

2 hojas de laurel

2 cucharadas de aceite de oliva

½ libra de salchichón o pepperoni (ver Nota), cortado a lo largo por la mitad, y luego en rodajas de ¼ de pulgada

½ cucharadita de comino en polvo

1 cucharadita de páprika ahumada

¼ de cucharadita de clavo en polvo

1 lata de 8 onzas de salsa de tomates estilo español

2 tazas de caldo de pollo casero (página 303) o comprado

1 papa Idaho grande (12 onzas aprox.), pelada y cortada en cubos de 1 pulgada (2 tazas aprox.)

1. Vierta los frijoles en una olla de un galón. Cubra con 2 pulgadas de agua fría, agregue las hojas de laurel y hierva a fuego alto. Reduzca a fuego lento, cocine y retire la espuma de la superficie, hasta que los frijoles estén tiernos, por 2 horas aprox. Revise ocasionalmente y asegúrese de que el nivel del agua nunca sea inferior al de los frijoles. Si ve que falta poco para hacerlo, simplemente agregue un poco de agua. Retire del fuego. Puede cocinar los frijoles 3 horas antes y mantener a temperatura ambiente; de hecho, me gustan más así.

2. Caliente el aceite de oliva en una sartén grande a fuego medio. Añada el salchichón y cocine revolviendo hasta que esté fragante y ligeramente dorado, por 4 minutos aprox. Agregue el comino, la páprika y los clavos y revuelva bien. Vierta la salsa de tomates y el caldo y deje hervir.

3. Vierta la mezcla de tomates a los frijoles. Añada la papa, hierva y cocine hasta que esté tierna, por 10 minutos aprox. (Puede preparar los frijoles 2 días antes de servir. Son más espesos y deliciosos si los prepara con anticipación. Recaliente a fuego bajo, y agregue un poco de agua si es necesario.)

NOTA: El tipo de salchichón que uso en esta receta tiene el tamaño y la forma de una barra de pepperoni. Su textura es similar al salami Genoa, y el sabor oscila entre el Genoa y el de un buen pepperoni. El salchichón se encuentra en mercados latinos y también en línea. Si no puede encontrar salchichón, reemplace con un pepperoni italiano de buena calidad.

Calabazas confitadas

Hora de saquear la huerta de nuevo para hacer postres. Al igual que la Conserva dulce de tomate en la página 38, esta receta transforma un ingrediente tradicionalmente salado en un postre sorpresivo. Lo disfrutamos por primera vez en Barcelona, donde lo vimos en casi todas las reposterías, al lado del "brazo de gitano", relleno con varias frutas. En Barcelona, estos postres vienen en masa de hojaldre con forma de tubos ahuecados (como los cannoli) o los canutillos, rellenos con calabaza confitada y espolvoreados con azúcar en polvo. Me sorprendió lo fácil que fue recrearlos en mi cocina, especialmente en esta sencilla forma triangular. Aplique un glaseado de azúcar en polvo (ver página 168) o dulce de leche casero (ver página 242) o comprado antes de servir si prefiere, en vez de espolvorear con azúcar en polvo.

RINDE 12 PASTELES • TIEMPO DE PREPARACIÓN: 1½ HORAS (INCLUYENDO EL TIEMPO DE COCCIÓN DE LA CALABAZA) • TIEMPO DE COCCIÓN: 25 MINUTOS (SIN PRESTARLE ATENCIÓN)

1 calabaza spaghetti pequeña (3 libras aprox.)

5 tazas de azúcar

3 barras de canela

1 cucharadita de clavos enteros

2 cucharadas de mantequilla sin sal derretida

Un paquete de masa de hojaldre de 17,3 onzas a temperatura ambiente (ver página 169)

1 huevo batido con una cucharada de agua

Azúcar en polvo

1. Corte la calabaza por la mitad y retire las semillas y las fibras. Coloque la calabaza en una olla grande. Agregue 10 tazas de agua, el azúcar, la canela y los clavos. Hierva y cocine a fuego lento con la olla parcialmente cubierta hasta que la calabaza esté muy tierna y translúcida, por 45 minutos aprox. Saque la calabaza de la olla con una espumadera y deje enfriar en una fuente para hornear. Descarte el sirope.

2. Cuando la calabaza esté fría y pueda manipularla, retire los clavos y la canela, así como la calabaza confitada con un tenedor. Coloque la calabaza en un tamiz y escurra bien. Tendrá 4 tazas aprox.

3. Precaliente el horno a 400°F. Cubra 2 fuentes para hornear con papel pergamino.

4. Cuando la calabaza esté bien escurrida pero aún caliente, pase a un recipiente, agregue la mantequilla y revuelva para cubrir bien. Reserve a un lado mientras prepara la masa de hojaldre.

5. Amase una hoja de masa de hojaldre en una superficie con un poco de harina y forme un rectángulo de 10 × 15 pulgadas aprox. Corte a lo largo por la mitad, y luego a lo ancho en 3 franjas, y forme seis cuadrados de 5 pulgadas. Vierta 2 cucharadas abundantes de calabaza confitada a un lado del cuadrado. Humedezca los bordes con un poco de huevo batido. Doble el otro lado sobre el relleno para formar un rectángulo y presione los bordes para sellar bien. Pase a las fuentes para hornear. Repita el procedimiento con la masa restante y luego con la otra hoja de la masa de hojaldre. Unte el huevo batido en los pasteles y haga varios cortes encima de cada uno con unas tijeras de cocina.

6. Hornee hasta que los pasteles estén inflados y bien dorados, por 25 minutos aprox. Sirva calientes o a temperatura ambiente, y rocíe con azúcar en polvo.

Flan de guayaba

Este postre está inspirado en Mario Santiago, chef ejecutivo del fabuloso May Street Café en Chicago. Asistí a un evento en esa ciudad y mi querido amigo Art Smith me llevó a un cóctel y exposición artística que se realizaba allí. Me gusta mucho la guayaba, pero este flan es tan floral y delicado que basta un bocado para quedar adictos, incluso si nunca antes han probado la guayaba. Preparo este flan en una fuente para hornear rectangular (rinde para más personas), pero si quiere utilizar una redonda, estoy segura de que la "policía del flan" no derribará su puerta. Simplemente reduzca los ingredientes a la mitad y utilice un plato redondo, de 9 pulgadas de diámetro y 1½ pulgadas de profundidad. El caramelo también es completamente fácil de preparar. Una aclaración: Mario utiliza crema agria, pero yo lo preparo con mi media crema para lograr una textura suave y agradable.

RINDE 12 PORCIONES DE BUFETE • TIEMPO DE PREPARACIÓN: 25 MINUTOS • TIEMPO DE COCCIÓN: 45 MINUTOS (MÁS 4 A 24 HORAS PARA ENFRIAR)

2 tazas de azúcar

2 latas de leche evaporada de 12 onzas

2 latas de leche condensada de 14 onzas

2 latas de media crema Nestlé de
7.6 onzas (ver Notas)

8 huevos extra grandes

2 paquetes de puré de guayaba congelada de 14 onzas, a temperatura ambiente y escurridos (ver Notas)

2 cucharaditas de extracto de vainilla

1. Coloque una rejilla en el centro del horno y precaliente a 325°F.

2. Tenga lista una fuente para hornear de cristal de 11 × 13 pulgadas y un par de agarraderas o guantes para horno. Prepare el caramelo utilizando azúcar y ½ taza de agua (ver Caramelicioso, página 124), y vierta caliente en el fondo de la fuente.

3. Vierta la leche evaporada, la condensada y la media crema en una licuadora y licúe a baja velocidad hasta mezclar bien. Agregue los huevos y licúe a baja velocidad hasta que la mezcla esté suave. Añada el puré de guayaba y la vainilla y licúe hasta mezclar bien.

4. Coloque la fuente, molde metálico o plato para hornear en otro más grande (no vierta el flan todavía). Coloque la olla en la rejilla del horno y vierta la mezcla de guayaba a la fuente para hornear. Hornee hasta que los bordes del flan estén firmes y el centro se mueva al agitar la fuente, de 45 a 50 minutos; introduzca un cuchillo en el centro: deberá salir limpio. Enfríe el flan a temperatura ambiente y luego refrigere por un mínimo de 4 horas o hasta un día.

5. Saque un plato rectangular para servir. Cubra el flan con el plato y dele vuelta a la fuente para pasar al plato con un movimiento rápido; se desprenderá fácilmente. Deje reposar por minuto o dos y luego vierta el caramelo restante encima.

NOTAS:

- El puré de guayaba se consigue en casi todas las tiendas latinas y en muchos supermercados. También está disponible en línea en www.perfectpuree.com. Descongele el puré desde la noche anterior en el refrigerador y coloque en un recipiente grande con agua tibia. Un puré bien suave le da un toque muy especial a este flan: Vierta el puré en un tamiz muy fino y presione con una cuchara grande para extraer todo el puré que pueda y dejar el ripio en el tamiz.

- La media crema, que se encuentra en muchos supermercados, le añade un sabor agrio, a mantequilla y leche, y una textura suave al flan sin la textura arenosa que a veces tienen los platos preparados con crema agria.

Flan de calabaza

Panchito, un primo por el lado de mi padre que vive en Puerto Rico, es el experto en postres para cualquier evento especial: nacimientos, bautizos, etc… Su postre más famoso es la "cazuela de calabaza", horneado en una hoja de banana, y es realmente extraordinario. Me hizo pensar en otras formas de utilizar la calabaza en los postre latinos tradicionales, y me siento particularmente orgullosa de ésta. Ensayen este flan en vez del tradicional pastel de calabaza para el Día de Acción de Gracias, y denle un toque personal al preparar el suyo. ¿Qué tal un poco de jengibre fresco rallado y/o una pizca de Jamaica?

RINDE 12 PORCIONES DE BUFETE • TIEMPO DE PREPARACIÓN: 20 MINUTOS • TIEMPO DE COCCIÓN: 45 MINUTOS (MÁS 4 A 24 HORAS PARA ENFRIAR)

2¼ tazas de azúcar

1 lata de leche evaporada de 12 onzas

1 lata de leche condensada de 14 onzas

5 huevos extra grandes

½ cucharadita de canela en polvo

¼ cucharadita de clavos en polvo

¼ cucharadita de jengibre en polvo

1 cucharadita de extracto de vainilla

1 lata de puré de calabaza de 15 onzas

1. Coloque una rejilla en el centro del horno y precaliente a 350°F.

2. Tenga listo un plato para pasteles de 10 pulgadas de profundidad y un par de agarraderas gruesas o guantes para horno. Prepare el caramelo con 1¼ tazas de azúcar y ¼ de taza de agua (ver Caramelicioso, página 124). Utilice el caramelo para cubrir el fondo y los lados del plato.

3. Coloque los ingredientes restantes en una licuadora y licúe a velocidad baja hasta que estén suaves.

4. Coloque el plato para el pastel (no vierta al plato todavía) en una fuente para hornear grande. Coloque la fuente en el horno y vierta la mezcla de calabaza al plato. Vierta agua bien caliente en la fuente hasta la mitad de los bordes del plato donde está el pastel. Hornee hasta que el flan esté firme en los bordes y el centro se mueva cuando usted agite la fuente, de 45 a 50 minutos. Inserte un cuchillo de cocina en el centro: deberá salir limpio. Enfríe el flan a temperatura ambiente y refrigere un mínimo de 4 horas, o hasta un día, antes de servir.

5. Para servir, saque un plato grande y redondo. Cubra el flan con el plato y dele vuelta a la fuente para hornear sobre el plato con sus manos con un movimiento rápido. El flan saldrá fácilmente de la fuente. Deje reposar un minuto o dos, y vierta encima el caramelo que haya quedado en el plato.

Torre de crepes y dulce de leche

Un postre alto y pegajoso, pero elegante como éste, es una sensación en un bufete. La gran dulzura del dulce de leche se equilibra con los crepes, y las pecanas tostadas le agregan un toque crujiente y almendrado que va muy bien con el dulce.

Con respecto al dulce de leche: La siguiente es la forma como se ha preparado desde siempre en las casas, pero las personas que preparan leche condensada no aprobarán públicamente este método por una razón muy simple: si se deja que el agua de la olla hierva y la lata (o latas) de leche condensada quede en el fondo de la fuente vacía, puede calentarse mucho y explotar. Imaginen el lío, para no mencionar el peligro. Así que aunque no tienen que sentarse a mirar la olla durante todo el tiempo de cocción de la leche condensada, sino asegurarse de utilizar una olla grande, mucha agua y mirar cada 20 minutos aproximadamente para constatar que las latas estén bien cubiertas con agua. ¡Después no digan que no les advertí!

RINDE PARA 12 PORCIONES DE BUFETE • TIEMPO DE PREPARACIÓN: 15 MINUTOS (SI LOS CREPES SON COMPRADOS; MÁS TIEMPO SI LOS PREPARA EN CASA; MÁS 5 HORAS ADICIONALES, CASI SIN PRESTAR ATENCIÓN, SI SE PREPARA Y ENFRÍA EL DULCE DE LECHE)

2 latas de leche condensada de 14 onzas, o
1½ tazas de dulce de leche comprado
12 crepes de 7 a 8 pulgadas, caseros
(página 28), o comprados

⅔ de pecanas tostadas y trituradas
Azúcar en polvo

1. Prepare el dulce de leche si va utilizar la leche condensada. Retire las etiquetas de la lata (lo que no afectará el dulce de leche, se trata simplemente de la presentación). Coloque las latas en una olla grande (de 1½ galones de capacidad por lo menos) y llene la olla con agua. Hierva y caliente a fuego lento, exactamente por 3 horas desde el momento de la ebullición. Revise con frecuencia y agregue agua cada 20 ó 30 minutos. ¡EL NIVEL DEL AGUA NO DEBE ESTAR POR DEBAJO DE LA PARTE SUPERIOR DE LAS LATAS! Apague la estufa 3 horas después, y deje reposar las latas en el agua durante 1 hora.

2. Retire las latas del agua y deje enfriar a temperatura ambiente. No abra las latas mientras estén calientes.

3. Abra las latas y sirva el dulce de leche en un recipiente. Bata bien para una textura más suave.

4. Coloque un círculo de papel pergamino o parafinado en un plato grande. Coloque el crepe encima y esparza una capa delgada y uniforme de dulce de leche (2 cucharadas aprox.) Esparza

(continúa)

Esparza el dulce de leche sobre el crepe.

Continúe hasta formar una capa delgada y uniforme.

Agregue pecanas picadas sobre el dulce de leche y vuelva esparcir otra capa

una cucharada de pecanas picadas sobre el dulce. Repita el procedimiento con los crepes, el dulce y las pecanas restantes, y coloque un crepe sin nada encima. Seguramente le sobrará dulce de leche. Refrigere el postre al menos por 1 hora para que esté firme (puede refrigerarlo hasta 1 día).

5. Retire el postre del refrigerador 30 minutos antes de servir y espolvoree azúcar en polvo encima. Corte en cascos utilizando un cuchillo dentado. Hágalo con movimientos suaves: Los cascos no tendrán una forma muy definida, así es el postre.

VARIACIONES:

- Espolvoree azúcar de canela en lugar de azúcar en polvo.
- Agregue una pequeña cantidad de chocolate rallado a cada capa, y/o pecanas.
- Alterne capas de dulce de leche y rodajas muy delgadas de banana entre las crepes.
- Haga el postre con jalea y no con dulce de leche. O mejor aún, con capas alternas de dulce de leche y de jalea.

UNA PUNTADA EN EL TIEMPO: Prepare 1 ó 2 latas más de dulce de leche. Dura varias semanas en el refrigerador y es una salsa increíble en casos de emergencia, para recubrir tortas, acompañar manzanas, etc.

Mantecadas españolas

En el Caribe, la palabra mantecado puede significar "helado", o una galleta suave que se derrite en la boca. Sin embargo, en España la mantecada es un pequeño muffin servido con café con leche. En nuestra primera mañana en Barcelona, fuimos a un pequeño café en el Paseo de Gracia donde servían café, y el chocolate más sustancioso y espeso que he probado, así como croissants, donuts y mantecadas. Esto nos animó a recorrer el largo Paseo de Gracia, y obviamente, nos detuvimos a comer algunos refrigerios. Si cierro los ojos mientras tengo una tanda de mantecas en el horno, aún puedo oler el café y el chocolate caliente que disfrutamos con las mantecadas de canela aquella hermosa mañana en Barcelona.

RINDE 24 MANTECADAS PEQUEÑAS • TIEMPO DE PREPARACIÓN: 15 MINUTOS • TIEMPO DE COCCIÓN: 15 MINUTOS

Aceite vegetal en aerosol
1 ¼ tazas de harina
¼ taza de almendras Marcona trituradas o harina de almendras
¼ taza de azúcar
2 cucharaditas de polvo de hornear

¼ cucharadita de sal
¼ cucharadita de canela en polvo
½ cucharadita de compota de manzana
4 cucharadas de mantequilla sin sal, derretida
1 huevo extra grande

1. Precaliente el horno a 350°F. Rocíe un molde metálico para 24 mini muffins con aceite en aerosol (o 2 moldes para 12).

2. Mezcle la harina, las almendras, el azúcar, el polvo, la sal y la canela en un recipiente. Bata bien la compota de manzana, la mantequilla derretida y el huevo en otro recipiente. Mezcle los ingredientes líquidos con los sólidos utilizando una espátula de caucho.

3. Divida la mezcla en las tazas, llenando cada una hasta arriba. Hornee hasta que las tortas estén ligeramente doradas y se muevan al tocarlas un poco, por 15 minutos aprox. Sirva tibia o a temperatura ambiente. Puede guardar las tortas bien cubiertas hasta 2 días cuando se hayan enfriado. Precaliente en un horno a 300°F y caliente antes de servir.

MENÚS

Menús para brunch

MENÚ 1

Brisa del Caribe (página 32)
Causa limeña (página 35)
Mantecadas (página 41)

HASTA 3 DÍAS ANTES: Haga las galletas y guarde en un recipiente hermético.

HASTA 2 DÍAS ANTES: Prepare la causa de atún y refrigere.

EL DÍA ANTERIOR: Arme la causa y refrigere. • Exprima y refrigere el jugo de frutas. • Prepare la salsa de aguacate.

RINDE 12 PORCIONES

MENÚ 2

Ceviche de camarones "Xni Pec" (página 69)
Crepes de espinaca cremosa con salsa de tomates y hongos (página 27)
Crepes básicos (página 28)
"Conserva" dulce de tomate con queso salado (página 38)

HASTA UNA SEMANA ANTES: Prepare los crepes; refrigere hasta 2 días; o congele por una semana.

HASTA 2 DÍAS ANTES: Prepare la espinaca con crema y la salsa de tomates y hongos.

UN DÍA ANTES: Prepare la conserva de tomates y refrigere. • Ralle el queso para los crepes. • Exprima los jugos cítricos para el ceviche.

TRES HORAS ANTES: Prepare el ceviche y refrigere.

DOS HORAS ANTES: Prepare la salsa "Xni Pec". • Rellene los crepes y ensamble la cacerola.

CUANDO LLEGUEN LOS INVITADOS: Termine el ceviche. • Lleve los crepes al horno. • Saque el queso para el postre del refrigerador.

RINDE 6 PORCIONES

MENÚ 3

Frituras de plátanos, "arañitas" (página 19)
Tomates al horno rellenos con huevo (página 31)
Besos de coco (página 169)
Cafecito (página 42)

VARIOS DÍAS ANTES: Prepare el vinagre o el pesto de cilantro.

EL DÍA ANTERIOR: Retire la pulpa del tomate y refrigere. • Prepare la salsa de tomates, pero no agregue los espárragos y las arvejas. • Haga los besos de coco.

UNA HORA ANTES DE QUE LLEGUEN LOS INVITADOS: Coloque los tomates en la rejilla y luego el jamón.

POCO ANTES DE QUE LLEGAN LOS INVITADOS: Prepare la mezcla de plátanos.

CUANDO LLEGUEN LOS INVITADOS: Fría las arañitas (preferiblemente con sus invitados, bebidas en mano, para que la acompañen).

MIENTRAS LOS INVITADOS ESTÁN PROBANDO LAS ARAÑITAS: Vierta los huevos sobre los tomates y lleve al horno. • Agregue el espárrago y las arvejas a la salsa de tomates y mantenga tibia.

EN LA MESA PARA EL POSTRE: Haga el cafecito mientras sus invitados comen los besos de coco.

RINDE 6

Menús para asados

MENÚ 1

PARRILLADA SENSACIONAL

Vasos de gazpacho (página 179)

Tira de asado (página 88) con Pesto de cilantro (página 104)

Provoletta (página 105)

Biondolito de cerdo (página 97)

Ensalada de arroz argentina (página 111)

Ensalada de papas y huevo (página 107)

Ensalada de repollo Napa (página 113)

Helado y conos comprados

HASTA 2 DÍAS ANTES: Marine y amarre el pernil de cerdo. • Haga el pesto de cilantro.

UN DÍA ANTES: Prepare los vasos de gazpacho. • Corte los vegetales para la ensalada de arroz y la ensalada Napa. • Guarde en el refrigerador.

TRES HORAS ANTES: Marine la carne y refrigere. • Prepare el arroz y la ensalada de papa. • Comience a asar el cerdo.

UNA HORA ANTES: Aderece la ensalada Napa.

MIENTRAS PREPARA LA PARRILLADA: Mezcle y sirva los vasos de gazpacho. • Ase las costillitas. • Mientras tanto, prepare la provoletta (es una buena idea colocar una estufa portátil al lado del asador para no dejar solos a los invitados).

RINDE 12 PORCIONES

MENÚ 2

PLATOS LIVIANOS

Pollo asado express Daisy (página 92)

Camarones sin pincho (página 95)

Ensalada boricua (página 112) / Ensalada de remolacha y manzana verde (página 108)

Atardecer boricua de mango y maracuyá (página 118)

UN DÍA ANTES: Haga el postre y la salsa. • Marine el pollo.

CUATRO HORAS ANTES: Arme los pinchos de camarón. • Prepare la ensalada. • Cocine las remolachas para la ensalada.

UNA HORA ANTES: Cocine el pollo en el microondas. • Prepare la ensalada de remolacha.

MIENTRAS PREPARA EL ASADO: Termine de asar el pollo y los pinchos de camarón en la parrilla. • Retire el postre del molde y sirva.

RINDE 12 PORCIONES

Menús para cenas de semana

TODOS RINDEN 6 PORCIONES

MENÚ 1

Pollo estofado con leche de coco y curry (página 139)

Arroz con espinaca (página 159)

PREPARACIÓN RESUMIDA: Haga el sofrito para el pollo si no tiene a mano. • Dore el pollo. • Mientras tanto, prepare el arroz hasta añadir el agua. • Continúe con el pollo hasta el momento de agregar a la salsa. • Termine de cocinar el pollo y el arroz; deberían estar listos casi al mismo tiempo. Si alguno de los dos está primero, simplemente retire del fuego y mantenga cubierto.

MENÚ 2

Ensalada simple con aderezo español de queso azul (página 130)

Pechugas de pollo para una noche de semana (página 137)

Ejotes con romero (página 155)

PREPARACIÓN RESUMIDA: Marine las pechugas de pollo y hierva una olla con agua. • Mientras tanto, prepare el aceite con limón (en caso de no utilizar uno comprado), prepare la lechuga y el aderezo. • Prepare el pollo y lleve al horno. • Mientras tanto, retire las puntas, blanquee los ejotes y prepare el aceite de romero y ajo. • Cuando el arroz esté listo, deje reposar mientras calienta los ejotes en el aceite.

MENÚ 3

Gandules con coco (página 163)

Arroz blanco (página 159)

Facturas de guayaba y queso crema (página 168)

PREPARACIÓN RESUMIDA: Prepare el sofrito si no tiene a mano. • Haga el arroz hasta el momento de cubrir la olla. • Comience a preparar los gandules mientras se seca el líquido del arroz. • Haga las facturas mientras se cocinan el arroz y los gandules (¡espero que haya recordado pasar la masa del congelador al refrigerador en la mañana!). • El arroz y los gandules deben estar listos casi al mismo tiempo. • Si uno de los dos está primero, simplemente retire del fuego y mantenga cubierto. • Lleve las facturas al horno poco antes de servir el arroz y los gandules.

MENÚ 4

Aguacate relleno con ensalada de cangrejo y mango (página 129)

Sopa de calabaza y frijoles blancos (página 131)

PREPARACIÓN RESUMIDA: Prepare el caldo de pollo rápido si no tiene a mano. • Haga la sopa. • Mientras tanto, prepare la ensalada de cangrejo y los aguacates y disfrute mientras termina de hacer la sopa. • Sirva la sopa (si la pasta está tierna, simplemente retire la olla del fuego y sirva cuando usted esté lista).

MENÚ 5

Tacos de camarones con salsa de tomates y aguacate (página 145)

Frijoles "refritos" nuevo estilo (página 162)

Arroz amarillo básico (página 157)

PREPARACIÓN RESUMIDA: Cocine los frijoles negros. • Mientras tanto, prepare la salsa de tomates y la de chile. • Adobe los camarones. • Prepare el arroz amarillo hasta el momento de cubrir la olla. • Triture los frijoles mientras el arroz se cocina; mantenga los frijoles calientes a fuego bajo. • Ase los camarones y caliente las tortillas 5 minutos antes de apagar el arroz. • Sirva los frijoles y el arroz directamente de la olla; los camarones y las tortillas en un plato, y la salsa en otro.

MENÚ 6

Milanesa de cerdo (página 142; acompañada con ensalada de vegetales verdes)

Papas fritas con comino (página 153)

PREPARACIÓN RESUMIDA: Fría las papas. • Mientras tanto, lave los vegetales y prepare su aderezo preferido (o utilice aderezo comprado). • Empanice las milanesas y comience a sofreírlas. • Recaliente el aceite de las papas. • Vierta el aderezo en la ensalada y coloque las milanesas en el plato. • Fría las papas por segunda vez. • Vierta la ensalada sobre la milanesa mientras saca y escurre las papas. • Sirva las papas en otro plato.

Menús para invitaciones a cenar

MENÚ 1

¡ESTÁ LLEGANDO EL JEFE!
Bacalao salado y napoleones de berenjena japonesa (página 206)

Ñoquis Nuevo Andino (página 210)

Cascos de guayaba rellenos con mousse de queso crema (página 240)

HASTA UNA SEMANA ANTES: Hacer y congelar los ñoquis.

DOS DÍAS ANTES: Comience a remojar el bacalao salado

UN DÍA ANTES: Prepare el relleno de bacalao para los napoleones. • Haga el sofrito para el arroz. • Haga el mousse de queso crema.

CUATRO HORAS ANTES: Escurra los cascos de guayaba y prepare la salsa de guayaba. • Llene los cascos con el mousse. • Sazone la berenjena.

DOS HORAS ANTES: Cocine la berenjena.

TREINTA MINUTOS ANTES: Poner a hervir una olla grande de agua.

ANTES DE SERVIR EL PLATO DE ENTRADA: Caliente las rodajas de berenjena y el bacalao salado.

DESPUÉS DEL PLATO DE ENTRADA: Calentar la salsa de los ñoquis. • Cocinar y servir la salsa de los ñoquis.

MENÚ 2

TOUR POR LATINOAMÉRICA
Mejillones con maíz y tomates (página 214)
Linguine con "boloñesa" de alcachofa y jamón (página 136)
Tierrita dulce (página 236)

DOS DÍAS ANTES: Prepare la salsa para la pasta.

UN DÍA ANTES: Haga el mousse (no lo decore todavía).

HASTA 4 HORAS ANTES: Prepare todos los ingredientes para los mejillones y límpielos. • Decore el mousse.

ANTES DEL PLATO DE ENTRADA: Cocine los mejillones en una olla con agua.

ANTES DEL SEGUNDO PLATO: Prepare la salsa y la pasta.

Pimientos rellenos con
queso y arroz

MENÚ 3

CENA PARA UN DOMINGO DE OTOÑO

Sopa mexicana de pollo y limón (página 213)

Pimientos rellenos con queso y arroz (página 219)

Hojas de col picantes (página 230)

Strudel de banana y dulce de leche (página 242)

DOS SEMANAS ANTES: Haga el dulce de leche.

DOS DÍAS ANTES: Prepare el caldo de pollo, desmenuce el pollo y échelo al caldo.

EL DÍA ANTERIOR: Ase los pimientos y prepare el relleno (guarde por separado). • Lave las hojas de col.

DOS A TRES HORAS ANTES: Ensamble y hornee los strudels. • Rellene los pimientos y agréguele esta salsa. • Deje a temperatura ambiente antes de hornear.

TREINTA MINUTOS ANTES: Comience a hornear los pimientos. • Caliente el caldo a fuego lento y agregue el apio y el maíz.

ANTES DEL PLATO DE ENTRADA: Agregue la cebolla verde y el jugo de limón a la sopa.

ANTES DEL SEGUNDO PLATO: Cocine las hojas de col.

Menús para bufetes

MENÚ I

REUNIÓN INFORMAL PARA 12 PERSONAS
Tapas sin cocinar (opcional; ver página 244)
Tortilla de alcachofas, papas y jamón serrano (página 250)
Pavochón (página 269)
Coliflor asada con ajo y anchoas (página 282)
Frijoles rojos con salchichón y papas (página 284)/Arroz blanco básico (página 159)
Crepe y dulce de leche (página 291) con helado

DOS DÍAS ANTES: Marine la pechuga de pavo. • Ase el ajo (en caso de no utilizar ajos comprados). • Prepare los crepes sin dulce de leche (en caso de no utilizar comprado).

UN DÍA ANTES: Prepare los frijoles y refrigere. • Prepare la coliflor y guarde en una bolsa plástica en el refrigerador.

CUATRO HORAS ANTES: Ase la coliflor y enfríe. • Arme el dulce de leche.

DOS HORAS ANTES: Comience a preparar la pechuga de pavo. • Haga la tortilla. • Sirva las tapas (opcional).

UNA HORA ANTES: Haga el arroz.

VEINTE MINUTOS ANTES DE SERVIR: Retire el pavo del horno y deja reposar. • Recaliente la coliflor y los frijoles.

MENÚ 2

CELEBRACIÓN PARA DIECISÉIS PERSONAS

Tapas sin cocinar (opcional; ver página 244)

Pastelón relleno con cangrejo (página 255)

Cabrito estofado en leche de coco (página 267)

Arroz amarillo (página 157)

Espinaca cremosa (página 279)

Alcachofas y pimientos dulce salteados (página 283)

Flan de guayaba (página 287)

DOS DÍAS ANTES: Prepare el cabrito estofado.

UN DÍA ANTES: Prepare el relleno de cangrejo, la espinaca cremosa, y el Flan de guayaba.

UNAS TRES HORAS ANTES: Complete el pastelón. • Lleve al horno, comience a preparar el arroz amarillo y saque las tapas en caso de servir.

ANTES DE SERVIR (MIENTRAS REPOSA EL PASTELÓN): Recaliente la espinaca cremosa. • Saltee las alcachofas y los pimientos.

MENÚ 3

BUFETE DE NAVIDAD PARA DOCE

Tapas sin cocinar (opcional; ver página 244)

Pernil (página 268)

Arroz amarillo con gandules (página 158)

Ensalada favorita de Daisy (página 56)

Tocino del cielo (página 123)

Mantecadas (página 41)

TRES DÍAS ANTES: Marine el cerdo. • Haga las mantecadas. • Haga el sofrito del aceite con achiote para el arroz.

UN DÍA ANTES: Prepare el tocino. • Lave y prepare todos los ingredientes de la ensalada, y prepare el aderezo.

CUATRO HORAS ANTES: Comience a asar el cerdo.

UNA HORA ANTES: Sirva las tapas (opcional). • Comience el arroz. • Retire el cerdo cuando esté listo y cubra con papel aluminio para mantener caliente.

POCO ANTES DE SERVIR: Revuelva la ensalada. • Retire el tocino.

LO BÁSICO

En mi primer libro, *Daisy Cooks! Latin Flavors That Rock Your World!*, promoví de manera incansable las bondades del SOFRITO. Me emocionó mucho informarle al mundo sobre un arma secreta de la comida latina que está lista en sólo diez minutos, dura varias semanas en el congelador, y mejora significativamente el sabor de cualquier plato. Sigo utilizando mucho el sofrito en este libro —créame que nunca me olvidaré de él— y el hecho de trabajar en las recetas para esta colección me hizo reforzar la importancia de otro ingrediente que nunca me puede faltar: los buenos caldos caseros. Son vitales, no sólo para sopas y estofados, sino también para cocinar platos como arroz o cuscús que no tienen mucho sabor de por sí: el caldo es lo que le da un sabor profundo al plato. La última vez les pedí que prepararan sofrito una sola vez, sabiendo que quedarían adictas. Y a juzgar por los correos electrónicos que recibí, ¡así sucedió! Esta vez les pido que saquen unos pocos minutos para preparar un caldo de pollo casero, así como el de Mami y Abuela.

Las recetas como el Caldo de pollo casero, el Sofrito (¡por supuesto!), el Aceite de achiote y el Vinagre tienen una larga historia, pues han pasado de una generación a otra. No creo que pudiera cocinar sin estas bases. Bueno, tal vez sí, pero nada sabría como lo que preparan Mami y Abuela, ¿y qué gracia tendría eso? Así que si no se familiarizaron bien con estas recetas en *Daisy Cooks!*, ahora tienen la oportunidad de incorporarlas a su repertorio. También encontrarán nuevos "infaltables" como el Caldo de hongos en la página (304). Es tan fácil de hacer (¡y tan económico!), que seguramente ustedes inventarán sus propias variaciones.

Caldo de pollo casero

Nunca comí pollo de un supermercado durante mis primeras épocas. Mami y Abuela siempre lo compraban en el mercado de aves. Su caldo de pollo era rico y lleno de sabor, delicioso para tomar en una taza. Yo también compro el pollo en el mercado de aves, y sigo utilizando la receta para este caldo saludable que me enseñaron mi mamá y mi abuela. Es probable que no haya un mercado de aves cerca a su hogar, pero ahora es mucho más fácil encontrar aves orgánicas o criadas naturalmente, algo que marca una diferencia enorme en el sabor. Si les parece que el precio es un poco alto, recuerden esto: un pollo no sólo rinde para toda una olla de caldo, sino para preparar 3 ó 4 platos de recetas como Enchiladas de pollo (página 277) o de Ají de Gallina (página 273). Si compra caldo para ahorrar tiempo, por lo menos enriquézcalo para darle más sabor, tal como lo hago yo: ver el Caldo de pollo rápido en la página 305. Cuando yo era niña, Mami servía un poco de su caldito en una taza para probar antes de utilizar el resto del caldo para el arroz y preparar el Asopao (página 148), o lo que hubiera en el menú. Cada vez que preparaba caldo, remojaba con suavidad el hígado en el caldo y luego lo servía en la taza de Papi como un verdadero manjar. Papi lo partía en pedacitos para que cada uno de nosotros comiera (salvo mi hermano Joey, que detestaba el hígado). Yo acostumbro darles una taza de caldo a todos mis hijos y a Jerry. Jerry recibe el hígado… y a cambio me da su corazón.

RINDE DE 3 A 3½ GALONES • TIEMPO DE PREPARACIÓN: 15 MINUTOS • TIEMPO DE COCCIÓN: 2 HORAS

Un pollo de 5 libras, cortado en 10 pedazos (ver Notas)

2 libras de pescuezo, y alas de pollo (cualquier combinación), más las menudencias

2 cebollas españolas grandes (1½ pulgadas aprox.) con la piel

1 pimiento rojo grande, sin corazón ni semillas, y cortado en cuatro

1 cabeza grande de ajo

1 manojo grande de cilantro

2 cucharaditas de granos de pimienta negra

2 hojas de laurel

1 codillo de jamón (opcional)

Sal marina o kosher

1. Coloque el pollo, las cebollas y el pimiento rojo en una olla grande. Lave la cabeza de ajo con agua fría y quítele la piel más delgada. Parta la cabeza en dientes individuales, pero déjelos sin pelar. Corte las raíces del cilantro en caso de que las tenga, y lave las hojas y los tallos. Corte un pedazo de estopilla del tamaño de una toalla de cocina. Coloque los dientes de ajo, los granos de pimienta, las hojas de laurel, y el cilantro en la estopilla y amarre con cordel de cocina. Golpee unas pocas veces con un martillo de cocina o con una olla pesada y vierta a la olla con el jamón, en caso de utilizar.

2. Vierta agua fría de manera que cubra todo por 3 pulgadas y hierva a fuego medio alto. Cuando se haya secado el agua, reduzca a fuego lento y comience a retirar la espuma de la superficie. Cocine por 30 minutos.

3. Retire las pechugas de la olla cuando estén bien cocinadas y cocine el caldo por unos 15 minutos más. Retire los muslos y las piernas cuando estén bien cocinadas y deje las rabadillas, pescuezos y menudencias en la olla. Coloque las presas de pollo a un lado para preparar otro plato de pollo y cocine el caldo por una hora adicional. Cuando las presas de pollo se hayan enfriado y pueda manipularlas, desmenuce la carne y reserve a un lado. Vierta los huesos en la olla.

4. Coloque un tamiz con 2 estopillas en un recipiente grande. Vierta el caldo sobre la estopilla. Sazone con sal y pimienta. (Puede refrigerar el caldo por 4 días, o congelarlo por 3 meses.)

NOTAS:

- La forma más fácil de cortar un pollo en 10 presas (2 alas, 2 muslos, 2 piernas y 4 pedazos de pechuga), es pedirle a un carnicero que lo haga. Incluso en los supermercados lo hacen con todo gusto. De lo contrario, comience con un pollo cortado en 8 presas, tal como se consiguen en la mayoría de los supermercados.

- Puede preparar el caldo con 5 libras de rabadillas, pescuezos y alas de pollo, más las menudencias en vez de utilizar todo el pollo. No le sobrará para otra comida o sopa, pero el plato tendrá un sabor delicioso.

Caldo de hongos

Lo preparé por primera vez como parte de la Cacerola con huevos, frijoles refritos y hongos en la página 17, y luego descubrí que le da un maravilloso sabor a una gran variedad de platos, que van desde sopas y salsas hasta una simple olla de arroz o frijoles. Y es completamente fácil de preparar. Mantenga un poco en su refrigerador, al lado del sofrito (página 305). A mí nunca me falta.

RINDE 4 TAZAS APROX • TIEMPO DE PREPARACIÓN: 5 MINUTOS • TIEMPO DE COCCIÓN: 20 MINUTOS

¾ de libra de hongos portobello (ver Notas)

Un caldo de pollo de 26 onzas bajo en sodio (ver Notas)

2 hojas de laurel

Corte las puntas duras de los hongos y corte el resto de los tallos y los sombreros en pedazos de ½ pulgada. Tendrá 6 tazas aprox. Vierta el caldo en una olla mediana, agregue los hongos y las hojas de laurel, y hierva a fuego alto. Reduzca a fuego lento y cocine parcialmente cubierto por 20 minutos. Cuele. Puede refrigerar 5 días o congelar un mes.

NOTAS:

- Reemplace el caldo de carne por caldo de pollo o de vegetales.
- Los hongos portobello le dan un maravilloso sabor y no cuestan mucho. Sin embargo, si tiene hongos comunes o cremini a mano, utilícelos. Puede preparar un buen caldo incluso con tallos de hongos que haya guardado. Por ejemplo, si le han sobrado de una receta como el chorizo relleno con hongos en la página 192, mida la cantidad y agregue hongos portobello o de otro tipo para preparar las 6 tazas que contiene esta receta.
- Para un sabor concentrado, agregue de ¼ a ½ taza de hongos secos y frescos. Asegúrese de colar el caldo preparado con los hongos secos en un tamiz muy fino (o mejor aún, en una estopilla), pues los hongos secos pueden ser bastante arenosos.
- Congele el caldo en pequeñas cantidades (de ½ taza aprox.) Puede congelarlo incluso en una cubeta de hielo, y utilizar los cubos individuales en porciones individuales de sopa con salsa para pasta con un ligero sabor a hongos.

Caldo de pollo rápido

No hay nada que supere en profundidad de sabor, color y aroma a un caldo casero. Pero seamos realistas, si mi provisión del lunes (ver página 127) se acaba, no me voy a quedar sin ella hasta el próximo domingo. Esta solución rápida de 30 minutos para mejorar el caldo de pollo comprado se prepara en un fin de semana, mientras termina de hacer el resto de la comida.

RINDE 7 TAZAS APROX • TIEMPO DE PREPARACIÓN: 5 MINUTOS • TIEMPO DE COCCIÓN: 30 MINUTOS

1 cebolla española grande

1 manojo de cilantro

Un paquete de caldo de pollo de 48 onzas

1 pimiento rojo sin el corazón ni semillas, y cortado en dados de ½ pulgada

6 dientes de ajo, sin pelar y ligeramente machacados

2 hojas de laurel

Corte la raíz de la cebolla pero déjela entera y con la piel. Lave el cilantro y amarre el ramo con un cordel. Hierva todos los ingredientes en una olla de ¾ cuartos de galón de capacidad. Cocine a fuego lento durante 20 a 30 minutos. Retire la cebolla, el cilantro, el ajo y las hojas de laurel, y reserve el pimiento rojo. Puede utilizar el caldo, refrigerarlo cinco días, o congelarlo hasta 2 meses.

Sofrito

Me gustaría que todas las personas que me dijeron que aprender a hacer sofrito fue algo que les cambió sus vidas para bien, me hubieran dado una moneda de cinco centavos. No estoy exagerando: El sofrito es fácil de hacer, completamente adaptable a todo tipo de cocinas (¡hago la salsa para los espaguetis con él!), y tiene tanto sabor que congelar una buena cantidad (ver Domingos en la cocina con Daisy, página 127) le permitirá tener comidas deliciosas y rápidas para toda una semana. El sofrito es la base de la cocina latina, y un ingrediente básico en mi casa.

RINDE 4 TAZAS APROX • TIEMPO DE PREPARACIÓN: 15 MINUTOS

2 cebollas españolas medianas, cortadas en trozos grandes

3 a 4 pimientos cubanelle, o italianos para freír

16 a 20 clavos de ajo

1 manojo grande de cilantro

7 a 10 ajíes dulces (ver Nota)

4 hojas de culantro fresco (ver Nota)

3 a 4 tomates de pera maduros, sin corazón ni semillas, cortados en trozos

1 pimiento rojo grande, sin corazón ni semillas, y cortado en pedazos grandes

Vierta la cebolla y los pimientos en un procesador y procese hasta que estén en pedazos grandes. Agregue poco a poco los ingredientes restantes sin apagar el procesador, hasta que la mezcla esté suave (puede guardar el sofrito hasta 3 días en el refrigerador; o congelarlo).

NOTA: Los ajíes dulces, también llamados ajicitos, tienen un aspecto semejante a los chiles habaneros y Scotch Bonnet, pero están en el otro extremo del espectro del picante. Son dulces y tienen un sabor herbal y vegetal muy pronunciado. El culantro es una hierba que huele y sabe como si al cilantro le hubieran agregado esteroides. Ambos se consiguen en mercados latinos. Si no puede conseguirlo, simplemente omita y utilice 1½ manojo de cilantro.

Empaque el sofrito en bolsas para congelar

Aceite de achiote

Aunque el achiote es muy popular en las cocinas latinas del Caribe, Centro y Sudamérica, me encanta utilizarlo en lugar del azafrán cuando cocino platos de la fabulosa gastronomía de España. El sabor es un poco más delicado que el del azafrán, y mucho más económico.

RINDE UNA TAZA APROX • TIEMPO DE COCCIÓN 3 A 4 MINUTOS

1 taza de aceite de oliva

2 cucharadas de semillas de achiote (ver página 310)

Caliente el aceite y el achiote en una sartén pequeña a fuego medio hasta que las semillas produzcan un chisporroteo continuo y considerable. No los caliente en exceso, pues las semillas se volverán negras y el aceite de un desagradable color verde. Retire la sartén del fuego y deje reposar hasta que las semillas dejen de moverse. Cuele el aceite. (Puede guardarlo 5 días a temperatura ambiente en un recipiente bien cerrado.)

Los "hermanos" del adobo

El adobo se encuentra en todos los países con una fuerte influencia española: desde el Caribe y Sudamérica, hasta México y las Filipinas. Ya es hora de familiarizarse con los hermanos secos y húmedos del adobo.

ADOBO SECO: Consiste en una mezcla de especias que se consigue en supermercados o que usted puede preparar, con ingredientes que seguramente tiene en su despensa, como sal, pimienta negra, cebolla en polvo, ajo en polvo y orégano. Se puede enriquecer con comino y achiote en polvo, e incluso cáscaras de frutas cítricas. Es una forma rápida y económica de realzar los sabores de las carnes, las aves y el pescado. Me encanta el adobo incluso en los huevos revueltos o en las palomas de maíz. Cuando adobo el pollo, la carne o el pescado, generalmente mezclo el adobo con algún ácido, por ejemplo vinagre o jugos cítricos, que ayudan a que los sabores del adobo penetren la carne. Mi receta para el adobo seco es básica. Las invito a que experimenten hasta que encuentren su combinación mágica.

ADOBO LÍQUIDO: Es un poco más complicado de preparar que el seco (pero sólo un poco). Es una pasta elaborada con sal, granos de pimienta negra, ajo machacado, orégano, aceite de oliva, y vinagre. Un pollo asado, previamente sazonado por dentro y por fuera con adobo, es uno de los placeres grandes y simples de la vida. También pueden untar el adobo en cortes más pequeños de carne, como en las costillas, o introducirlo con una cuchara en incisiones, tal como lo hago con el pernil en la página 268. Cuando la carne está asada, la pasta de ajo se cocina con ella, y el resultado final es un plato fragante y que hace agua la boca: ¡Usted y todos sus invitados podrían caerse de la mesa! De nuevo, ustedes pueden (y deberían) preparar su propia versión de este adobo. Siéntanse libres de agregar ingredientes como comino seco, pimienta roja en hojuelas o chiles finamente picados (¡póngale picante!), clavos en polvo, jugo cítrico… las posibilidades sólo están limitadas por su imaginación. ¡Diviértanse!

Adobo seco

RINDE 1 TAZA APROX • TIEMPO DE PREPARACIÓN: 5 MINUTOS

6 cucharadas de sal marina o kosher

3 cucharadas de cebolla en polvo

3 cucharadas de ajo en polvo

3 cucharadas de pimienta fresca molida

1½ cucharaditas de orégano seco

Mezcle bien todos los ingredientes en un recipiente pequeño. Puede guardar hasta 1 mes a temperatura ambiente, en un recipiente con tapa hermética.

Adobo mojado

RINDE 1 TAZA APROX • TIEMPO DE PREPARACIÓN: 10 MINUTOS

12 dientes de ajo

1½ cucharadas de sal marina o kosher

1 cucharada de granos de pimienta negra

2 cucharadas de orégano seco

2 cucharadas de aceite de oliva

2 cucharadas de vinagre de vino blanco

Vierta los dientes de ajo y la sal en un mortero (para evitar que el ajo salga de la sartén) y forme una pasta.

Vinagre

Añada los otros ingredientes restantes, macerando e incorporando cada uno a la mezcla antes de agregar el siguiente. Vierta el aceite de oliva y el vinagre. El adobo líquido sabe mejor recién preparado.

NOTA: Para preparar adobo líquido en un procesador, vierta el ajo y la sal, y pulse hasta que el ajo esté picado en pedazos grandes. Añada los ingredientes restantes, y sustituya granos de pimienta enteros por otros partidos en pedazos grandes. Procese hasta que el ajo esté finamente picado.

Vinagre de piña

En todas las fondas de Puerto Rico se encuentra este condimento especiado. Puede decirse que es más popular que el kétchup. Su sabor suave, ácido e intenso y la sensación picante que se siente en la lengua, realzan los frijoles, el arroz y los huevos fritos, hasta el pollo, el pescado o las hamburguesas.

RINDE 4 TAZAS APROX • TIEMPO DE PREPARACIÓN: 45 MINUTOS

2 piñas maduras

½ cebolla española grande en rodajas delgadas

20 dientes de ajo, pelados y machacados

6 chiles habaneros, o de su elección (ver ingredientes, página 314), sin el tallo y en pedazos grandes

1 cucharada de vinagre de sidra, o la cantidad necesaria

1 cucharada de hojas de orégano seco machacado

1 cucharadita de granos de pimienta negra

½ cucharadita de sal marina o kosher, o la cantidad necesaria

1. Corte y pele las piñas como se describe en la receta de la Brisas del Caribe en la página 32. Reserve las cáscaras y descarte la parte superior. Coloque las cáscaras en una olla grande, cubra bien con agua fría, y hierva a fuego alto. Reduzca a fuego lento y cocine hasta que las cáscaras estén bien tiernas, por 30 minutos aprox. Si el nivel del agua es inferior al de las cáscaras, agregue la cantidad necesaria hasta que queden sumergidas.

2. Mientras tanto, vierta la cebolla, el ajo, los chiles, el vinagre, el orégano, la sal y pimienta en un recipiente grande y tape bien.

3. Vierta el líquido de la piña en una taza o recipiente grande y luego en la jarra. Si el líquido no alcanza a cubrir los ingredientes, agregue más agua a la piña y hierva 20 minutos. Vierta el líquido a la jarra, rectifique la sazón y agregue un poco de sal y/o de vinagre si lo considera necesario. Puede utilizarlo tan pronto se enfríe, pero sabe mejor reposado. Dura 2 meses refrigerado.

Mojo de chile ancho

Seguramente querrán aprenderse esta receta de memoria. Es mi nueva favorita para todos los usos y sacarme de apuros, al lado del Vinagre (página 308). Aplique este mojo a costillas de cerdo o al pollo antes de retirarlo de la brasa (pero no antes, pues se quemará si se deja mucho tiempo al fuego). Esparza un poco en una tortilla, acompañe con huevos revueltos, enrolle y disfrute de un desayuno rápido. O sirva como dip para camarones fritos, filete de pescado o las papas arrugadas que aparecen en la página 150.

RINDE 1½ TAZAS APROX • TIEMPO DE PREPARACIÓN: 10 MINUTOS

¼ taza de pasta de chile ancho (ver Nota)

6 dientes de ajo asados, caseros (página 309) o comprados

1 cucharadita de páprika ahumada

1 cucharadita de comino en polvo

½ cucharadita de pimienta de cayena

1 taza de aceite de oliva

¼ taza de vinagre de jerez

Sal marina o kosher y pimienta fresca molida

Vierta la pasta de chile ancho, el ajo, la páprika el comino y la cayena en una licuadora. Encienda y agregue el aceite de oliva gota a gota para que la mezcla esté suave y evitar que el aceite se separe. Cuando haya agregado casi la mitad del aceite, termine de vaciar el resto con un chorro continuo pero muy delgado. Añada el vinagre de jerez y licúe hasta que esté suave. Sazone con sal y pimienta al gusto.

NOTA: La pasta de chile ancho se consigue en la página web de Purcell Mountain Farms, www.purcellmountainfarm.com). También puede prepararlo en casa (aunque yo siempre me alegro si alguien lo hace por mí). Para obtener ¼ de taza de de pasta de chile ancho, retire los tallos de 6 chiles secos y las semillas. Coloque los chiles en un recipiente refractario y cubra con agua hirviendo. Deje reposar de 30 a 45 minutos hasta que se ablanden. Escurra los chiles y córtelos por la mitad. Retire la pulpa con el cuchillo y descarte la piel.

Ajos asados

Los ajos asados son suaves, dulces, de textura suave y de sabor delicioso. Puede asar una sola cabeza de ajo, pero en ese caso, es mejor preparar una mayor cantidad, ya que se conserva bien y tiene mil usos diferentes. Precaliente el horno a 350°F. Retire la piel más delgada de los ajos y deje las cabezas intactas. Haga un cuadrado con dos hojas de papel aluminio donde quepan las cabezas de ajo. Rocíe una capa delgada de aceite de oliva sobre los ajos. Envuelva los bordes del papel aluminio sobre el ajo hasta formar un paquete bien cerrado. Sirva el ajo asado tibio como plato de acompañamiento y deje que los invitados expriman la pulpa dulce de los dientes.

También puede enfriar, retirar la pulpa de los ajos y pasarla a un recipiente. Retire la parte superior con un cuchillo y cubra con aceite de oliva. Tape bien y se conservarán una semana o más en el refrigerador.

UNA PUNTADA EN EL TIEMPO: Muchos supermercados, especialmente los más elegantes, venden aceites de oliva e ingredientes como alcaparras, pimientos asados; si tiene suerte, encontrará ajos asados. Aunque no es difícil asarlos, nunca está de más preparar una buena cantidad en caso de emergencia.

INGREDIENTES

SEMILLAS DE ACHIOTE: (Ver foto, página 311) Son pequeñas, de formas irregulares, y se obtienen de las vainas de un arbusto tropical. Tienen un profundo color café rojizo y son pequeñas (del tamaño de las lentejas). Una pequeña cantidad de achiote le dará color y sabor a una cantidad apreciable de aceite (ver Aceite de achiote, página 306), el cual puede utilizar para sazonar y darle color a platos como el Arroz amarillo (página 158) y el Asopao con gandules (página 148). Además de su color llamativo, las semillas de achiote le dan un sabor sutil y almendrado a las comidas. Si no puede encontrar semillas de achiote en su supermercado, búsquelo en www.kalustyans.com.

ALCAPARRADO: (Ver foto, página 311) Es simplemente un producto envasado que contiene aceitunas (con pepas o despepitadas, lea bien la etiqueta), pimientos picados y alcaparra. Le da un sabor fuerte y salobre a muchos platos. Si no puede encontrarlo, prepárelo mezclando aceitunas verdes pequeñas con alcaparras enteras y pimientos enlatados finamente picados.

HARINA DE ALMENDRA: Se elabora con almendras trituradas y se consigue en muchos supermercados. Si no puede encontrarla, triture las almendras blanqueadas y en rodajas en un procesador de alimentos. Apague y encienda brevemente el procesador en movimientos repetitivos, pues quedarán con una consistencia aceitosa si las tritura de manera constante.

MARINADA DE NARANJA AMARGA: Este producto que se encuentra la sección latina de muchos supermercados contiene una sofisticada lista de ingredientes, incluyendo pulpa de naranja sevillana (amarga) y extracto de toronja. Si la mezcla con Adobo seco preparado en casa o comprado (página 306), tendrá una marinada instantánea para carnes, pescados o aves. Ensáyela en lugar de las marinada sugeridas para las costillas (página 88) o para el Pollo express asado de Daisy (página 92).

COTIJA: Es un queso de leche de vaca con un sabor fuerte y una textura que se desmenuza fácilmente. Es húmedo; cuando está joven y seco, tiene una consistencia semejante a la del feta, y a la del parmesano cuando está ligeramente añejado. Sabe delicioso desmenuzado en ensaladas de vegetales o de frutas (por ejemplo, con la ensalada de frijoles negros y mango, página 160), o en sopas, como la Sopa de tomates y cebolla asada en la página 45, o simplemente en un plato de frijoles.

QUESO FRESCO: Es un queso suave que se desmenuza fácilmente. Aunque se consigue en muchos supermercados, una opción incluso mejor es adquirirlo en bodegas, mercados pequeños y en tiendas especializadas en ingredientes mexicanos, ya que algunas marcas de supermercados tienden a ser más secas y con un sabor menos interesante.

QUESO OAXACA: El queso Oaxaca es suave y proviene del estado de Oaxaca, en México. Se encuentra en mercados latinos y en algunos supermercados. Sabe delicioso solo. Es un acompañamiento ideal para cacerolas u otros platos al horno si se ralla o se parte en trozos. El queso mozzarella de leche entera es un sustituto ideal.

CHILE EN POLVO: El chile en polvo ha adquirido un nuevo significado en muchas partes del país. Anteriormente era una mezcla de especias con "quién sabe qué", utilizada por los cocineros para sazonar platos con chili. Pero actualmente, incluso los supermercados medianamente bien surtidos suelen vender uno o más "chiles en polvo", es decir, polvo de chile puro, elaborado al moler algún tipo de chile seco. La ventaja de estos chiles secos es que tienen un sabor más limpio, sin otras sustancias que tal vez usted no querrá en su plato. Los más comunes son el chipotle, que tiene un sabor ahumado, y es considerablemente picante; y el chile ancho, con un picante sutil, dulce y de intensidad mediana. En www.mexgrocer .com podrá encontrar chiles en polvo de las siguientes variedades: Anaheim, cayena, ancho y Santa Fe.

CHIPOTLES EN ADOBO: (Ver foto, página 311) Son chiles secos y ahumados, que han sido cocinados y acompañados con salsa de tomates antes de enlatarlos. Tanto los chipotles como el adobo le dan un sabor picante, ahumado y profundo a cualquier plato, desde salsas a estofados. Una manera muy simple y práctica de tenerlos a mano es en puré, triturando el contenido de una lata hasta formar una pasta suave. Duran varias semanas si están bien tapados y se guardan en el refrigerador. Debido a la creciente popularidad de todo lo que sea latino y picante, cada vez es más fácil encontrar chipotles frescos o en adobo. También puede pedirlos en línea a www.mexgrocer.com.

CHORIZO: Personalmente creo que hay 3 tipos principales de chorizo, aunque hay una gran variedad dentro de estas categorías. El chorizo mexicano es un embutido crudo elaborado con carne de cerdo finamente molida y sazonada generosamente con achiote y otras especias. Vienen en ristras o en porciones individuales. El chorizo español es curado al aire y elaborado con carne de cerdo molida en pedazos más grandes, y sazonada con paprika, y en algunos casos, con ajo y otras especias. Se consigue picante o dulce, ahumado o sin ahumar. No necesita cocción, aunque al hacerlo (como en los Huevos a la paloma en la página 14) se realzan sus aromas. El chorizo argentino se parece más a las salchichas italianas que a otros tipos de chorizo. Generalmente se hace con carne de cerdo molida en pedazos medianos y con una sazón mínima: Básicamente con sal y pimienta. Debe cocinarse antes de servir.

CREMA MEXICANA: Es un producto lácteo ligeramente ácido con una consistencia (y sabor) semejante a la crema agria disuelta con un poco de agua, ideal para rociar sobre platos terminados. Se consigue en mercados latinos y en algunos supermercados. Si no puede encontrarla, reemplace con crema agria disuelta con un poco de agua.

PASTA DE GUAYABA (Ver foto, página 311) Es una pasta sólida, luego de cocinar lentamente la pulpa de guayaba y el azúcar. Se encuentra en barras o en lata y viene en varias formas y tamaños. Es deliciosa en cuadritos y servida con quesos firmes y salados como el queso blanco, o utilizada con productos horneados como las facturas en la página 168.

ALMENDRAS MARCONA: (Ver foto, página 311). Parecen una versión más pequeña y aplanada de las almendras California, con una protuberancia por ambos lados. Son casi mantequillosas y su textura es más semejante a la macadamia que a una almendra de California. Ligeramente tostadas, son una de las tapas más simples que existen.

CHOCOLATE MEXICANO (ver foto, página 311) o "chocolate de mesa", se consigue en barras grandes o pequeñas, pero generalmente en tabletas hexagonales, y sus empaques son llamativos. Tiene una textura terrosa debido a los cristales de azúcar, por lo que se come solo, o preparado en una taza de chocolate caliente (ver página 12). También se consigue aromatizado con canela, otra opción deliciosa para tomar el chocolate caliente.

FILO: Anteriormente, el filo venía en hojas grandes (de 13 × 18 pulgadas aprox.), pero en la actualidad viene principalmente en paquetes de 1 libra dividido en dos, y cada uno contiene veinte hojas de 12 × 8 pulgadas. La mejor forma de descongelar la masa de filo es pasarla al refrigerador desde la noche anterior. Las hojas de filo son muy delgadas y frágiles, y descongelarlas lentamente hace que permanezcan intactas y que se dejen trabajar con facilidad., Ábralas y extiéndalas en una superficie de trabajo cuando estén completamente descongeladas. Cubra las hojas con papel plástico y coloque una toalla de cocina húmeda encima. Levante el plástico y la toalla, saque sólo las hojas que necesita, y cubra rápidamente la masa de nuevo para evitar que se seque.

PIMIENTOS PIQUILLOS: (Ver fotos, página 245 y 311) Son relativamente pequeños —de 1½ a 3 pulgadas— y básicamente son originarios del norte de España. Reciben su nombre debido a su forma triangular, como si fueran pequeños picos. Son difíciles de conseguir frescos, pero afortunadamente, los envasados, que vienen asados y pelados, tienen un sabor rico y maravillosamente profundo que los hace deliciosos para comer solos como tapas, o para rellenarlos con muchos ingredientes. Los pimientos piquillos embotellados se consiguen en muchos supermercados bien surtidos; los he visto incluso en los estantes de aceitunas de algunos supermercados. También se consiguen en línea en www.latienda.com. Ver la página 246 para algunas ideas, y la página 177 para una receta.

PÁPRIKA AHUMADA (o "pimentón"; ver foto página 311): está elaborada con chiles dulces y/o picantes que han sido ahumados lentamente con fuego de leña y pulverizados. Hay varios tipos, pero los dos principales son la páprika dulce y la picante. La dulzura natural de estos pimientos —incluso los más picantes son un poco dulces—, y su sabor ahumado, hace que sean una combinación irresistible que realza cualquier plato, desde una sopa de almejas a una hamburguesa a la parrilla.

SALSA DE TOMATES ESTILO ESPAÑOL: Generalmente se consigue en latas de 8 onzas, y nunca falta en mi despensa. Viene en muchos sabores diferentes, pero yo prefiero el original; a diferencia de las salsas de tomate con sabor o las salsas para pasta, la de estilo español tiene muy poca sazón, y es casi como un puré de tomate. Agrega el sabor a tomate sin darle otros sabores no deseados a un plato.

Chiles frescos

El tipo y la cantidad de chile que usted le agregue a cualquier plato que contenga chiles frescos depende de usted: escoja uno como el serrano, jalapeño, Hungarian Wax, y retire las semillas antes de partir para un sabor menos picante. (Las semillas y las venas blancas que hay en el interior del chile son las responsables de casi todo el picante que contienen). Escoja un chile bien picante como el Scotch Bonnet, Thai Bird, habanero o cayena (el cual es el más suave de los cuatro) y deje las semillas para una verdadera "sacudida". Una advertencia: incluso los chiles más suaves pueden ser picantes en algunas ocasiones. Es probable que los mismos chiles serranos suaves que usted comprara en el mercado la semana pasada, le salgan picantes la próxima semana.

Los chiles poblanos, que son relativamente suaves, son inusuales en el mundo de los chiles; raramente son utilizados para darle picante y sabor a un plato, y generalmente se asan, se pelan (ver página 77) y se cortan en rajas (ver página 77); también se dejan enteros para rellenarlos después.

Una buena idea es ponerse unos guantes de látex antes de manipular cualquier tipo de chiles; y es casi necesario si va a manipular chiles tan picantes como los habaneros. Los guantes son baratos (los compro por cajas en tiendas de artículos para el hogar). Esto evitará que los aceites esenciales del chile entren en contacto con sus manos, ya que usted podrá sentir el ardor literalmente varias horas después de haberlos manipulado.

En el sentido del reloj, desde la esquina superior izquierda: Chiles habaneros anaranjados (los habaneros vienen en color verde, amarillo, rojo y naranja; pero el color no está relacionado con la intensidad del picante); Hungarian Wax; jalapeños, (relativamente suaves y confiables); Thai bird (considerablemente picantes); de cayena frescos; serranos (que van desde suaves a considerablemente picantes, según la "suerte"); y poblanos (suaves, y con un sabor maravilloso).

Plátanos

En Latinoamérica los plátanos son abundantes, económicos, y sin importar su grado de madurez, siempre son buenos para algo. Los plátanos verdes son almidonados y apropiados para hervir y triturar (ver página 193), o para cortar y freír en tostones crujientes (ver página 189). A medida que maduran, la piel pasa de verde a verdoso-amarillo, y de amarillo a negro (ver foto). La mayor parte del almidón se convierte en azúcar y la pulpa se ablanda, haciendo que los plátanos sean más dulces y tiernos. Los plátanos más maduros necesitan menos tiempo de cocción.

Los plátanos amarillos —a mitad de camino en su proceso de maduración— pueden prepararse a la parrilla o asados con la cáscara, y servidos como plato acompañante, o pelados y cortados en rodajas de 1 pulgada, y agregarse a sopas y estofados (deles unos 20 minutos de cocción). Los plátanos maduros, con la mayor parte la cáscara negra —o toda—, pueden freírse en rodajas y servir con platos salados, como estofados o arroz, y tener un rápido plato de acompañamiento. Ensayen esta receta, que es una de mis favoritas: Asen un plátano maduro con la cáscara, luego hagan una incisión profunda por la parte cóncava. Ábralo, déjelo en la cáscara y vierta un poco de picadillo bien sazonado (como el utilizado en el Pastelón de la página 255, o en el Relleno para los tamales en la página 24). Sirva simplemente así.

Plátanos en varios grados de madurez, desde verdes y almidonados, a completamente maduros, dulces y negros.

Cómo pelar los plátanos verdes

Los plátanos verdes son parecidos a las bananas verdes, pero son más difíciles de pelar. Mientras más maduros estén, más fáciles son de pelar. Cuando la cáscara está completamente negra, son tan fáciles de pelar como una banana. Corte la punta del plátano para ver un poco de carne. Haga una incisión a lo largo, por el lado más extenso del plátano, pero sin cortar la pulpa (de ser posible). Comience por un extremo de la incisión y retire la cáscara. Cada vez será más fácil hacerlo. Puede pelar los plátanos verdes 2 horas antes de cocinarlos si los mantiene en un recipiente con agua fría. Escurra y seque bien antes de cocinar.

AGRADECIMIENTOS

Cuando escribí mi primer libro, con un cuaderno de recetas familiares a mano, le dije a Chris Styler, mi colaborador y hermano de otra madre: "¡Tengo todas las recetas… el trabajo duro está hecho!", y él me respondió con las palabras más sabias en torno al acto de escribir un libro de cocina: "Cariño, ¡un libro de cocina es mucho más que sólo recetas!". Nunca había escuchado palabras más certeras. Chris: no hubiera podido hacerlo anteriormente sin ti, y tampoco lo habría logrado ahora. Gracias por ser un amigo increíble, colega y mentor, ¡para no mencionar el hecho de que fuiste el primero en darme trabajo en el sector de la gastronomía!

El proceso ha sido un poco diferente con este libro. Las recetas de Abuela, de Mami, y del Capitán Ray no ocupan un lugar tan prominente, aunque su influencia es algo que siempre llevaré conmigo. Me encanta el hecho de que Mami ahora me llame a pedirme recetas y sugerencias. Estas recetas no son las únicas que crecí preparando y comiendo, pero ciertamente son las recetas de la juventud de mis hijos. Agradezco a todos mis hijos por ser tan buenos compañeros de viaje y por su curiosidad natural con la comida. Erik, Marc, David y Ángela: Gracias por enseñarme algo nuevo cada día, por ayudarme a crear estos recuerdos maravillosos y por permitirme la oportunidad de conservarlos para ustedes en las recetas. Es el regalo que les doy.

Unas gracias bien merecidas a Suzanne Gluck y Jon Rosen, mis agentes de la WME Entertainment Agency, por su fe continua en mí y por ayudarme de manera tan diligente a que este libro tuviera un "hogar feliz" en Atria Books. También debo agradecer a Judith Carr, mi "publisher" energética; a Johanna Castillo, mi adorable e incansable editora; a Jeanne Lee, mi brillante directora artística; y al resto del equipo en Atria por su apoyo incondicional, su fe, y su visión artística.

Me "quito el sombrero" ante el más anónimo de mis héroes, mi abogado Jonathan Ehrlich, por ayudarme a navegar en aguas desconocidas y dejarme segura en la otra orilla. No sé qué habría hecho sin sus sabios consejos y su sentido del humor completamente afinado.

Hay un lugar especial en estos agradecimientos para una persona que ha estado conmigo desde los días de mi primer libro. Es Carolina Peñafiel, mi asistente, una chilena fabulosa que no sabe decir "¡yo no hago eso!". Carolina es la chica que siempre logra hacer las cosas con gracia y alegría. Está en cualquier momento del día o de la noche con una sonrisa, dispuesta a tenderme la mano, solucionar un problema, probar una receta o prepararme una michelada. ¡Gracias, Carolina, eres una verdadera joya!

Finalmente (y de nuevo), quiero agradecer a mi esposo Jerry, quien sin importar sus múltiples ocupaciones, siempre tiene espacio para mí y mis cosas. Amor, gracias por tu lealtad indescriptible, tu amor incondicional y por todavía hacerme reír despúes de treinta años.

¡Buen provecho!